明石家さんまヒストリー2　1982〜1985

生きてるだけで丸もうけ

エムカク
EMUKAKU

新潮社

まえがき

　前作『明石家さんまヒストリー1　1955～1981「明石家さんま」の誕生』では、明石家さんまさんが少年の頃に笑いに魅了され、人生の師ともいえる笑福亭松之助師匠とめぐり会い、時には道に迷いながらも、無二の友や、刺激を与えてくれる芸人たちに支えられ、試行錯誤を繰り返しながら吉本興業の若きスターとなるまでの姿を紹介しました。

　僕が1993年、20歳のときにさんまさんに魅了されてから、27年もの間、取り憑かれたようにさんまさんの言動を追い続け、映像、書籍、雑誌、新聞等の資料を可能な限り集め、それらを一つ一つ整理し、形にしたものが本シリーズです。

　2020年11月に『明石家さんまヒストリー1』を出版したすぐあとに、僕がリサーチャーとして携わらせていただいているさんまさんの特番『誰も知らない明石家さんま』の収録が行われた際に、本の完成をお伝えするため、さんまさんの楽屋を訪ねました。

　その1年程前にさんまさんから書籍化の許可を得ていたものの、「自分はしゃべるのが商売。しゃべって伝えられる間は、できる限りしゃべりたい」との理由から、「本は出さない」と公言されているさんまさんが、『明石家さんまヒストリー1』を手にとり、どのような表情をされるのか。もしかすると拒絶され、受け取ってもらえないのではないかという考えもよぎりましたが、「本が完成しました！」とお渡ししたところ、さんまさんはやさしく対応してくださり、僕が持つ本に手を添え、人生初となるさんまさんとのツーショット写真を撮っていただくという、夢のような瞬間を迎えることになりました。本当に嬉しかったです。

前作を出版してから、さんまさんと所縁《ゆかり》のある方々、さんまさんのファンの方々、本に興味を持っていただいた読者の皆様より、多くの反響の声をいただきました。本シリーズを書くきっかけを与えてくれた水道橋博士さんをはじめ、各所から書評をいただきましたことも、すべて続篇を書く原動力となりました。

１９７９年、大阪で爆発的に売れたさんまさんは、１９８０年、ピン芸人でありながら漫才ブームの最中に活躍し、１９８１年には『オレたちひょうきん族』で大きなチャンスを掴みました。本書は、その続きから。『オレたちひょうきん族』でビートたけしさん相手に全力でぶつかりながら、新たなる出会い、辛く悲しい別れ、果敢な挑戦を経て、自分の才能を最大限に発揮できる芸で大勝負に出る、１９８２年から１９８５年のさんまさんの姿を克明に記しています。

一つの選択、一瞬の判断の遅れが命取りとなりかねない芸能界で、濃密な4年間を懸命に生き抜き、「生きてるだけで丸もうけ」という言葉を胸に刻むことになる、さんまさんの奮闘の記録です。

明石家さんまヒストリー2　1982～1985

生きてるだけで丸もうけ

目次

【編集部註】

本書では、本人の発言や各種資料をもとに、舞台やテレビ出演などといった明石家さんま氏各年の活動記録の詳細を本文中及び章末に記載しています。文頭に付した記号の内容は以下の通りです。

■＝花月の出演情報
□＝その他の舞台の出演情報
●＝テレビ・ラジオ番組の出演情報
○＝ＣＭの出演情報
▼＝レコードの発売情報
▽＝映画の出演情報

明石家さんまヒストリー2　1982〜1985

生きてるだけで丸もうけ

I. 躍動——1982年の明石家さんま

師匠との文通

明石家さんまが師匠である笑福亭松之助のもとから巣立ち、芸人として羽ばたいてから5年の歳月が流れた。

松之助はさんまが売れてから、会う機会が減ったものの、花月劇場で共演すると必ず助言を与えていた。さんまが漫談の中で、テレビドラマで共演した女優と吉本新喜劇の女優とを比べて、吉本新喜劇の女優を悪く言ったときには、松之助はさんまを楽屋に呼びつけ、叱りつけた。

さんま「師匠はぜったい悪口は言われへんからね。俺がちょっとでも悪口のネタをやってると若いときは怒られましたから。〝吉本の女優さんはブサイクや〟っていうネタをやってたら、〝それは杉本、止《や》め〟と」

笑福亭松之助「ミヤコ蝶々さんに言われましてね。顔の悪口とエロは言うなと。それはなぜかって聞いたら、〝素人が言うても笑うことやから〟と言われました」(フジテレビ『明石家マンション物語』2001年9月26日)

さんま「これは言ったらアカンぞ、ここまでにしとかなアカンねんぞ、こういうネタはこうしと

けよという、師匠との掟、約束だけは守ってますからね」（MBSラジオ『MBSヤングタウン』1996年6月22日）

『笑ってる場合ですよ！』『オレたちひょうきん族』（共にフジテレビ）『サタデーナイトショー』（テレビ東京）と、東京でのレギュラー番組が増え、さんまの活動の拠点が東京へと移った頃からは、松之助は週に一度、さんまに手紙を書くようになり、多いときには週に3通、送ることもあった。

松之助「彼は売れたでしょう。東京へ行ってしもたから、弟子と師匠いうても名前だけになってしまって、なんのつながりもなくなってしまうから。弟子・師匠のつながりがなかったらイカンなぁと思って。向こうは迷惑かしらんけどやねぇ。間違《まちご》うてたら、〝それ間違うてるよ〟って、僕らは、たとえば人生幸朗師匠とかに言われてきたから、それはこの世界ではそういうもんやと思てるから」（サンテレビ『バーばーヤング』2006年6月18日）

山﨑善次郎（さんまの元マネージャー）「さんまさんは、どんなに忙しいときでも師匠からの手紙をクルマの中で何度も読み返したりしてから、『これは、すごく大事なものやねん』と言ってその手紙を大事そうにファイルブックのほうに入れ直していた。私がクルマに同乗したときに、たまたま見た手紙には芸事の話で、『さんま君、能の世阿弥の本を読みなさい』と書いてあって、その本にはどのようなことが書かれているといったことや、師匠がその本を読んだ感想が書かれて

あった」（山﨑善次郎『なんでやねん!?　吉本興業の人々』文化創作出版、1993年）

さんま「『片便り』という手紙を送ってこられるんですけども。僕は返事を書かないんですよ。『書かない』って言ってるんですけどね。毎週、毎週、週に3通ぐらいのときもありますから。ありがたいですよねぇ。近況とか、あとは、禅の本にこういうことが書かれていたとか。昔、小津安二郎がこういうことを言ってたとか、そういう手紙なんですけどね。

ほんでたまに、愚痴とか書かれてたり。うちの師匠って手紙を書くのがうまいんですよ。俺は手紙を書くのが下手やから、電話なんですよ。返事がいるときは電話でしゃべるんですけども。うちの師匠は、他の人には、俺に返事を書いてほしいようなことをもらしてはったらしいんですけども。もうちょっと手紙の文がうまくなって、手紙のトークができるようになってから。手紙は手紙のトークがあると思うんですよね。それがうまくなれば、手紙で返事を書こうと思ってるんですけどもね」（『MBSヤングタウン』1996年9月21日）

松田聖子からの手紙

1980年7月、神奈川県逗子市にある「なぎさホテル」で行われた「週刊明星」の表紙の写真撮影で、さんまはデビュー間もない松田聖子と初めて一緒に仕事をした（『明石家さんまヒストリー1』収録）。以来、さんまは聖子と番組で共演するたびに、多忙を極める聖子の体を気遣い、労いの言葉をかけていた。

ある日、郷ひろみと共演したさんまは、虫に刺され、皮膚が真っ赤に腫れ上がり、苦悶の表情を浮かべる郷を見て、声をかけた。

「郷さん、これアメリカの薬なんですけど、虫刺されによく効くんで、よかったら使ってください」

後日、さんまが司会を務める番組『ヤングおー！おー！』（毎日放送）の本番前に、その日のゲストである聖子がさんまに声をかけてきた。

「さんまさん、このあいだはありがとうございました。さんまさん、東京と大阪を行ったり来たりで大変でしょう？　よかったら使ってください」

聖子は頬を赤らめながら、さんまにスヌーピーのトラベルセットを手渡し、すぐにその場を立ち去った。

さんまは、聖子のはにかんだ笑顔を見て、すぐにピンときた。

その翌月、郷と聖子の熱愛報道が流れるまで、さんまはこの件を一切口外しなかった。

さんまと聖子の友人関係は続き、さんまはラジオで「みんな、聖子ちゃんのことをブリッ子って言うけど、普段の聖子ちゃんはそんな子やないで。しっかりしたええ子や」と語り、聖子は雑誌のインタビューで「好きな人はさんまさん。気軽にしゃべれる方だし、誠実だから」と答えた。

１９８２年１月、月刊誌「マンスリーよしもと」では、さんまが面白半分で聖子に送ったラブレターと、聖子のさんまへの返事の手紙が公開された。

村上ショージ「聖子さんにトラベルセットもらった時、飛び跳ねるように喜んでましたよね。トラベルセットでそんなに喜ぶかっていうぐらい。なんかジャンプしっぱなしで」

さんま「(笑)天下の松田聖子ちゃんから、そら嬉しいよ」(『ＭＢＳヤングタウン』２００４年７月24日)

放送演芸大賞ホープ賞

１９８２年１月３日、フジテレビが主催する「第10回日本放送演芸大賞」の授賞式が行われ、さんまは、太平サブロー・シロー、ヒップアップらと共に、ホープ賞を獲得した。

さんま「俺が昔ねぇ、『放送演芸大賞』かなんかの賞をもらったときに、師匠に〝すいません、獲ってしまいました〟って言うたらしいんですよ。師匠はそれを覚えてはって。〝ワシの教えをちゃんと守ってくれてるな〟というので喜んでくれて。

俺は覚えてなかったんですよ。〝師匠、一応連絡しときますけど、『放送演芸大賞』を獲ってしまいました〟って言うたら、〝獲ってしもたんか。えらいもん獲ってしもたなー〟言うて。

師匠の考えで、我々は金儲けをしてると。金儲けをしてなけりゃ賞は喜んでいただくと。大阪府民のために、文化をどうのこうのしたとかいう賞を、金儲けが関わってんのにいただくっちゅうのは、近所の八百屋のオッサンに申し訳ないと。

八百屋のオッサンだって、商売とはいえ、大阪の人を喜ばすために野菜を売ってはるわけですから。そしたら、ああいうオッサンらにも賞をあげなアカン言うて。

俺もそうやねん。金が発生してる間は、賞はもらうのは嫌なんですよ。看板に『〜賞受賞』とかいうのを掲げるのが嫌なんですよ。あくまでも商売やということで、うちの一門はダメなんですよ。そんなこと言いながら、ふたり共もうてんねんけどね（笑）。一番最初は断るんですよ、賞はね」

村上ショージ「さんまさんは芸能界のなんやら賞とか、そういうのはあんまり好きじゃないのよ。草野球でもらったトロフィーとか、そんなんは好きやねんけど。松之助師匠も、水泳で獲ったトロフィーは自慢すんねん」
さんま「〝70歳でチャンピオンになった〟とか、そういうのばっかり手紙で送ってくんねん。〝さんま、また獲った〟とか言うて（笑）」（『ＭＢＳヤングタウン』１９９９年11月20日）

●１９８２年１月３日（日）『第10回日本放送演芸大賞』（フジテレビ・関西テレビ９：00〜11：54）
大賞：桂枝雀
特別賞：ツービート
ホープ賞：明石家さんま、太平サブロー・シロー、ヒップアップ、春やすこ・けいこ、マギー司郎、九十九一、コント赤信号、桂べかこ、桂米助、山田邦子、片岡鶴太郎

大阪の今宮戎神社では、毎年１月９日〜11日にかけて、「十日戎《とおかえびす》」という商売繁盛を願う祭りが開催される。通称「えべっさん」と呼ばれるこの祭りでは、各界の著名人が、紅白の布で飾り付けされた「宝恵駕籠《ほえかご》」と呼ばれる駕籠に乗り、大阪・ミナミの街を練り歩く催しが行われる。

１９８２年１月９日、さんまは、本戎の前日にあたる、宵戎《よい》に、「宝恵駕籠」に乗って、駕籠に向かって手を振る人々の声援に応えながら、〝宝恵駕籠、ほい！〟という威勢の良い掛け声を発し、なんば花月周辺を練り歩いた。

１９８２年は、吉本興業の若手芸人の間で、ゴルフがちょっとしたブームとなっていた。島田紳助・松本竜介が『オールスター家族対抗歌合戦』（フジテレビ）に出演した際、賞品としてゴルフセットを獲得したことがきっかけだった。紳助は、オール巨人、ザ・ぼんち、太平サブロー・シロー、上方よしおら、芸人仲間を次々と勧誘していく。あまり乗り気ではなかったさん

まも、紳助からの強引な誘いを受け、始めることにしたが、そう長続きはしなかった。

島田紳助「さんま君をはじめてさそった時は、最初のホールで数えきれないぐらいたたいて、もう目をそむけたくなるほどだった」（「マンスリーよしもと」1982年2月号）

さんまは、1982年1月5日に始まった、漫才師と吉本新喜劇のメンバーが共演する公開収録のコメディ番組『ドタバタナンセンスコメディー 花月脱線劇場』（毎日放送）の第二話「凸凹看板娘をめぐる大いなる決闘」に出演。続いて1月19日に放送された第三話「新婚さんご案内！悪夢のハネムーン」にも出演し、失恋の悲しみに暮れ、自殺未遂を引き起こす男を演じる。1月26日に放送された第四話「セーラー服には機関銃がよく似合う」では、吉本新喜劇のマドンナ、園みち子の恋人役を演じた。

●1982年1月12日（火）『ドタバタナンセンスコメディー 花月脱線劇場』（毎日放送22：00〜22：55）
「第二話：凸凹看板娘をめぐる大いなる決闘」
出演：オール阪神・巨人、明石家さんま、ザ・ぼんち、西川のりお・上方よしお、今いくよ・くるよ、間寛平、木村進、桑原和男、園みち子、南喜代子、藤里美、末成由美、斉藤祐子、コメディNo.1、帯谷孝史、島木譲二、池乃めだか、高石太、歌メリ・マリ、村上ショージ・岡田祐治、コント赤信号、室谷信雄ほか
※収録は、うめだ花月で行われた。

1982年1月17日、『花王名人劇場』（関西テレビ）のプロデューサーであり、演芸評論家でもある山本益博が提唱する、落語家による〝落語のマクラ〟のみで構成された新たな演芸ジャンル〝落語トーク〟のシリーズ第3弾『花王名人劇場　ザッツ!!トーク＆TALK』が放送された。

今回は、落語家ではないビートたけし、すどうかづみが出演することになり、タイトルを「落語トーク&TALK」から、「ザッツ!!トーク&TALK」と改題。さんまは、人生幸朗・生恵幸子のボヤキ漫才を参考にした、ボヤキトークを披露。街で出会ったアベックの話や、病院での恥ずかしい体験談を、虚実交えながらトークした。

●1982年1月17日(日)『花王名人劇場』(関西テレビ21:00〜21:54)
「ザッツ!!トーク&TALK」
出演:桂文珍、春風亭小朝、ビートたけし、明石家さんま、桂米助、柳家小ゑん、すどうかづみ

傷心のハワイ旅行

1981年11月に噴出した嘘まみれのスキャンダル記事に振り回され、疲れ果てていたさんまは、年末年始の特番出演が落ち着いた頃、マネージャーに〝休暇が欲しい〟と願い出る。吉本興業の芸人仲間の協力を得て、スケジュール調整を行い、1982年2月、約3年ぶりにまとまった休暇がとれたさんまは、クイズ番組で獲得した旅行券を手に、単身、ハワイへと向かった。

さんまはハワイに滞在している間、仕事のことは考えず、ワイキキビーチで出会った気のいい男子大学生たちと一緒に食事をしたり、番組で共演したことのある女性アイドルグループ、ゴールデン・ハーフの元メンバーである高村ルナに観光案内をしてもらいながら、周囲の目や時間を気にすることなく、のんびりと休暇を過ごすことができた。

売れっ子芸人となってから丸3年。初めて長期休暇をとることができ、心身ともにリフレッシ

ュしたさんまは、帰国してすぐに、びっしりと埋まったスケジュールを目にすることになる。

さんま「あのとき、『さんま泥沼』とか記事に書かれて、人間不信になって。もう日本にいたくないと思って。

（ワイキキビーチで出会った5人組の大学生は）〝すっごいええ奴らや〟って一発でわかったの。あの旅行が人生で一番楽しかった」（日本テレビ『誰も知らない明石家さんまの真実を暴く！史上最大のさんま早押しトーク』2015年11月22日）

さんま「傷心旅行でハワイにひとりで行ったんや。楽しかったぁ。毎日がもうワイキキやったもん。楽しい楽しい」（『MBSヤングタウン』2002年10月26日）

大平サブロー「めっちゃ忙しいて、スケジュールひぃひぃのときに、急に〝田中はん〟ていうマネージャーに、〝来週、さんまが花月の出番があんねんけど、10日間、代演たのんます〟って言われて。

〝さんまがちょっとハワイに行くんですわ〟〝えっ？　ロケですか？〟〝いや、『初めての長期オフをとって、ゆっくり一回考えて、休みたいねん』って言うてんねん〟って、小声で言われたんですよ。ほいで、〝いいですよ、それやったら行ってください〟って、僕らが代演で出て。

ほいだら、さんまさんが帰ってきて、〝ごめんなぁ！　なんもなかってん〟言うて、お土産でジッポライターをいただいたんですよ」

さんま「銀座のクラブのホステス、流産2回、慰謝料1千万って、週刊誌に載って。みんなが

〝さんまはもう潰れる〟言うたときや。そんな事実はないねんね。ほんで、〝もうええわ〟って。嘘の記事やし。それで、ちょっと休みたいと。そんな嘘を書かれて、CMを降ろすだの言われて。ただ、フジテレビとぼんち揚は、〝どんな記事を書かれようと、さんまを使います〟と。そのときに、〝あっ、俺は、ぼんち揚とフジテレビのために一生を捧げよう〟と、思った日がある」（関西テレビ『大平サブロー36周年！さんまのムチャぶり北海道で反省歩き旅』２０１１年10月30日）

１９８２年２月26日、大木英介（宇津井健）率いる大木弁護士事務所を舞台に、大木とその仲間たちが力を合わせ、様々な事件に立ち向かう姿を描いた連続ドラマ『ひまわりの歌』（ＴＢＳ）の第15話に出演することになった。

さんま「僕のねぇ、誰も知らない、なんの印象も残らないドラマ出演がひとつあるんですよ。それは、５分しか出てないんですけども、ある女優の彼氏役で、それ以降、登場せえへんねんけども、５分だけゲスト出演みたいな形で。

一応その女優が、〝さんまさんと一度会いたい〟というので、ご指名だったわけですよ。ほんで、〝そこまで言うてくれはんねやったらワンシーンぐらいいいですよ〟っていうことで出演したわけですよ。

ほんだらキスシーンがあったわけですよ。〝ワッチャヤッチャ、こんな5分だけの出演でキスシーンか〟とか思て。キスしようとして、ザーッとカメラが引くんですよ。唇をつけなくてもバレないんですよ。でももう、唇と唇が接近してるわけですから、つけりゃあいいんでしょうけど、さすがに出来んかったもんね。ご指名だというのが頭のどっかにあるから。

男ってバカやから、〝こいつ俺のこと好きなんちゃうか？〟とか、〝ここで思いきりやったら、喜ぶんちゃうけ？〟とか、いろんなこと考えつつもできなかった」（『MBSヤングタウン』1996年5月25日）

●1981年11月13日〜1982年5月28日『ひまわりの歌』（TBS毎週金曜21：00〜21：55、全27回）第15話「十年泣いた娘の怖さ！」（1982年2月26日）
出演：宇津井健、中村雅俊、中原理恵、沖田浩之、林紀恵、明石家さんま、河原崎長一郎、古館ゆきほか

春風亭小朝との会話

1982年3月30日、10回目を迎えたフジテレビの演芸番組『THE MANZAI』に出演することになった。

この日の放送では、ツービート、紳助・竜介らの漫才に加え、スペシャル企画として、音楽グループ、YMO（坂本龍一、細野晴臣、高橋幸宏）が、漫才トリオ「トリオ・ザ・テクノ」として出演。他にも、俳優の柄本明・佐藤B作、芸能レポーターの梨元勝・福岡翼、元アイドル歌手の伊丹幸雄・城みちるらが出演し、漫才を披露した。

このスペシャル企画は、さんまが、『THE MANZAI』のディレクター・佐藤義和との雑談の中でもらした、〝『THE MANZAI』に出たい〟という一言から生まれたもので、さんまは、何かと比較されることの多い春風亭小朝とコンビを組み、〝ふたりの違い〟を笑いにした、即席漫才を披露する。

小朝「ふたりはよく仲が悪いとか言われますけどね、そんなことないんですよ。犬猿の仲とか、不仲だとかね」
さんま「そういうことはないのでね、今日はふたりが仲ええところを皆様にお見せしようと」
小朝「そのために出てきたんですけど、ちょっと僕、体調が悪いんですよね」
さんま「どうしたんですか？」
小朝「いや、昨日ねぇ、ヨーロッパから帰ってきたばっかりで」
さんま「……はぁ〜、まあ、海外旅行ぐらいねぇ、誰でも」
小朝「行きました？」
さんま「え〜、行きました行きました……」
小朝「どちらへ？」
さんま「……いえ、いいですいいです」
小朝「いや、まあそう言わず。どちらの方へ？」
さんま「いえ、ちょっとハワイへね」
小朝「ハワイ。いいじゃないですか。僕なんかダメですよ、ロンドンとパリですから」
さんま「……何しに行ってきたんですか？　ロンドンとパリ」
小朝「独演会をやりに。落語もこれからは日本だけじゃダメですからね。海外へ向けて行かなきゃダメですから。ロンドンとパリで独演会をやってきたんですけど、ハワイで何をしてきたの？」
さんま「えっ？」
小朝「あっ、わかった。コマーシャル？」

さんま「いえ、ちがいます」
小朝「あっ、じゃあ、歌を吹き込んだとか？」
さんま「いえ、ちがうちがうちがう」
小朝「ドラマの撮影？」
さんま「ちがうんです」
小朝「なんで行ったの？」
さんま「いや、クイズの番組で当たってね……」

『THE MANZAI』の収録を終えたさんまと小朝は、後日、新幹線の中でバッタリ出会い、言葉を交わした。

小朝「27歳のときに新幹線の中ですごいこと言ったの、覚えてないでしょ？」
さんま「何を言ったんですか？ 僕」
小朝「東京駅に新幹線が着くときに、さんまさんが乗ってたんですよ。〝もうすぐ東京です〟っていうアナウンスでさんまさんが起きて、それから3分ぐらい話してて、別れ際、一言言ったんです」
さんま「なんて言ったんですか？」
小朝「〝落語界は兄さんに任せますから、テレビの世界は僕に任せてください。お互いがんばりましょう〟って言ったんですよ」
さんま「あっ、そんなこと言いました？（笑）」

小朝「言いましたよ。それを僕はねぇ、ガーンて残っててねぇ。その若さで、〝テレビ界は俺に任せろ〟って言うのもすごいし、それから、自分の落語に才能がないことを見切ったのもすごいし」
さんま「(笑)」
小朝「それはだから、僕はすごく感動しましたよ。あれは結構、僕の人生を変えましたね。だから、分をわきまえて、僕は僕の道を行かなきゃと思って」(日本テレビ『踊る踊る踊る！さんま御殿!!』2007年4月10日)

さんま「落語には戻りたくないし、戻れないし、新しい自分だけのものを築く努力をしてみようと思うてます。いまは頂点やと思うてます。いつも落ちる落ちると思いながら、漫才ブームが来て逆に忙しくなったし、もう自分で自信つけていいのかとも思ったり」(「週刊平凡」1982年10月7日号)

●1982年3月30日(火)『THE MANZAI10 やったね！カーニバル』(フジテレビ19：00〜20：54)「あのYMOを先頭に異色ひょうきんコンビ続々登場」
出演：ツービート、島田紳助・松本竜介、オール阪神・巨人、西川のりお・上方よしお、ヒップアップ、ポップコーン、やすえ・やすよ、春風亭小朝、明石家さんま、柄本明、佐藤B作、梨元勝、福岡翼、山田邦子、山村美智子、伊丹幸雄、城みちる、YMO

フジテレビのバラエティ番組『オレたちひょうきん族』がレギュラー化されてから3か月。1982年に入ると、その勢いはさらに加速し、「タケちゃんマン」「ひょうきんベストテン」「ひょうきんニュース」「スペシャルマンザイ」「ひょうきんプロレスアワー」、この5つのコーナーを中心に、演者とスタッフが試行錯誤を重ね、遊び心を最大限に加えながら進化させていく。

１９８２年3月31日には、『オレたちひょうきん族』のイベントが大阪・うめだ花月で開催されることになった。

レギュラーメンバーが総出演し、詰めかけた若者たちが大きな声援を送る中、さんまは太平サブロー・シローとのトリオ漫才、そして、ビートたけしと「タケちゃんマンvs.ブラックデビル」の対決コントを披露。漫才ブームが去り、活気を失っていたうめだ花月に大きな笑い声が響き渡った。


紳助「漫才ブームがほんまに終ってまいよった。異常やったもんな。あの2年間、仕事に行くと女の子で歩けへんかった。まるで子供の頃テレビで見たスリーファンキーズのようやった。中学・高校・弟子時代のことは、あれはいつのことやったとたいていはっきり思い出せるけど、あの2年間は、つい最近のことやのにはっきりとは思い出せへん。いろいろ断片的に思い出すことも、それがいつのことやったか分らない。夢やったような気がする。俺の人生でもうあんな事は二度とないで、きっと」（『マンスリーよしもと』１９８２年6月号）

□１９８２年3月31日（水）『春休みひょうきん祭り』（うめだ花月18：00開演）
出演：ツービート、島田紳助・松本竜介、明石家さんま、B&B、ザ・ぼんち、西川のりお・上方よしお、太平サブロー・シロー、ヒップアップ、伊丹幸雄、山村美智子、山田邦子、ひょうきんディレクターズ

ヤンタン第三次黄金時代

1982年3月、ラジオ番組『MBSヤングタウン』(MBS、月曜日〜土曜日放送)で、パーソナリティの担当曜日が変更されることになった。

さんまが担当している枠は、番組内で唯一公開収録が行われている土曜日。この枠を、桂三枝(現・六代桂文枝)から受け継いでから2年3か月が経過し、「公開収録ではなく、スタジオ生放送で自由にしゃべりたい」という思いが募っていたさんまと、「公開収録でリスナーと触れ合いながらしゃべりたい」と考えていた月曜日担当の笑福亭鶴瓶の思惑が一致し、さんまが月曜日へ、鶴瓶が土曜日へ移動することになったのだ。

さんま「公開に関してはもう三枝兄さんがやり尽くしてたんで、自分は違うことせなというのもありましたし、やっぱり公開だとどうしても目の前のお客さんの笑いを取る方に行ってしまいますよね。オレはそれよりはラジオの向こうにいるお客さんの笑いを取りたかった。公開に応募してくるような既にファンになっている人よりは、たまたま聴いたような、これからファンになるかもしれない人の気持ちを摑みたかった。『オレが「ヤンタン」を、お笑いを変える』ぐらい思ってました」(「クイックジャパン」Vol.63、2005年12月)

笑福亭鶴瓶「お前が土曜日やってた時に、公録はもうなんか、(女性ファンが押し寄せ)パニックみたいな状態になって、なんやわからんようになったんや」
さんま「はいはい」
鶴瓶「俺が月曜日やってて、それで、交代しようということなったんや」
さんま「兄さんが公開やりたい、俺がスタジオでやりたいっていうので。条件が揃ってチェンジしたんですよ。ほいで『ヤングタウン』のすごい時代を迎えるんです、第三次黄金時代というのかね」（MBSラジオ『MBS開局60周年記念特別番組31・5時間ラジオ』2011年9月2日）

鶴瓶「ぼくの中にヤンタンっていうのは、桂三枝、斎藤努（引用者註：MBSアナウンサー）が作ったもんやっていうのがありますし、それを一番感じたのが土曜日の公録です。斎藤さんとか、三枝兄さんの怨霊がね、きっとあるんや思います。やり出して、2、3週目にぼく泣きましたもん。〝くそ！〟思てね。うちの弟子に言いましたもん。帰りしなに『恥ずかしい、くやしい、もうあんなん流してほしいない』ものすごいくやしかったですもん。ぼく、もう数年、他の番組では公録やってて、（中略）もうこの形はぼくは負けへんなぁとようやく思たから土曜日に行かしてもらった。それが、いざやってみるとあがりたおしてね。ようやく、今もうおちつきましたけど」

——前回のさんまさんに対するプレッシャーはありましたか？

鶴瓶「全然なかったですね。さんまとぼくのカラーっていうのは全然ちがいますし、だからそれは別になかったです。ただ、さっきもいったように土曜日のヤンタンていうなんかわけのわからんプレッシャーはありましたけど、今はもうぼくがやり出したらぼくの番組なんですから、昔の歴史っていうのはまったく関係ないと自分の中で思ってます」（毎日放送ラジオ局編「ヤングタウンNo.9」1983年6月）

大久保佳昭（構成作家）「僕は土曜日のことだけしか知らへんけどね。だからだいたい公録ばっかり、三枝さん、さんまちゃん、鶴瓶さんとそれぞれ2、3年ずつ見てきてることになりますわ。

（中略）

三枝さんがやめはってからでもね、ぼくら番組中にすぐそこに三枝さんが現われるような気がしたこと、何回もありましたもん。それだけ三枝さんの公録の司会いうのは、強烈なものがありましたね。そやから鶴瓶さんが公録の司会にかわって1回目のときね、もう緊張してるいうのが、僕らのほうまでビリビリ伝わってきましたよ。三枝さんの怨霊みたいなもんが見えるて、鶴瓶さんが言うてたんは、ほんとによう分かります。

さんまちゃんの最後のときもよう憶えてます。何がすごかったか言うとね、『視線が突きささる』とか言うでしょ、あれをほんとうに身体で感じたんですね。さんまちゃんが最後にバンドをバックに歌を歌ったんです。そのとき僕らはさんまちゃんの斜め後ろにいてたんですけど、さんまちゃんを見てる何十人というファンの女の子の視線が、さんまちゃんを通り越して僕らにまでささってくるんです。あれはびっくりしましたね。人間の『思い』いうのはすごい力を持ってるんやなと思いましたよ。そういうのは公録やないと経験でけへんことですね」（「ヤングタウンNo.12」1986年12月）

1981年11月に起こった、さんまのスキャンダル騒動の際、渡邊一雄プロデューサーから『ヤングタウン』を降板させられそうになったとき、さんまを『ヤングタウン』に残すよう、渡邊に掛け合い、必死に説得した増谷勝己ディレクターら、『ヤングタウン』土曜日担当のスタッフと共に、さんまは1982年3月8日から月曜日に移動。「月曜日では自分のやりたいようにやる！」と心に決め、第一回目の放送を迎える。

さんま「あの頃は、それまでの笑いの型を崩そう崩そうということばっかり考えてましたね。

『ヤンタン』(土曜)と平行して『オールナイトニッポン』の二部をやってたんですが(七九年一〇月〜八一年三月)、そっちはわりとちゃんとした構成で、それをやっていく中でラジオにも慣れてきたんで、よし、今度(『ヤンタン』月曜)はしゃべりまくったろう思ったんです。本当は曲を何曲かけなあかんという決まりがあったんですが、それも取っ払ってくれと。当時、深夜放送は曲がかかるのが売りでしたし、レコード会社も宣伝の場として使ってたんでえらい怒られましたけど、『とりあえず半年だけやらせてくれ、ダメだったら辞めるから』って強行して。いま思うと、人気出たから良かったものの、失敗したらどうしてたんだろうっていう(笑)。(中略)『一回死んだようなものなんやからこれから無茶苦茶やったるぞ』という気持ちになったわけです。まぁ、その後、オオナベさん(引用者註:渡邊一雄)も段々と理解していってくれましたけどね」(「クイックジャパン」Vol.63)

伊東正治(MBSアナウンサー)「僕の記憶では、最初は3分ぐらいしゃべって、一曲かける。で、提供を言うっていうのがあったの。だけど、それがだんだんだんだん長くなって、まあ、ひどいときは40分とか45分とか」
さんま「オープニングね。いったいいった」
伊東「僕らもどこでタイトルを怒鳴っていいかわからないまま、ずっと聞いてました」
さんま「とにかく、オープニングの常識を破りたい。CMにいかなあかんけども、いかさない、生放送のおもしろさをやりたい。ミュージシャンのように曲で逃げないというのを、一度ラジオでやってみたかったたっていう。それを、ディレクターもやっと納得してくれたっていう」
伊東「コーナーをやる時間がないから、提供だけ言ってたときがありましたからね(笑)」

さんま「ほんで、CMだけ固めて流さなあかんから、10分ぐらいCMが流れたのを覚えてる。申し訳ないと思うねんけど、こういうのをやりたかったっていうのができたラジオでしたね」（MBSラジオ『MBS開局65周年企画ラジオ番組　ラジオ65人のなかま』2017年1月1日）

寺崎要（構成作家）「ヤンタンの出演者で天才だと思ったのはさんまちゃんです。構成者なんか彼には必要ないでしょう。本なんか誰が書いてもええねん、おれが出たらええねん、と普通の人が聴くと腹の立つようなことを今も平気で言います。でも、それはほんとなんです。構成なんて、演者がしっかりしていれば誰が書いてもいいんです。さんまちゃんは構成は全部、自分の中にあるんですよ」（渡邊一雄『ヤンタンの時代。』角川書店、2005年）

増谷勝己「今のさんまさんのトーク、芸風はヤンタンの時代のものだといっても間違いではないでしょう」（同右）

●1982年3月8日～『MBSヤングタウン』（MBSラジオ毎週月曜22：00～25：00）
出演：明石家さんま、あさみあきお、堀江美都子、伊東正治
※このメンバー構成は1983年3月28日まで。

〝漫談〟から〝雑談〟へ——〝笑わせ屋〟として

さんまは、テレビやラジオの仕事でどんなに忙しくなろうとも、毎年200日以上、吉本興業が運営する花月劇場（なんば花月、うめだ花月、京都花月）の舞台に出演する努力を続けていた。吉

本興業がダブルブッキングをしてしまったときなどは、仕方なしに仲間の芸人に代演を頼むこともあったが、できる限り舞台に立ち、漫談を披露していた。そして花月の楽屋に集う芸人仲間やスタッフたちといつも雑談を繰り広げ、率先して楽屋を盛り上げていた。

「さんまは劇場よりも楽屋のほうが面白い」

芸人仲間の誰もがそう思っており、さんま自身も漫談ネタを演《や》っているときよりも、楽屋で思うがままにしゃべっているときのほうが大きな笑いがとれることはわかっていた。

そしてさんまは、〝雑談〟の可能性について深く考えるようになる。月曜日に移った『ヤングタウン』では、共演者のあさみあきお、堀江美都子と楽屋で話しているような感じで、内輪ネタを織り込みながら自由にトークを展開させ、試行錯誤を重ねていく。

さんま「うちの師匠（笑福亭松之助）が、『さんま、雑談を芸に出来たらすごいぞ』と口癖のようにおっしゃってて、オレはいつかそれをやってやろうと思い続けてたんですね。〝内輪ネタ〟も意識的に、積極的に扱いました。（中略）リスナーにとってはほんとどうでもいい話を延々して、力づくで笑わせることによって、リスナーも〝内輪〟に取り込もうとしたわけです」（「クイックジャパン」Vol.63）

さんまの楽屋トークのおもしろさは、東京の番組でも共演者やスタッフから評判となっていた。

「秘密を作るな。恥ずかしくても、不恰好でも、すべて世間にバラしてまえ。隙だらけにしておくと楽になるぞ」

さんまはこの松之助の助言に従い、これまで表舞台ではオブラートに包みながら話していた恋愛話や私生活での失敗談、仲間たちとの内輪話などを、どのような場所でも、脚色を交えながらなんでも話すようになっていく。

さんま「自分は菊なんだ、花なんだと飾っても、どうせ枯れていくのやから。いつまでも自分がドライフラワーのようにカッコつけても、しゃーない。悪い面は全部、先に出します、人前で。カゲロをたたかさんように、自分でさらけ出してしまう。これは師匠がそう生きてきたっていうことだったし。自分もそういうふうに出せばラクなんですよ」（「MORE」1982年11月号）

ビートたけし「さんまは芸より人柄だね。番組の中より、楽屋のほうが面白いんですから」（同右）

さんま「開き直りましたんや。芸人やから私生活のことも放っといてもらえん。そんならぜーんぶ喋ってしまおう、それが芸人のサービス精神ちゅうもんやと」（「週刊現代」1983年3月5日号）

横澤彪《たけし》（『オレたちひょうきん族』プロデューサー）「彼の大阪での評価は非常に低かったんです。さんまは芸なしだ、なんていわれてね。（中略）とにかく楽屋話がめちゃくちゃ面白い。ちょっと差し障りがあるんで名はいえないんですが、芸人としての序列の最高のところにいる人について、それをバカにするような話をふくらませたり、創作したりしてしゃべるのが実にうまいんです。その面白さが高座ではちっとも出ないんですね。ボクははじめて彼の楽屋話を聞いたとき、これは凄い才能だと思った」（「週刊現代」1985年1月19日号）

太平シロー「さんまさんの情報収集能力はすごいですよ。あの人に盗聴器はいらない。ありふれた世間話をしているだけなのに、いろんな人のことを何でもよう知っている。その事実を原形に、うまいことネタをこしらえるんです。『嫁はんがよう寝る』とひと言しゃべっただけでさっそくネタにされて、いつ行ってもシローの嫁はんは寝ている、シローがついにキレて寝ている嫁はんを引きずり回したと、そういうことになっている。でも、さんまさんの作ったネタはよくできていて、長く使えるからおいしい」（「アサヒ芸能」1999年9月2日号）

太平サブロー「初めて会ったときにねぇ、明石家さんまはんは、やっぱりねぇ、出てる匂いに負けたなっちゅうか、なんか、ちゃうなぁっていう。舞台出た瞬間からバーッとなってんねやったら別に、勝負してもええと思うけど、あの人は睡眠時間3、4時間で、あのテンションを、目ぇ開いてから閉じるまで20時間近く維持してる。

なんば花月の楽屋で僕とシローちゃんがふたりでしゃべってて、〝ほんで昨日な、飲みに行ったらこんな奴おってなぁ〟って言うてたら、〝おぉ〜、ほんまかいなぁ〜〟から入ってくるんですよ。〝おぉ〜、ほんまか〜い、ヒャー！（笑い声）〟言うて。〝ほいで、ほいで、ほいで？〟言うて。〝ほいでね〟〝あ〜、そうかいな〜〟言うて、そっから自分の話にもっていくんですよ。

普通やったら、横から〝おはようございます〟って言うといて、〝うんうん〟って話を聞いて、〝いや、それやったら僕もな〟って入るのが普通やのに、〝おぉ〜！ ほんまかいなぁ〜！ ヒャー！（笑い声）〟言うて。そのときに、〝すごいな〟と。ほいで、無尽蔵に話がずーっと尽きずに出てくる。それをずーっと維持してるし。

負けたというより、これは勝てんやろなという。だから僕らはものまねしたり、漫才を一生懸命やっていくしか挑む道はないなぁと思ってました」（毎日放送『たかじんＯＮＥ ＭＡＮ』２０００年10月18日）

さんま「まあ、ぼくは自分を落語家やのうて、〝笑わせ屋〟やと思うてますからね。そやから、いまは、人を笑わせるためならなんでもやりますわ。笑わせるためにパンツを脱げいわれたら脱ぎます。

ほんま、人を笑わせるいうのんは楽しいですよ。そやからいま、レギュラー8本で、ふた晩寝てなくてもがんばれるんですわ。（中略）

ぼくは、舞台へ出ると、客席にいい女の子がおらんか探すんですわ。いい女の子がおると、なんとかその子を笑わしたろ、そしてオレに好意をもつようにさせたろ、そう思うてがんばるんですわ。（中略）

おしゃれすんのも、テレビに出て人を笑わせるのも、女の人がおるからですわ。そんなもん、女の人がおらんかったら、落語家なんかやめてルンペンになってますわ。

体にゴザ巻いて、寝っころがって、そのほうが楽ですがな。（中略）

結婚は30才までしないつもりですけど、子供はいますぐにでもほしいですね。もう、めちゃめちゃに子供が好きでね、ぼく。

紳助の子供が、この前遊びにいったら、ぼくのことを『さんまのおじちゃん』いうんです。涙が出るほどうれしかったですわ。（中略）

男の子が3人ぐらいほしいですわ。女の子はダメ。兄貴に娘がいるんですけど、見てて、この

子が将来知らん男に抱かれんのか思うと、オジとしていたたまれなくなるんですわ。（中略）

いまでも、実際に女の子は何人かいますしね。2か月後には、また増えるかもしれへん。そうすると、はずみで結婚約束したりしますからね。それやから、30才になって、そのときにつきあってる女と結婚しようときめたんです。（中略）

ぼくら芸人は果物屋のミカンですからね。古くなったらポイですわ。

そやから、新しい感覚でいくために、結婚してからも浮気するでしょうし、体の続くかぎりは休みません。（中略）

そしてね、それでも芸人として売れんようになったら、今度は、お笑いの演出家か、シナリオライターになります。そうやって、死ぬまで人を笑わせたりますわ」（「女性セブン」1982年5月6日号）

週刊誌「女性自身」（1982年5月25日号）で、Kとのスキャンダル記事の続報記事（見出しは「明石家さんま愛人問題で苦境に！　タケちゃんマン助けてェ〜」）が掲載された際には、すかさず漫談ネタの中に取り込んだ。

「もう、何が辛いて、週刊誌っていうのはねぇ、まず電車の中吊りになるんですよね。あれがたまらん。何気なしに電車に乗ってまして、ほっと見たら大きな太い字で、〝さんま泥沼〟と書いてあるんですよ。〝愛人問題慰謝料1千万〟感嘆符がボーン！　ここまではまだ我慢できるんですけども、その横に小さい字で、〝タケちゃんマン助けて〟て、どついたろかアホんだらぁと思うんですよね。人の不幸をああしてペンで遊びよるんです。

その次に載ったんがですねぇ、『女性セブン』だ。〝さんま、外人モデルにプロポーズ〟、その次が『微笑』。〝さんま、おすぎと同棲か？〟……人をなんでもこいみたいに書きやがってですねえ、もうたまらん。

うちの親なんか奈良の田舎もんやから、〝どないなっとんねん？〟言うて、すぐに電話かかってきますからねぇ、親のために載らんとこうと思って、2か月間、まっすぐマンションに帰って、どこにも遊びに行かなかった。どっかへ遊びに行ったら、なんか書きよるからですねぇ、2か月じーっとして、もうこれで週刊誌に載らない思て、安心した矢先だ。

女性誌をパッとめくったら、私の顔写真がボーンあって、〝あれ？　俺、なにしたんかな？〟思たら、〝こんなに働いて貯金ゼロ！〟って、ほっとけっちゅうねん！」


さんまは、たしかな手応えを感じていた。

劇場で漫談をするときは、スーツやタキシードを着るのをやめて私服のまま出演し、ラジオに出演するときには、己のすべてをさらけ出すことで、リスナーとの距離を縮めていった。

吉本興業東京事務所の社員（当時）である大﨑洋は、1枚のはがきをネタに1時間近くしゃべりまくり、面識のないリスナーと延々と楽しく会話できるさんまの姿を間近で見て、「これこそがさんまの芸。新しい芸だ」と感じていた。


上岡龍太郎「そのうち、さんまちゃんとか鶴瓶ちゃんといった素人話芸の達人が出てきだした。あれはうまいもんです。二年前のネタでも、昨日のことのようにしゃべりますもんね。ぼくらやとね、無駄な言葉を省いて、わかりやすい表現で伝える工夫をしてしまうんです。『春まだ浅き早春の、まだ風は寒いころでしたが』

とぼくやったら、詰まらずに言おうとするところを、鶴瓶ちゃんは、
『あのう、あれですわ、あの、おとついとちゃう、三日前ですわ。ほれっ、あのー』
てな調子で言うと、ものすごくリアルなんですよね。ぼくらが、きちーんとしゃべってしまうと、かえって信用がなくなるんです。聞いてる人も『うっそお』と言うて感動を与えないんです。

さんまちゃんでも、昔、ぼくと『ポップ対歌謡曲』という番組でやってたころのネタを今だにやってるんです。けど、リアルなんですよ。それこそ、マンションのドアを女がたたいてたというのを、昨日か一昨日のことみたいにしゃべりますもんね。あれは一種のラジオやテレビの素人芸というか、リアリティ芸なんでしょうね。

そう考えりゃ、われわれが舞台でしゃべる話術というのは、リアルやないほうが良しとされる部分があったんでしょうね。できるだけきれいに、流暢にしゃべるのがいいということだったんです。『言葉を選んで強弱をつけて』という工夫は嘘になってしまうんですね。嘘は嘘として、より良い嘘をついてくれる人を良しとしたわけですから、ぼくらもそれを目指して一所懸命に練習したわけです。

ところが、テレビというのはリアルを良しとするもんやから『立て板に水』よりも『横板にトリモチ』でええんです。なんぼ口慣れてても、流暢にしゃべったらあかんのです」（上岡龍太郎『上岡龍太郎かく語りき　私の上方芸能史』筑摩書房、１９９５年）

さんま「芸なんていえるもんやないですが、ボクは律気《ママ》なんです。ボクの漫談は軽卒《ママ》かもしれませんが、真実があると思ってます。ネタは町を歩いていてさがすんですわ、おもろいことばかりいろいろころがってまっせ」（「平凡」１９８１年2月号）

さんま「ボクの芸？　素人みたいモンや。（中略）だけどやね、芸人としては日本一ですよ。そう思わなんだら、やってけしまへん。何が何でも、ボクは笑わせますよ。笑わすためには手段を選びません。

でもネ、お年寄りばっかりの舞台、アレはダメ。ぜーんぜん受けないときがある。そんなときは、これは相手が悪いと、ま、あきらめることにしてます、ハハハ」（「アサヒ芸能」１９８２年９月９日号）

さんま「タレントでっしゃろな、今、ボクにピッタシの肩書きは。ほならどういうタレントかというと、笑わせ屋。かというて笑われ屋、失笑されとんのとはちゃいますよ（笑）。間と、言葉のセンスのふたーつだけで、こっちから笑わすわけや。自分は凄いと、自己暗示をかけながらね。（中略）

コレッというて売るもんはない。そやからアクがのうて、顔も中途半端で、さわやかなだけやと思われてしまう。間とセンスだけいうボクの芸は、認めてもらいにくいんでっしゃろね、しゃあないことやけど」（「週刊現代」１９８３年３月５日号）

横澤彪「彼は、芸がないところがいいんですよ。少なくとも『これが芸ですよ』と見せないところがいい。決め技がないところがいいんだな。しかし、センスはいいですよ」（「アサヒ芸能」１９８２年９月９日号）

さんま「この世界、一流の人は名人上手や言われる人のテープ聞いたりネタ帳作ったり、よう勉強してますけど、ボクは、こんな商売そんな大そうに思ってへんのです。（中略）
ボクが演芸に凝ったらファンに飽きられます。（中略）
落語家とか漫談家の名刺は欲しくないんや。目の前にいる客を自分の持っているもので笑わせることができたらええと思ってるんです。ま、しいて言うならスタンディング・ジョッキー言うとこですか。笑わせ屋、笑われ屋でええ思うとるんです。〝お笑い何でも引き受けます〟それがボクの商売や。とにかくおもろかったらそれでええやないか。人生かてそうですネン──（中略）
一応ギャラもろうてんねんやから、いつも80点はとろうと思うとるんです。ホンマは世間話や雑談でウケるようになれたら芸人として最高になれるでしょうネ」（『週刊明星』1983年7月28日号）

レギュラー8本も貯金ゼロ

1975年4月から1982年3月まで放送された公開バラエティ番組『目方でドーン!!』（日本テレビ）の後を受け、1982年4月4日、『新婚さん！目方でドン』は始まった。

司会を務めるのは、さんまと、漫才師の今いくよ・くるよ。毎週、新婚夫婦、芸能人夫婦が登場し、後楽園ホールの舞台いっぱいに並べられた、大小あらゆる品物を選び取り、「目方でドン！」の掛け声で、品物の合計重量とゲーム出場者の体重を大型天秤で比べ、誤差3キロ以内であれば品物をゲット。天秤がピタリと合えば、豪華賞品が与えられる。

芸能人夫婦には、中尾彬夫妻、具志堅用高夫妻、横山やすし夫妻、岡田真澄夫妻、愛川欽也夫妻、大島渚夫妻など、様々なゲストが出演し番組を盛り上げた。

しかし、裏番組には桂三枝が司会を務める『新婚さんいらっしゃい!』(朝日放送)が立ちはだかっており、その牙城を崩せないまま、1983年6月26日を最後に、『新婚さん!目方でドン』は、『ペアで挑戦!目方でドン』へとリニューアルされ、さんまは司会の座を退いた。


さんま「中島銀兵いうプロデューサーに呼び出されて、〝これからの時代はお前だ〟言われて。〝東京版『ヤングおー!おー!』を作るから!〟って言われて。それがお前、『目方でドン』やで……。嫁はんの体重と賞品の重量を天秤にかけて釣り合《お》うたら優勝とかいうの」(『MBSヤングタウン』1997年1月4日)

中島銀兵「司会のさんまクンはスタジオ内の三百点もの商品の重さを、みんな覚えてる。アタマもカンもいいから、いろんな番組を器用にこなす。だけど今後の課題としては、たとえ不器用な部分が出てきてもいいから、アクの強さも身につけていくことですね」(「週刊現代」1983年3月5日号)

●1982年4月4日~1983年6月26日『新婚さん!目方でドン』(日本テレビ毎週日曜12:00~13:00)

1982年4月4日、『ヤングおー!おー!』の放送時間が日曜17時30分から日曜13時へ移動し、公開録画からスタジオ生放送へ移行することになった。

「ヤングなアイドルいっぱい! 楽しささらにフレッシュアップ!」のスローガンを掲げ、新たなるスタートを切った『ヤングおー！おー！』であったが、出演陣の奮闘も空しく、その寿命は尽きようとしていた。

さんま「俺の〝ナイス！〟っていうギャグは、サブやん（大平サブロー）との遊びから生まれたギャグですからね。『ヤングおー！おー！』で、〝さあ、続いて歌ってもらいましょう、原田真二さんで〜す！〟って言うたら、サブやんが、〝うまいなぁ、司会〜〟って言うて、俺が〝うまいやろ〜？〟って返して、ふたりで、〝ナイス！〟って」

サブロー「そうそうそう。やってた（笑）。さんまさんが司会やってて、俺が後ろにおって、さんまさんの〝どうぞ〜！〟で音楽がちょうど鳴んねん。ほんだら俺が、〝うまいなぁ〜〟って言うたら、さんまさんが〝うまいやろぉ〜？〟って返すねん（笑）」

さんま「オンエアではその音声は入ってなくて。毎週、〝うまいやろ〜？〟〝ナイス！〟って言うのが、ふたりだけの楽しみでしたね。懐かしい」（『大平サブロー36周年！さんまのムチャぶり北海道で反省歩き旅』２０１１年10月30日）

１９８２年５月、『オレたちひょうきん族』『サタデーナイトショー』『花の駐在さん』（朝日放送）『新婚さん！目方でドン』『笑ってる場合ですよ！』『ヤングおー！おー！』『ＭＢＳヤングタウン』『ポップ対歌謡曲』（ＡＢＣラジオ）と、レギュラー番組を８本抱え、花月劇場への出演、その合間にドラマの撮影や営業、雑誌の取材などの仕事をこなす中、あいかわらず私生活のスケジュールもビッシリと埋まっていた。さんまは睡眠時間を削り、仕事の前は野球やテニスなどのスポーツ、仕事の後には仲間たちと夜遅くまで遊び回っていた。

さんま「テニスは、寝不足やけど朝早く起きて3時間特訓してます。高校生みたいな特訓でヘド吐きそうになるし、ごはんも食べられんようになるけど、いま好きやねえ、テニスが。

それと、ええなあと思うとる女がテニスが好きで、これはまだオレのもんやないんですけど、東京の人でね。ある程度ウマいんですわ。その人から、テニス教えてっていわれたんで、教えなあかんのですわ、教えるにはその人の実力を超えなあかんから、それまでは特訓してがんばらなあ」（「週刊平凡」1982年10月7日号）

さんま「僕が大好きだった女の子が大学のテニスサークルに入ってたんですよ。で、どうしても、その子と付き合いたくて、テニス始めたら、上手くなってしまったんですよ。そやから、テニスが上手くなったのは、その子のおかげなんですよ」（関西テレビ『さんまのまんま』2003年8月8日）

多くのレギュラー番組を抱え、あらゆる仕事を順調に得ていたさんまであったが、金は一向に貯まらなかった。

「俺は守りに入りたくない、まだまだ攻めていきたい。金なんか貯めんと遊ばなアカン！　今はボルテージを上げていかなアカンときや！」と、ギャラが入っても無計画にすべて使い果たしていたのだ。

同期の島田紳助とオール巨人が家を建てたと聞いても、さんまの考えは変わらず、自宅からテレビ局までの交通費がなくて困ることも一度や二度ではなかった。そんなときは決まって、同じマンションで暮らすオール阪神に助けを求めた。

オール阪神「500円がなくて、僕に貸してくれと。〝えらいこっちゃ～、電車賃がないね～ん〟と。私もその500円がなかったら『ヤングおー！おー！』には行けなかったんです。でも、その500円をさんまさんに渡して、〝とりあえず、さんまさんは司会ですから、先に行ってください〟と。私は、千里丘の毎日放送のスタジオまで28キロぐらい、通ったらアカン高速道路を50ccのバイクを飛ばして、なんとか辿り着きました。そんなこともありましたよね」（TBS『おかしや？さんま！』2003年10月8日）

さんま「あんだけ売れててねぇ。巨人と紳助が20代で家を建てたんですよ。そのふたりよりも収入の多い僕が阪神に500円借りてたんですよ」
阪神「賃貸マンションに住んでましたもんね」
さんま「安いマンションな（笑）。まわりの人間は大きな家建ててたのに、お前と俺はせこいマンションに住んでたよなぁ？（笑）」
阪神「（笑）」
さんま「ファンが簡単に入れる部屋（笑）」
阪神「そうそうそう（笑）。吹けば倒れそうな細長～いマンションで、そこで上と下に住んでましてん」
さんま「借金まみれでな」（『さんまのまんま』2007年2月23日）

さんま「金ないのに焼きそば頼んでしもて。頼んでから〝金ない！〟って気づくねん」
阪神「ほんだら電話かかってきて、〝悪いけどちょっと来てやぁ〟〝なんでっか？〟言うて行ったら、出前持ちの兄ちゃんが〝まいどー！〟言うて。〝なんぼですか？〟〝870円〜！〟言うて。私が払《は》ろて、〝ほんだら帰るわ〟言うて、また自分の部屋へ帰るんですよ」
さんま「阪神には世話になった。ほんとに」
阪神「ほんで、覚えてます？　ベスパいうバイク。〝赤のバイク当たったんや〜〟〝それ兄さん、免許いりまんねんで〟って。〝乗ったらアカンの？〟〝ダメです〟って言うたのよ。ほんだら、マンションの廊下で乗るんですよ。廊下が排気ガスまみれになって。ブーン！　って行ったら向き変えて、ブーン！　って」
さんま「楽しいねん（笑）。すっごい楽しかったよなぁ、阪神なぁ」
阪神「そのマンション、細長い廊下が30メートルぐらいありますねん。30メートル走ったらまた向き変えてウィーン！
　ほんで、〝もう俺、飽きたからいらんわ〟言うて、僕そのバイクもろたんですよ。それでマンションの下に停めてたんです。ほんだら僕が乗ってる思て、管理人に呼び出されて、〝おたくねぇ、マンションの廊下でバイク乗ったらいけません〟言うて」
さんま「（笑）」
阪神「住んでる方が、ものすごいガソリン臭いと。部屋爆発すんのちゃうかと思ったみたいで」
さんま「（笑）」
阪神「そらそうや。細長い廊下で1時間ぐらい乗っててんから」
さんま「あんまり乗ったことない人間にとってはすっごい楽しいねん。楽しかったわぁ、あれ。

なんか、野球大会の最優秀選手でもうたやつや。お前にはほんまに世話なった。阪神いなかったら俺もう、今ないもんね」（『さんまのまんま』2013年8月24日）

さんま「ボクが所属してる吉本（興業）からは月100万くらいかな。100万になったのが、ここ1年くらいですね。でもね、ボクは貯金ゼロですよ。ほんまにゼロ。入ったら入った分だけパーッと使う」

——なんで？　貯金すればいいのに。

さんま「こんなネ、ええかげんな仕事してて入ってくるカネでしょ。やっぱり、ええかげんに使いたいんですわ。それと貯金するのがイヤなんです。このトシやし、もし貯金するようになったら、守りになってしまう。そうなったら芸人伸びない思てますねん」（「スコラ」1983年1月27日号）

さんま「ブレスレットとか、ペンダントとか人にようプレゼントしてしまう。それに吉本（興業）の若いもんを四、五人引き連れて、ステーキハウス、バーに行ったり、あげくトルコにまで突撃して、ぜーんぶ使《つこ》うてしまいますねん」（「週刊現代」1983年3月5日号）

さんま「漫才ブームに乗せていただいてここまで来ましたが、ブームは必ずボルテージが下がるから、当時金を貯めとったら、そこでフニャフニャになると思ったんです。金は働けば入るからね。下積み時代、月5万円で生活してたのね。あのころがいちばん活気があったね。もういっぺんあのころに戻りたいわ」（「週刊平凡」1982年10月7日号）

『ビートたけしのオールナイトニッポン』出演

1982年6月3日、さんまは『ビートたけしのオールナイトニッポン』（ニッポン放送）にゲスト出演し、たけしとふたりで「タケちゃんマン対ブラックデビル」のラジオコントを披露する。深夜ラジオということもあり、Kとのスキャンダルについて触れながら、言いたい放題のトークバトルを繰り広げた。

ナレーション「月曜日・中島みゆき、火曜日・坂崎幸之助、そして昨日、水曜日、憎きタモリを必殺攻撃でなぎ倒してきた我らがタケちゃんマンに、今夜ついに、宿命のライバル、ホステス殺しのブラックデビルが殴り込み。果たして今夜、このオールナイトはさんまに乗っ取られるのか!? タケちゃんマン対ブラックデビル、深夜の決戦、いよいよ迫る！ いけいけタケちゃんマン、負けるなタケちゃんマン」

ブラックデビル（以下B）「なんだ、貴様は！」

タケちゃんマン（以下T）「とぼけやがってコノヤロー、貴様、ブラックデビルだな！」

B「ブラックデビル？ 私は単なる銀座のホステスのお友達ですよ」

T「単なるお友達？ 単なるお友達が週刊誌を騒がせるのかコノヤロー、とぼけるな貴様！（童謡『かえるのうた』のメロディで）♪ゲロゲロゲロゲロ」

B「ファッファッファッファッ……アホなことラジオでやらすな！（笑）テレビでやったやろ、こないだコレ」

T「うるさい！　使い回しの台本だ！　こんな夜中に新しいネタができるか、そんな暇じゃねーんだ俺は！」

T「いくぞ、必殺！　流産2回攻撃！　オンギャーオンギャーオンギャー」

B「(笑)見事すぎるぞタケちゃんマン……あまりにも素晴らしい攻撃だ。ラジオだと思って安心してたら、そんな攻撃に出るとは……しかし、こんな攻撃に参る俺ではない。いくぞ！　必殺！　落ち目タレント攻撃だ！　せんだ！　ぼんち！　洋七・洋八!!」

T「あ〜〜〜〜！　きた〜〜〜〜！　強烈!!!　ダメだ、これで桑江知子出してみろ、俺は完全に破滅だ」

B「紳助・竜介も付け加えといたれ。さらに、のりお・よしお！　若人あきら！」

T「(笑)やるな、ブラックデビル！　いくぞ！　慰謝料攻撃！　1千万！　1千万！　1千万！」

B「ちょっと、タケちゃんマン、マジな話をしよう(笑)。ふたりだけで話がある。これはギャグにしたくなかったんだ……」

ナレーション「銀座のホステス、鬼より怖い。イケイケ、タケちゃんマン、タテタテ、タケちゃんマン！」

たけし「というわけでございまして。1千万、慰謝料事件」

さんま「(笑)」
たけし「しかしもう、ほんとによくやられましたですな」
さんま「もう、見事でしたな、あれは」
たけし「あれは陰謀だっていう噂あるけどね、誰の陰謀かって、俺、太田プロじゃないかと思うんだけどね」
さんま「(笑)」
たけし「結局、さんまをブラックデビルの役から降ろさしてだねぇ、(片岡)鶴太郎をブラックデビルにという伏線になってるんじゃないかって気がしてね」
さんま「そういう見方もありますか(笑)」

さんま「ありがとうございます。私のために、私を守る会というのを作っていただいたそうで」
たけし「作った。これは、さんまちゃんがそういう事件でね、慰謝料でも払おうもんなら大変だもん。〝絶対払うな〟っていう会ね。そういう前例があったら大変なことになるもん」
さんま「『微笑』(週刊誌)の記者が紳助とこに行って、〝さんまさんの事件、どうですか?〟って聞いたら、ツレやからフォローしてくれると思うがな。ほんだら、〝自業自得です〟ってぬかしやがって。〝張り倒したろうかお前は!〟言うて」
たけし「8か月ぐらい前に、(テレビ朝日『アフタヌーンショー』の取材班が)アルタに取材に来たじゃない、俺の隣の楽屋に。俺、上から顔出して、〝そんなもんじゃねー、自殺未遂したんだ、あの女は〟って。みんないろんなこと言って、誰も弁護しないんだ」
さんま「(笑)あのときも、おいしいとこ全部紳助がもっていきやがって。〝おい、1千万払うねやったら、俺に千円返せ〟とか、ギャグいっぱい言いやがって。俺、余裕ないからやねぇ、ツッコミできひんかったがな、そんなもん」

たけし「そういうわけでねー、さんまちゃんは帰りましたけども、さんまちゃんはやっぱりねぇ、いろいろみんなで話すんだけどね、さんまがこれだけスターでいられるのはねぇ、漫談の技術とかね、そういうことではなくて、人柄しかないというのが結論ですね。

だから、いろんな問題起こしてもねぇ、さんまちゃんだけだね、芸能界にいられるのは。普通、あれだけ悲惨なスキャンダルが出たら、とっくに……それでも芸能界にいられるってのは人柄だね。男にモテるんだよね。女にはひどいもの、あいつ。札束で顔をぶん殴ったり。

俺も人のこと言えないけどね。危ないんだよ、俺も（笑）」

●1982年6月3日（木）『ビートたけしのオールナイトニッポン』（ニッポン放送25：00〜27：00）
ゲスト：明石家さんま、松本竜介、片岡鶴太郎

「い・け・な・い・お化粧マジック」

1982年7月5日、忌野清志郎と坂本龍一が共同制作したシングル「い・け・な・い・ルージュマジック」のパロディソングとして、さんまと紳助がデュエットする「い・け・な・い・お化粧マジック」（キャニオンレコード）が発売された。

さんまと紳助は、奇抜なファッションに身を包み、ド派手な化粧を施して、レギュラー出演している『オレたちひょうきん族』『ヤングおー！おー！』に加え、紳助・竜介が司会する『ヤン

グプラザ』（朝日放送）や、テレビ朝日の歌番組『木曜ヒットショー』に出演し、歌声を披露する。「い・け・な・い・お化粧マジック」の新曲発表会では、松本竜介、「完全無欠のロックンローラー」でヒットを飛ばしたアラジン、そして、『オレたちひょうきん族』のディレクター、佐藤義和・三宅恵介・荻野繁・山縣慎司・永峰明の5人で構成されたお遊びユニット、「ひょうきんディレクターズ」がゲスト出演し、イベントを盛り上げた。

紳助「歌唱印税は2人で分けますが、僕は、こんど買った家のローン。さんまのは、女の手切れ金の一部になる予定です。どうか、さんまを助けると思ってレコード買《こ》うてください」（「週刊宝石」１９８２年７月10日号）

▼１９８２年７月５日「い・け・な・い・お化粧マジック／I LOVE YOUしたいよ」（キャニオンレコード）
「い・け・な・い・お化粧マジック」作詞・作曲・編曲：長沢ヒロ
「I LOVE YOUしたいよ」作詞：河越秀吉　作曲・編曲：鈴木慶一

ＮＳＣのダウンタウン

１９８２年４月４日、吉本興業が、漫才師やテレビタレントを養成することを目的とした「吉本総合芸能学院」、通称・ＮＳＣ（ニュー・スター・クリエーション）を開校することになった。漫才ブームが去ってからも、タレントの需要は増え続けており、人材育成を内弟子制度ばかりに頼っていては客の要求に応じられるエンターテイナーを多く輩出することはできない。そう考えた吉本興業は、合理的に即戦力となるタレントを育てようと、養成所を設立したのだ。

同年7月24日、午後8時から翌朝8時まで、NSCの特別授業「オールナイト・デスマッチ演芸大会」というイベントが開かれた。

NSC一期生の生徒たちは、島田紳助、太平サブロー・シロー、大空テント、パンチみつお、村上ショージ、やすえ・やすよ、斉藤祐子ら、吉本興業所属の芸人を前に、次々とネタを披露。さんまはオール巨人と共に参加した。

さんま、紳助、巨人の目に留まったのは、イベント前日、今宮戎神社で行われた「第3回今宮戎神社こどもえびすマンザイ新人コンクール」において、本命と目されていたNGⅡ（村上ショージ・岡田祐治）を抑え、最優秀賞にあたる〝福笑い大賞〟を受賞した、まだコンビ名も決まっていない「松本・浜田」だった。

松本人志「僕らNSC第一期生なんですよ。ひどいですよ。何をさすか何も固まってなかったから。とりあえずね、〝カスタネットを買え〟って言われたんですよ。授業でフラメンコがあったんですよ。カスタネットを買わされて、みんなでトントン！（笑）マジですよ。ほんで、冨井さん（NSC創設に尽力した吉本興業社員・冨井善則）に、〝どうや？　フラメンコは？〟って言われて。いや、どうや言われてもねぇ。〝あんまり関係ないように思います〟〝あっ、ほんまか。じゃあやめよう〟って」
紳助「でも、まだ恵まれてた方やろ？　会社も力入ってたやん、第一期は」
松本「第一期はまだ、まあ、模索状態でしたけどね」
紳助「俺も行ったし、さんまも行ったし、巨人も授業しに行ったもん」
松本「あぁ〜、来ましたねぇ」

紳助「あれ、一回きりやで。あんとき、学校できたから、〝悪いけどいっぺん授業行ってくれ〟って言われて、一回ずつ行っただけで。あのあと誰も行ってへんで」

松本「漫才しましたよ。お兄さんの前で。ものすご緊張しましたよ。全然見てくれてなかったでしょ？」

紳助「ちゃうよ、恥ずかしいから下向いとってん」

松本「一生懸命、浜田と汗かいて漫才やってたら、たこ焼き持って、〝クン、クン、クン（鼻を鳴らす音）〟言いながら」

紳助「30秒ぐらいやろ？　漫才」

松本「いや、3、4分はやりましたよ。絶対この人見てはれへんわ思て」

紳助「見てるよ！　見てたら照れくさいやん。なんかマンツーマンで漫才聞くって、なんか俺のために漫才すんの照れくさいから下向いてたこ焼き食うとってん俺。でもちゃんと聞いとったよ。ほんで、あれ、えらいもんやねぇ、本人の目の前で言うのはなんやけど、終わって帰って、さんまも行って、巨人も行って、帰ってきて会話したときに、〝どうやった？〟って言うたとき、〝一組だけ、いるな〟って言うてん。〝一組だけズバ抜けてるわ〟って言うて。〝誰？〟って言うたら、ダウンタウン（当時のコンビ名＝松本・浜田）って。3人とも意見は一致やったで」

松本「マジっすか」

紳助「〝一組だけ全然ちゃうわ〟って言うて。ほんで、バーッて売れたから、俺らは嬉しかってん。〝あっ、自分の目に狂いはないな〟と思って」（日本テレビ『松本紳助』放送日不明）

大﨑洋「NSCの教室を覗きながら四十人近くいた生徒を見渡すと、これがもう見るからに悪ガ

キの集まり。（中略）
そんな中で、ひときわ汚くて目つきの悪いコンビがいた。
浜田雅功と松本人志。
まだ高校を出たばかりで、浜田は五分刈り、松本はパンチパーマが伸びたような髪形をしている。悪魔か疫病神か泥棒か、とにかくそんなツラだった。（中略）
二人の漫才は衝撃的だった。
『完璧やん！　こんな凄い奴らがおるんや！　紳助やさんまみたいな芸人なんてもう出てきいへんと思ってたけど、いるとこにはいるもんやなぁ』
本気でそう思ったことだけはよく覚えている。
予想もできない角度から切り込んでくる発想、ネタの構成力、間の取り方、イキ、若いなりに表現力もある。
なによりたたずまいがよかった。見るからに汚い悪ガキなのだが、その根っこには『あったかさ』のような何かがあった。社会の枠から完全に外れているくせに、どこか人懐っこく愛嬌があるのだ。（中略）
後によく『ダウンタウンを育てた』と紹介してもらうようになったが、少なくとも笑いに関しては本当にノータッチで、あの二人が勝手に育っていっただけだ。それどころか、彼らに頼ってもらったことで、マネージャーとして育ててもらったようなものである」（常松裕明『笑う奴ほどよく眠る　吉本興業社長・大﨑洋物語』幻冬舎、２０１３年）

大西秀明との出会い

1982年3月、大西秀明は、高校時代の恩師の口利きで、なんば花月の進行係として働くことになった。大西が吉本興業に入り、芸人になることを志した理由は、子供の頃から吉本新喜劇が大好きだったこと、そして、「結婚したい」という夢を叶えるためだった。

中学時代、ボーイズリーグの名門・八尾フレンドで野球に明け暮れた大西は、スポーツ推薦で大阪商業大学附属堺高等学校へ進学。野球部に入部したものの、複雑なサインを覚えることができなかったため、卒業するまでマネージャーとして過ごすことになった。

勉強は苦手、野球以外の特技はなく、ゴリラのような容姿をしている大西は、女性と接する機会が極端に少なかった。このままでは一生結婚できない、芸人になればモテるにちがいない、そうすればきっと結婚できる、大西は真剣にそう思っていたのだ。

大西の主な仕事は、なんば花月の舞台の幕開きから幕引きまで、滞りなく進行させること。舞台で芸を披露する演者の出番に合わせ、「めくり」と呼ばれる、演者の名が書かれた看板を入れ替え、楽屋で待機する芸人に出番を知らせることも大事な役目のひとつだった。

その日、大西は大きなヘマをしてしまう。トリを務める横山やすし・西川きよしのめくりを先に出してしまい、トリではない中田カウス・ボタンを舞台に上げようとしたのだ。

やすきよが出てくると期待していた客は、次に登場するのがやすきよでないことを知ると、劇場に響いていた歓声は一瞬にして止んでしまう。芸人の面目をつぶし、舞台の進行を大きく妨げてしまった大西は、中田ボタンから「ワシらの出番が終わるまでしっかり反省しとけ！」と強く叱られた。いつも優しく声をかけてもらっていたボタンから反省を促され、慌てふためいた大西は屋外の溜まり場へ出ると、トイレットペーパーをこより状にくるくると巻き、それを自分のちんちんと階段の手すりに結びつけ、その場で立ち止まった。

そこを偶然通りかかったのが、さんまだった。

「お前、何しとんねん？」

「……めくりの順番間違えて、ボタン師匠に怒られて、反省してます」

「それ、ちんちんに何巻いとんねん？」

「トイレットペーパーです」

「ボタン兄さんに言われたんか？」

「いえ、僕が勝手に」

「お前、それあかんで（笑）」

「はい」

「俺がボタン兄さんに言うたるから、とにかくパンツはけ」

「はい！」

さんま「不思議なめぐり合わせとかね、あるわけですよ。ジミー（大西）なんか、〝野球の人数足らんなぁ〜、誰かえぇのんおらんか？〟って言うてて、（村上）ショージがジミーを見つけて、〝兄さん、おもろいのん一匹いまっせ〟言うて、〝どんな奴や？〟言うたら、〝今、なんば花月で進行やってますわ〟言うから、見に行ったら、階段のところでジーッと立たされてる男がおったんですよ（笑）。

ショージに、〝まさか、こいつちゃうやろうな〜?〟言うたら、〝こいつでんねん〟言うて(笑)」(『MBSヤングタウン』2004年10月16日)

さんま「階段の手すりのとこに立ってたんですよ。トチったんかなんか知らんねんけど。俺がボタン兄さんに頼んで、〝外してやってください〟って言うて、切ってもうてから、俺になつきよったんやぁ」(毎日放送『痛快!明石家電視台』2009年6月29日)

さんま「それからずっと離れないんですよ。俺がちょっとエサを与えてしもうたもんやから、来る来る(笑)。〝小噺考えてきました〟言うて、見せに来るんですけど、とんでもない、放送できない小噺ばっかり考えてきて(笑)」(『MBSヤングタウン』2004年10月16日)

「ジミー大西」の誕生

「なんば花月の進行係におもろい奴がおる」

この噂は、瞬く間に駆け巡り、大西は、なんば花月のマスコット的な存在となった。

そして、ザ・ぼんちのおさむの弟子としての日々が始まる。


さんま「ジミーは珍しく、師匠からの指名の弟子ですからね。普通、師匠にお願いして弟子にしてもらうのに、おさむ兄さんが指名した弟子ですからね。〝大西、俺につけ〟って言うて」(『MBSヤングタウン』2012年6月2日)

大西のテレビデビューのチャンスはすぐに訪れた。人気コメディ番組『あっちこっち丁稚』（朝日放送）の端役として抜擢されたのだ。その話を耳にしたさんまは、「あいつはまだ早いと思いますよ。なにしでかすかわかりませんよ」と、番組プロデューサーに忠告したが、第一景のラストシーンのみの出演ということもあり、大西の出演が決まった。

大西はさんまが懸念していた通り、この大きなチャンスの場で失態を演じてしまう。さんまのように〝アドリブ〟で笑わせようと気負い、放送禁止用語を叫んでしまったのだ。

さんま「ジミー（大西）がデビュー番組で放送禁止用語を言ってしまって、ジミーが会社の偉いさんから怒られて。〝あんなもんテレビに出せるか～！　アホ～！〟言うてね。〝お前らが出しといて、テレビ出せるかアホとはなにごとやねん〟と思って、カチンときて。〝わかった、絶対ジミーをテレビ界で売ったるわ〟っていうとこから、俺とジミーの関係が始まったんですよ。もう意地ですよ」（『MBSヤングタウン』2004年10月16日）

さんま「ジミーが出てきて、ひとこと言うて、頭殴られて暗転っていう段どりだったんですよ。花紀京さん、岡八郎さん、間寛平さん、ズラー並んでるところであいつ、アドリブかましたんですよ。俺の舞台を普段から見てるからね。本番用のアドリブを隠してたんですよ。

本番始まって、公開番組で、〝飢えたニワトリやります。オメコッコー！〟って叫んで暗転になったんですよ（笑）。ほんだら、暗転になって何も見えないところから、バシッ！　痛い！　とかいう声が聞こえるんですよ。もうねぇ、史上最高の暗転。ほんだら、岡八郎さんが小さい声で、〝出すな、こんなもん〟言うて（笑）。

ほんで、これは会社で使われへんいうことになって。僕とこへ来て、運転手になって。ジミーに関しては意地でやってましたね。

〝やってる！　やってる！〟いうギャグなんか、覚えるのに半年かかったんですからね。最初はずーっと、〝ジミーちゃん、やってる!?〟〝やってる！　やってる！〟の練習だったんですよ。ショージが鬼教官で。不意に振るんですよ。〝今日、兄さんなに食べます？……やってる？〟って言うたら、ジミーは〝僕、カレーライス〟とか、すぐ言うてしまうんですよ。『やってる！　やってる！』やろう、お前はぁ！　ちゃんとせえ！〟言うて。車の中でもずーっとハリセン持って、運転するジミーの頭を叩きながら教え込んだんですよ。

あれ、ひとりエッチを表現したギャグなんですよ。ジミーはすぐ股間に手を持っていく癖があったんですけど、それはテレビでは使えないんで、手を顔のとこまで上げて、ピストン運動させて。それがだいたい半年かかったんですよ。教えた次の日に全部忘れますからね」（テレビ朝日『あ。た、り』2000年2月18日）

さんまは大阪に滞在しているときには、なるべく大西と過ごす時間を作り、ショージらと一緒に笑いの基礎やギャグを伝授し、じっくりと大西を鍛え上げていった。

そして、さんまのことを「若」と呼び、心から慕い始めた大西は、ある日さんまに「芸名をつけてほしい」と願い出る。

さんま「〝芸名つけてくれませんか？〟って言うから、俺は〝おさむ兄さんにつけてもらえ〟って言うてたんですけど、おさむ兄さんが、〝さんまちゃんがつけてあげて〟って言うてくれて、つけることになったんですよ。

なにがええかなぁと思って、ポンと、『ジミー大西』って言うたんですよ。それが夕方の6時ぐらいで。テレビつけたらニュース番組がやってて、ブラジルの天才ゴリラ、ジミーちゃんのニュースが流れてたんですよ。名前をつけたすぐ後に。

そのときに、〝こいつは売れてまうわ〟と思たね。こんなことがあるんだと思って。ジミーが持ってるエネルギーが呼んだんでしょうけど。〝こいつ、ゴリラに似てるし、なにがええかなぁ〟って考えてたんですよ。つけたすぐ後にニュースで出たときはびっくりしましたね。あっ、こいつ、何かの世界で成功するわって思いました」（『ＭＢＳヤングタウン』２０１０年8月21日）

村上ショージ「ミナミの『気よし』いう焼肉屋によう連れて行ってもうて。ミナミのディスコ、『マハラジャ』とか、『ジジック』とか。周防町とかもよう歩きましたよ」

さんま「『ディスコによく行ってたのは、ジミーが18のときやからな。ジミーが、〝チークタイムってどう誘えばいいんですか？〟って言うから、〝こっちが『山』って言うて、相手が『川』って言うたら、踊ってくれはんねや〟って言うて。それを言うたことも忘れてしゃべってたら、暗闇で、〝山！　山！〟いう声が聞こえてきて、大爆笑したのを覚えてるなぁ。

女の子に無理からお願いして、ジミーとチークを踊ってもらってな。ほんだら、ジミーが興奮してしもて、腰引いたままチークダンス踊ってたんや（笑）。あの光景は昨日のことのように覚えてる」（『ＭＢＳヤングタウン』２００８年4月12日）

『ひょうきん族』vs.『全員集合』

1982年夏、『オレたちひょうきん族』は、土曜夜8時枠の絶対王者『8時だョ!全員集合』(TBS)を脅かす存在となっていた。

『ザ・ベストテン』(TBS)のパロディコーナー「ひょうきんベストテン」では、アイドル歌手・近藤真彦になりきって唄う片岡鶴太郎の奮闘や、YMO、シャネルズ、和田アキ子ら、本物のアーティストたちが出演するなど、多くの話題をふりまき、人気が上昇。

メインコーナーである「タケちゃんマン」(正式タイトル:THE TAKECHAN・マン)では、さんまが演じる、タケちゃんマンの宿敵・ブラックデビルの人気が爆発。毎回、本物の牛(名前は吉田君)を引き連れてワンシーンだけ登場する〝吉田君のお父さん〟が時の人となった。

開始当初、『8時だョ!全員集合』と20パーセント以上開きのあった視聴率は急接近し、多くの雑誌で『オレたちひょうきん族』の特集が組まれ、テレビのワイドショー番組では「笑いの激突!! ひょうきん族vs.全員集合」と題した特集が放送された。

こうして『オレたちひょうきん族』と『8時だョ!全員集合』は、熾烈な視聴率戦争を繰り広げることになる。

さんま「街を歩いとっても、さんまやのうて、『あっ、ブラックデビルや』いうて子供に、声かけられる。ファンがふえたのもうれしいし、それにあの番組、理屈のないバカを大ノリにやらせてくれるんですわ。芸人の生きがいのアドリブも好きにさせてくれるし、ほんま、楽しい仕事

や」（「週刊現代」1983年3月5日号）

さんま「『ひょうきん族』のスタッフは、自分をよく見てくれるし、それだけシビアですけど、一番好きです。スタッフのためにもなにかひとつやってやろ思うんです」（「週刊平凡」1982年12月2日号）

さんま「あの番組（引用者註：『オレたちひょうきん族』）のスタッフが、ボクに目つけてくれた、いうんか、ボクを評価してくれましてね。それでボクも、ほんならひとつ……という気で、気入れてやったんですわ。あれがなかったら、ボクもお笑いブームと一緒にズルズル落ちていってたかもしれへん。ブームいうんは怖いといえば怖いもんですわ。ある日天国、翌日は地獄やからねえ」（「婦人生活」1983年6月号）

さんま「『ひょうきん族』というのは楽しいですよね」
松本竜介「遊んでるからでしょうね、やっぱりね」
さんま「みんながね。ほんで、嫌な人っていてまへんしね」
ビートたけし「そうそう。嫌な人いないね」（『ビートたけしのオールナイトニッポン』1982年6月3日）

たけし「最近、大変だぜ。タケちゃんマンショーの営業の仕事がきて。〝さんまちゃんに話つかないだろうか？〟って」

さんま「（笑）」
たけし「ふたりの声をカセットテープに入れて、ぬいぐるみで。遊園地のショーで流すんだって。小山《おやま》ゆうえんちからきたんだ。〝どうですか？〟だって。そのショーが終わった後ね、ふたりの漫談だって。イヤだ、俺そんなのって（笑）」（同右）

たけし「ブラックデビルのサインって考えた？　こないだ子供がサインしてくれって、ビートたけしじゃなくて、タケちゃんマンのサインっつうんだよ。タケちゃんマンのサインなんか書きようがないんだよ。しょうがないから『タケちゃんマンです』って書いて（笑）」
さんま「僕は今、サインにブラックデビルの絵描いてるんですよ」（同右）

1982年8月14日、『オレたちひょうきん族』は、放送44回目を記念して、「第一回限り！全日本タケちゃんマンコンテスト」「タケちゃんマンNG集」「ひょうきんドキュメント'82タケちゃんマンを追え!!」（ビートたけしの実母出演）「題名のある音楽会『タケちゃんマンの歌』」「タケちゃん・デビルのフライクイズ」など、人気絶頂を迎えた「タケちゃんマン」のコーナーに関連した特別企画を放送した。

「ブラックデビル大図鑑」と題された企画では、さんま演じるブラックデビルの身体の秘密、名場面が紹介され、ブラックデビルのテーマ曲「好きさブラックデビル」のプロモーションビデオが初披露された。

「好きさブラックデビル」を唄うのは、1965年に「新聞少年」を大ヒットさせた山田太郎と、「回転禁止の青春さ」「花はおそかった」など、多くのヒット曲をもつ美樹克彦。このふたりの元アイドルが組んだユニットは、「オレたち昔・アイドル族」と名付けられ、「好きさブラックデビル」は9月5日にポリスターより、シングルレコードとして発売された。

さんま「『好きさブラックデビル』のプロモーションビデオは湘南で撮影しましてね。朝から晩まで。じゃまくさかったですねぇ。お花畑から、〝♪ブラックデビール、ブラックブラックデビール、あーらーわれたー〟いうので、僕が現れるんですけど、それまでブラックデビルの格好してじーっと待ってるのが辛くって辛くって（笑）。暑かったですねぇ、夏の湘南は」（『MBSヤングタウン』2000年5月20日）

▼1982年9月5日「好きさブラックデビル／回転禁止の新聞少年」（ポリスター）
「好きさブラックデビル」作詞：榊みちこ　作曲：美樹克彦　編曲：馬飼野康二
「回転禁止の新聞少年」作詞：高田文夫　作曲：桜井順　編曲：京健輔

1982年8月31日、音楽バンド、シャネルズとさんまによる公演『シャネルズ・ウェイク・ワップ・コンサート』がなんば花月で開催された。

さんまは演芸パートで、田代政《まさし》と即席漫才を披露。シャネルズのメンバーとの大喜利コーナーでは司会を担当する。

音楽パートでは、結成したばかりのコミックバンド「さんまスーパーコミックス」として出演。島田紳助とのデュエットソング「い・け・な・い・お化粧マジック」を、村上ショージとMr.オクレと披露。2コーラス目からは紳助がサプライズで登場し、観客を沸かせ（2回目の公演ではシャネルズのキーボードを担当する山崎廣明とデュエットする）、浜田省吾の「今夜はごきげん」を熱唱し、シャネルズへバトンタッチ。会場は若いファンで埋め尽くされ、大いに盛り上がった。この模様は9月5日(日)、『シャネルズ&さんまの笑タイム』(朝日放送14:30〜16:00)にて放送された。

□8月31日(火)『シャネルズ・ウェイク・ワップ・コンサート』(なんば花月13:00、18:00開演)
出演:シャネルズ、明石家さんま、スーパーコミックス、村上ショージ、Mr.オクレ、やすえ・やすよ、桂小つぶ

『ヤングおー!おー!』『笑ってる場合ですよ!』の終了

1982年9月19日、『ヤングおー!おー!』が13年の歴史の幕を閉じることになった。最後の半年間、放送時間を夕方から昼へ、公開収録からスタジオ生放送へと移行し、新コーナーを立ち上げ、毎週、人気ミュージシャンをゲストに呼んで、巻き返しを図るも、苦戦は続き、かつての勢いを取り戻すことができぬまま、終了することになった。

歴史ある番組のレギュラーを5年間務め上げたさんまは、三枝から託された司会の座を次につなぐことができなかった悔しさを感じていたが、心はすでに東京のテレビ局に向いていた。

さんまが東京に進出し始め、漫才ブームに火がついた頃、関西テレビの人気番組『パンチDEデート』で司会を務める桂三枝と西川きよしが番組卒業の意向を示したことがあり、後任の司会者としてさんまと紳助の名が浮上したことがあった。ディレクターも乗り気で、水面下でリニューアルの話は進んでいたが、局の上層部から「さんまと紳助では勝負できない。三枝ときよしで継続したい」との意見が出され、さんま・紳助の『パンチDEデート』は幻と消えた。そしてさんまは、この『ヤングおー!おー!』終了を機に、血気盛んで活力にあふれるフジテレビスタッ

フのいる東京に軸足を置き、さらなる勝負をかけることになる。

――東京のテレビ局と大阪とじゃ違う？

さんま「東京ですな。やっぱりテレビ局でも才能ある人は多いもん。カネもあるし、思い切った勝負かけてくれるでしょ。この『ひょうきん族』かてね、たとえば大阪のテレビ局のスタッフが企画してやりたいんや、いうても局の幹部が反対した思いますよ。CX（フジテレビ）のあのスタッフやからできたんと違いますか」（『スコラ』1983年1月27日号）

さんま「仕事はやっぱりこっち（引用者註：東京）ですよ。僕は両方見てるからわかりますけど、仕事のブレーンとかスタッフの数とか経費とか考えると、こっちで勝負せなダメですね。大阪ちゅうのはナーナーで仕事すること多いんですよ。大阪のテレビ局は対抗意識持ちながら、ローカルやという開き直りがあるんですよ。自分のよく知ってるタレントを使って、それでこけたらまた知ってるタレントを使う。ローカルだから勝負できるだろうと思うんですけど、勝負してくれないですね」（和田誠『インタビューまたは対談 その三』話の特集、1989年）※対談は1987年に行われた。

さんま「東京の局はやらしてくれますよね。こういうことやりたいと言うと、スタッフも集めてくれたり。でも、シビアですよね。横澤（彪）さんなんか恐いほどシビアです。見てたら厭になりますけどね。『そうしかプロデューサーはやっていけないんだよ』って言わはった時はそりゃそうやろなと。俺らが切られた時は、もうあかんのやなと思えるのでね。今は使って頂いてるの

で、これでいいんだろうとは思うんですよ」(同右)

●1982年9月19日(日)『ヤングおー!おー!』(毎日放送13:00~14:00)
出演:明石家さんま、島田紳助・松本竜介、太平サブロー・シロー、沢田研二、森昌子、三原順子ほか

1982年10月1日、漫才ブームの波に乗って誕生した番組『笑ってる場合ですよ!』(フジテレビ)が最終回を迎えた。番組終了間際の視聴率は9パーセント台を記録し、平日の昼の枠としては非常に高い数字をキープしていた。しかし、主要スタッフであった三宅恵介と荻野繁が前年の10月から『オレたちひょうきん族』の専属となると、番組の士気が徐々に低下。新しい笑いを生み出そうとする力は失われ、マンネリ化していく。

漫才ブームも過ぎ去り、ここで心機一転、全く新しいメンバーで、新たな番組を始めようというのが終了の理由だった。

最終回は、月曜から金曜までのレギュラー陣が総出演し、2年間、515回に及ぶ番組の歩みを振り返り、皆で思い出を語り合った。

島田洋七(B&B)「さんまちゃん、1千万円の慰謝料問題、払い切れましたか?」
さんま「払ろてまへん言うてんねん! あれは恋人やから、別になんでもないんですよ」
紳助「お前、恋人が多すぎんのじゃ! お前は種馬か!」
さんま「(笑)」
洋七「最近は、世田谷にもいらっしゃるそうでございます」
さんま「(笑いながら椅子から転げ落ちる)」

出演者、スタッフ入り乱れての最終回は大いに盛り上がり、エンディングを迎える。

洋七「楽しかった。僕らは最初の頃ね、1年半ぐらい毎日やってまして。大阪から東京に来て、誰も友達もおれへんし、最初、友達になったのはツービートさんだけで。でも、こういう番組ができて、ホントに嬉しかった」

ビートたけし「最後にこれだけ盛り上がるんなら、もっと、1か月前から盛り上がってくれてれば番組は続いたのにですねぇ……今頃遅いわ!! バカヤロー!!」

放送終了後、一同はスタジオアルタに残り、ささやかな打ち上げパーティーが開かれた。

佐藤義和（元『笑ってる場合ですよ！』ディレクター、プロデューサー）「月曜～金曜の昼12時枠では『笑ってる場合ですよ！』という、当時の漫才スターが各曜日司会を務める番組を放送してました。（中略）アルタでの生の客入れ公開番組だったんですが、客を当日先着順で入れていたので、ある日気付いたら客が小中学生でいっぱいだったんです。ですから、いくらいい企画をやっても笑ってくれない、ただタレントを見に来てるんです。そういう末期状態で、視聴率もやや煮詰まってる。またその時期にはほぼ同じ出演者とスタッフで『オレたちひょうきん族』をスタートさせていて、気持ちがもうそっちにいってる状態もあり、これ以上続けるのは無理だと。だったら、もうそっくり番組を変えてしまって、しかも『―ひょうきん族』と全く差別化した人たちで何かやろう。で、『―場合ですよ！』の反省点をいかし、客を18歳未満お断わりとして『―いいと

も！』が始まるわけです」（「ザテレビジョン」ヒットの職人《プロ》、１９９６年）

●１９８２年10月１日（金）『笑ってる場合ですよ！』（フジテレビ12：00〜13：00）
「全レギュラー狂喜乱舞の最終回」


１９８２年10月３日、『花王名人劇場』の放送三周年を記念し、「やすし・きよしの爆笑四天王」が放送された。

出演は、『花王名人劇場』の功労者、横山やすし・西川きよし。そして、同年３月28日に放送された「第二回あなたが選ぶ花王名人大賞」において、漫才部門名人賞に輝いたオール阪神・巨人と、新人賞を獲得した今いくよ・くるよ、明石家さんま、コント赤信号の３組。

さんまは、「僕の行ってるテニスクラブにはオバハンしかいてまへんねん！」と嘆きながら、最近没頭しているテニスにまつわる漫談を披露。

やすし・きよしは10か月ぶりに『花王名人劇場』で漫才を披露し、勢いのある若手４組の前で貫禄をみせつけた。

●１９８２年10月３日（日）『花王名人劇場 やすし・きよしの爆笑四天王』（関西テレビ21：00〜21：54）

１９８２年10月、『オレたちひょうきん族』のオープニング・タイトルバックの映像が一新され、テーマ曲の「ウィリアム・テル序曲」が流れる中、次々と紹介されていく出演メンバーの順番が変更されることになった。

それまで最初に紹介されていたのはビートたけしと島田紳助。それが、たけしとさんまのツーショットでトップを飾ることになった。それはこの先、『オレたちひょうきん族』が、たけし・さんまを中心に回っていくことを意味していた。

同年10月9日、『オレたちひょうきん族』の視聴率は19・4パーセントを記録し、放送開始以来初めて裏番組の『8時だョ！全員集合』を追い越した。しかし、翌週にはあっさりと追い抜かれ、10パーセント近く引き離されてしまう。

横綱の貫禄を見せつけられた『オレたちひょうきん族』の出演者・スタッフであったが、士気は一段と上がっていった。

●1982年10月9日（土）『オレたちひょうきん族』（フジテレビ20：00〜20：54）「小料理屋コント：さんま&紳助」「青春学園コメディー『ひょうきんだらけの青春』：ヒップアップvs.コント赤信号」「ひょうきんニュース：さんま&山田邦子」「ひょうきんベストテン：『好きさブラックデビル』が1位を獲得」「タケちゃんマン：グレートレースの巻」

「足立区バンド」「紳助バンド」「さんまスーパーコミックス」

1982年10月31日、『地上最強ロックフェスティバル 大阪秋の陣』と題された音楽イベントが、大阪城野外音楽堂にて開催された。

出演は、ビートたけし率いる「足立区バンド」、島田紳助率いる「紳助バンド」、そして、さんま率いる「さんまスーパーコミックス」の3組。

前座では、ロックバンド・大阪屋ロータリーの演奏。吉本総合芸能学院・NSCから、銀次・政二、杉本・富山、松本・浜田の3組が漫才を披露する。

さんまスーパーコミックスはトップバッターとして登場し、歌とトークの1時間のステージで観客を盛り上げ、たけしの足立区バンドへつなぎ、最後は紳助バンドの演奏で締めくくられた。アンコールでは、たけし・さんま・紳助がステージに立ち、チャック・ベリーの「ジョニー・B・グッド」を熱唱。2000人の観客は総立ちで声援を送った。

この音楽イベントを最後に、さんまは「さんま&アベレージ」時代から数え、2年半のバンド活動に終止符を打つ。

さんまは、仕事を通じて知り合ったミュージシャンたちのコンサートを頻繁に観るようになってから、歌の苦手な自分は音楽を主体としたステージではなく、芝居やコント、トークをふんだんに取り入れた、笑いに満ちたステージを演りたいという思いが強くなり、その実現に向け、日々模索していくことになる。

さんま「もう歌はやめました。紳助との『い・け・な・い・お化粧マジック』も意外と伸び悩みまして、キャンペーンができる時間もないし」(「週刊平凡」1982年10月7日号)

さんま「俺のライブって、歌を10曲唄うより、4曲ぐらい唄って〝さあ、今からしゃべりま〜す〞言うたほうが拍手が盛り上がるからね。〝待ってました!〞っていう感じで」(『MBSヤングタウン』2002年1月5日)

さんま「いかに音楽を自分にとり入れて芝居みたいなことをやっていくかですね、やっぱり一言で言ったらミュージカルなのかな」(「マンスリーよしもと」1982年10月号)

□1982年10月31日（日）『地上最強ロックフェスティバル 大阪秋の陣』（大阪城野外音楽堂15：00開演）
出演：ビートたけし（足立区バンド）、明石家さんま（さんまスーパーコミックス）、島田紳助（紳助バンド）、銀次・政二、杉本・富山、松本・浜田、大阪屋ロータリー

『さんま・紳助のオールナイトニッポン』

1982年12月15日、さんまはビートたけしと共に、翌年1月1日に放送される『オレたちひょうきん族』の特番の収録に臨んでいた。

「タケちゃんマン」の収録は深夜2時から始まり、さんまは猫に、たけしは犬に扮して、童謡「雪」を唄いながら、何度も水の中に飛び込んでいくという過酷な収録だった。

収録を終えたふたりは紋付き袴に着替え、出演メンバー全員で視聴者に向かい、新年の挨拶をするシーンの収録へ。このときたけしは、体調が優れない中、水に浸かったせいで発熱し、悪寒を感じ始めていた。

「さんまちゃん、俺、明日、3本仕事があんだよね。ラジオは行くけど、あとの2本はたぶん休むだろうなぁ」

翌日、たけしの体調は深夜まで回復せず、レギュラー番組『ビートたけしのオールナイトニッポン』を休むことになり、さんまと島田紳助が代打として起用されることになった。

こうして、1982年12月16日25時、さんまと紳助がパーソナリティを務める『オールナイトニッポン』は始まった。

さんま「私、いっぺん断ったんです。俺は出ないと。今日はしんどいから休ましてくれと。ほんだら、あの森谷（和郎）ディレクターがですねぇ、〝来なかったらお前のことラジオで全部ぶちまけてやるぞ〟と。ラジオで言われると私、放送演芸界に残ってられないような状態になりますので……」

紳助「俺、楽しみやってんで、今日、さんまと一緒にラジオができるから。昔からずっと一緒にやってるけど、ラジオは一緒にやったことないねん」
さんま「ふたりっきりはな」
紳助「ふたりっきりはないねん。せやから今日、白黒ハッキリしたろう思てな」
さんま「何をハッキリすんねん？」
紳助「俺、言いたいこといっぱい溜まっとんねん」
さんま「お前が言うねやったら、俺もホンマ、言うで？」
紳助「……やめようか」
さんま「お前がそういう気なら、腹の中にあるもん全部出そう。ファンの皆様方に隠してることとかやなぁ、隠れて事件起こしてることとかやなぁ」
紳助「……」

さんま「昨日、俺、3時間しか寝てないねんで」
紳助「昨日の夜中3時ごろ、『ひょうきん族』の収録が終わって、俺は先にホテルに帰っててん。なかなか寝られへんかってん。お前、4時半ごろ帰ってきたやろ？　お前、静かに寝ぇよな」

さんま「(笑)」
紳助「お前、疲れてる言うて、むちゃむちゃ元気やったやないか。4時半ごろ、俺がベッド入って寝ようかなぁ思たら、廊下にさんまの声や。サブロー・シローらもおってんやろな。他の奴らは眠たそうな声してんねん。廊下と部屋の中やから何言うてるか聞き取れへんねん。さんまだけや、ハッキリとさんまってわかったん」
さんま「(笑)」
紳助「さんまが、〝俺はニワトリか!!〟ってツッコんでてん、誰かに」
さんま「(笑)俺が帰ったのが4時半ごろやったんや。いっぺん部屋に入ったんや。ほんで、15分ほど煙草吸うとったんや。ほんだら、シローとよしお兄さんが帰ってきて。ものすご楽しそうな会話やってん。ほんで俺、思わず部屋のドアを開けたんや。〝なにしてんの～?〟言うて。ほんだら向こうがビックリして。ほんだら竜介も部屋から顔出しよったんや。あんな狭い廊下から顔出したやろ。ニワトリみたいやってん。ほんで、〝俺はニワトリか!!〟ってツッコんで笑いをとって寝たんや」
紳助「俺、その声聞いてやなぁ、俺も出なアカンと思て、ベッドから起きて表出てん。ほんだら誰もいてへんかった、もうドア閉まった後で」
さんま「なんちゅう集団や(笑)」
さんま「今日はたけしさんが休みでね。昨日、『ひょうきん族』の収録中、僕の横でねぇ、ガタガタガタガタって震えとったの。〝さんまちゃん、明日2本仕事あんだよねぇ。LF(ニッポン放送)だけは俺、行くけど、あとの2本の仕事はたぶん休むだろうなぁ〟って言うたとき、〝あっ、

2本仕事入ってくるわ〟思て（笑）」
紳助「怖いなお前は」
さんま「（笑）」
紳助「お前だけやで、三波伸介さん死んでガッツポーズしたん」
さんま「アホ〜！　吉本興業全員ガッツポーズとったがな」
紳助「いや、芸能界って怖い思た。ホンマやで、それ。テレビでニュース見ててん。ほんだら三波伸介さんが死んだって出てんね。ほんだら事務所のマネージャーが全員ガッツポーズしよってん。俺、あのとき怖い思て。死んだらアカン思たわ」
さんま「吉本がテレビ東京に電話かけて、三波伸介さんがやってた『凸凹《でこぼこ》大学校』、〝吉本のタレント誰か送りましょうか？〟って言うて。ほんだら向こうは、〝ちょっと待ってください〟言うて、ガチャン切らはってん。ほんで俺と善ちゃん（当時のマネージャー・山﨑善次郎）考えてん。〝あの『凸凹大学校』、吉本から誰が入るやろうなぁ〟〝西川きよしさん？〟〝いやいや、横山やすしさんや！〟〝横山やすしさんやったらそれ、タイトル変わるで〟〝なんて？〟〝『横山やすしの陸軍中野学校』〟（笑）」
紳助「（笑）いや、でも、三波伸介さんは明るいことが好きやったから、明るく話した方がいいと思いますよね」
さんま「いや、ほんとに。いつもお世話になってました。ありがとうございました」
紳助「ありがとうございました」

この日、さんまが『オールナイトニッポン』の木曜2部を担当していた頃の人気企画「新宿愚連隊」を復活させることになった。題して「六本木愚連隊」。内容は、深夜の六本木で彷徨《さまよ》うギャルたちをナンパしてスタジオに招き、ギャルコンテストを開くというもの。
さんまは、たけしの弟子である漫才師・ツーツーレロレロの東と大森、松尾憲造（松尾伴内の本名）たちに、生放送中にナンパしたギャルたちをスタジオに連れて来るよう指令を出す。山田邦子ら太田プロの芸人も乱入し、ギャルと語らい、スタジオは大いに盛り上がった。

紳助「マジメな話しよう、マジメな話。さんまの結婚問題について」
さんま「お前なぁ、そのテーマでもうふざけとるやないか」
紳助「たけしさんも子供ふたりいて、俺もふたりいんねんで。お前だけやで、幸せつかめへんの」
さんま「つかむよ、俺は」
紳助「どんな幸せ？」
さんま「いや、そやから、行ってらっしゃいのチューとかやなぁ……」
紳助「似合わへんわ、お前ぇ。散々、あんな悲惨なことしといて」
さんま「アホか、俺は一度も悲惨なことしてないわ」
紳助「してるやんけ。恋をした、彼女ができたって、さんまが言うねん。始めの2、3か月はものすご、ホンマに美しい、大学生みたいな恋人同士で、ふたりでテニス行こうとか、ふたりで旅行行きたい、いつか家を建てて、子供を何人か作ってって、夢を語り合うねん。それが5か月、6か月経つと、〝1千万円払え！〟とかな、なんであんな風に変わってまうねやろなぁ？」
さんま「それが特徴や……アホか！　なんで特徴で片づけなアカンねん！　あれはあの子だけや。

あとはみんな幸せなまま、カタはつけてる（笑）。カタつけてどないすんねん。今でも電話で、〝さんまちゃん元気？〟とか、そういうのはあるよ、俺は」
紳助「そうか？　悲惨な子、何人か見たぞ」
さんま「アホなことを」
紳助「女の子見ててかわいそうになんねん」
さんま「なんでやねん。俺みたいなこんなええ男いてないで。文句は言わんしやなぁ、おもろいこといっぱい言うしやなぁ」
紳助「さんまのマンションの前で、ずーっとブーツ履いた女の子が立ってんねん。キレイな子や、20歳ぐらいの。さんまのとこ遊びに行ったら立ってんねん。もう2時間ぐらい待ってんねん。寒い寒い、体、冷たい冷たいねん。ほんで、さんまはその子を部屋に入れようとせえへんねん。〝おい、さんま、表で今待ってたん誰やねん？〟〝いや、ええねんええねん、洗濯屋や〟ほんでさんまは下着を集めて、その子に渡して、〝おぉ、帰れ！〟って。そんなブーツ履いた20歳の洗濯屋がわざわざ来るか？　シャレにならんでホンマにかわいそうに」
紳助「さんまのむちゃむちゃファンで、80キロぐらいあるような女の子がおるんですよ。その子が、〝さんまちゃんと50万円出すからしたい〟って言うたんですよ。
　夜中、さんまとこへすぐ電話したんですよ。さんま、こんな子がおんねんと。お前、やれと。〝金困ってるやろ？　40万でするやつがおんねん〟言うたら、後ろから〝お前、いきなり10万抜いとるやないか〟言われて」
さんま「（笑）」

紳助「さんまはせえへんかったんですよ」
さんま「そらそんなもん、俺がなんぼ困ったいうてもそれはせえへん」
さんま「俺なぁ、情けなかった。お前、家建てたやろ？　こないだ。２億かなんかの」
紳助「お前やな、話を大きいしていってんの」
さんま「(笑)」
紳助「誰が２億やねん」
さんま「なんぼ？　あれ」
紳助「あんなもん、しれてあるがな」
さんま「４千万か？」
紳助「５、６千万したんや」
さんま「４千万やないか、お前。お前も微妙に増やすな！　増やすんやったら大きい、１億、２億って言え！」
紳助「アホ〜、言うとくけどなぁ、巨人とこの家の、３軒隣やけど、巨人のとこより大きいねんぞ」
さんま「俺、情けなかってん。お前が家建てた言うて、新築祝いする言うてるときに、俺、１２０円の電車賃なかってん(笑)。俺、歩いて帰ったんや。俺、どないしょうこんな人生思てやなぁ(笑)」
さんま「ここの森谷は、３年前に俺の『オールナイトニッポン』やめさしてんぞ。好評やってん、あれ。聴取率0・6あってん、2部で」
高田文夫「2部の最高だったでしょ」
さんま「最高ですよ」
紳助「ほんでクビか？」
さんま「クビやがな。キャニオンに負けてやなぁ」
紳助「もう、吉本興業も東京でラジオやってんの、ぼんちさんだけやで」
さんま「TBSのやろ？　あれやりたい。あの『ヤングタウンTOKYO』やりたいねん」
紳助「やれ、やれ。お前、ぼんちさんにトドメさそう思てんちゃうか？　お前は」
さんま「(笑)」

さんま「『オールナイトニッポン』は、二《ふた》曜日危ないねん」
紳助「ウソ～？　お前、そんな情報早いのぉ。ほんだら今日のは、4月からの編成会議に向けてのパイロット版にしようか？」
さんま「せやせやせや。俺は狙《ね》ろとんねん。曜日はハッキリ言えへんけどやなぁ、世間は知ってるはずや」
紳助「ほんだら今日のを録音して、編成部に回しとくわ」
さんま「おぉ、頼むわ」
紳助「明日からハガキ、毎日10枚ずつ書こう」
さんま「よしよし」
紳助「〝紳助とさんまでやらせ〟言うて。ファンクラブの子らにも書かして。それでアカンかったら4月から知らん顔して来よう、ふたりで。〝おはようございます〟言うてやなぁ。勝手にメイクの前に座ってしゃべると。ガードマンが引きずり出そうが、髪の毛引っ張ろうが、知らん顔してしゃべる。ほんだら2か月ぐらいしてあきらめるぞ。こいつら病気や、しゃあないと」
さんま「(笑)」
紳助「ほんだら、放送流れてへんかっても、スタジオ一個貸してくれるわ」
さんま「〝ここでしゃべっとけ〟言うて?」
紳助「そこでレコードかけて、〝やった! やった!〟ってふたりでな。ほんで、〝放送ギャラ入ってへん!〟言うて文句言いにいこう」

さんま「せやけど、ホンマに、俺ねぇ、この世界、9年目になるけども、ホントに最近、入ってよかったと、思わへん?」
紳助「……そうか?」
さんま「俺ねぇ、仕事とかそんなことよりねぇ、俺、いろんな人間見れたというのでねぇ、俺、ものすご幸せやねん」

さんま「紳助、あっという間に終わってしまいましたね」
紳助「おい、来週、何時に来たらええの?」
さんま「(笑)」
紳助「決めとこうや、ふたりで。ニッポン放送の前に12時半に待ち合わせしょうか? そやから前の日、水曜日、『ひょうきん族』でたけしさんにまた水かけて」

さんま「（笑）来週はね、たけしさんも元気なお声で登場すると思うしね。もうちょっとね、ホントに、まだまだ紳助とゆっくり話したかったんですけどもね。あっという間に時間が過ぎたようでございますね。たけしさん、ホントに早くよくなってください！　どうも！　またよろしく！　さんま・紳助でございました！」
紳助「おやすみなさい！」

この日、さんまと紳助の、ふたりだけのトークが全国ネットで放送された。

紳助のトークにさんまが笑い、さんまのトークに紳助が笑う。紳助よりもおもしろく、さんまよりもおもしろく。互いがその思いを胸に、ただひたすら思いついた言葉を瞬時に交わしながら多くの笑いをとる、あっという間の2時間だった。

それは7年前、ふたりで営業に回っていた頃と少しも変わってはいなかった。ただ違うのは、その傍には、駆け出しの芸人のトークを冷ややかな目で観る客ではなく、勢いよく邁進する芸人のトークで爆笑する放送作家の高田文夫や、スタッフたちがいること。

また再び、さんまと紳助のふたりだけのラジオトークが聴きたいと誰もが期待したが、実現することはなかった。

●1982年12月16日（木）『オールナイトニッポン』（ニッポン放送25：00〜27：00）
出演：明石家さんま、島田紳助、山田邦子、ツーツーレロレロ、松尾憲造、高田文夫ほか

ブラックデビル、暁に死す

『オレたちひょうきん族』の人気コーナー「タケちゃんマン」に、さんま扮するブラックデビルが登場してから1年が経過した。主役であるタケちゃんマンと双璧をなす人気キャラクターとなったブラックデビルだったが、このまま続けていけば近い将来必ず飽きられてしまう。そう考えていたさんまは、「タケちゃんマン」を担当するディレクター、三宅恵介と話し合いを重ね、年内でブラックデビルをやめる決断を下す。

日々、勢いを増す『オレたちひょうきん族』のスタッフは、守りに入ることを好まなかった。さんまもまた、「もっと新しい笑いを作りたい」という前向きな気持ちを強く持っていた。

さんま『『ひょうきん族』のキャラクターは、なんぼ流行っても1年って決めてたからね」(『さんまのまんまスペシャル』2008年10月3日)

さんま「使命なんていうと大げさやけど、自分のことよく考えると、落語やるよりも、新しいお笑いをやってほしいと、ファンの人にも思われてるみたいやしね。自分は、新しいもん、新しいもん、取り組んで行けば、何かが生まれると思うんですね。ま、いまさら、戻れへんしね、落語の方向には……。口調も変わってしもうたしね。司会の口調になってしもうたから。落語やるんやったら、今の仕事全部やめないことにはね。そんな生やさしいもんじゃないし、やれ、こっちやって、次こっちというようにね、中途半端に終わってしまうの、いややし」(『non-no』

1982年9月5日号)

テレビ情報誌「週刊TVガイド」(1982年12月17日号)では、「タケちゃんマン、ブラックデビル最後の対決」と題した特集が組まれ、表紙をタケちゃんマンとブラックデビルが飾り、ブラックデビル(さんま)のインタビュー記事が掲載された。

——どーせ死ぬんなら、どんな死に方をしたいですか。

「僕自身は〝あしたのジョー〟の力石か〝太陽にほえろ!〟のジーパン刑事のように、壮絶な最期をとげたいんですが……。なんせディレクターがメルヘンチックな人やから、さっきも〝クリスマスだし、美しい最期にしたいね〟言いよるんで…。どうなりまっかなァ」

ブラックデビルの死を描いた物語は、1982年12月18日と12月25日の2回に分けて放送されることになった。

12月18日放送「みんなブラックデビルのせいなのよの巻」では、ブラックデビルがタケちゃんマンに本音を漏らすシーンが挿入された。

「ほんとに、タケちゃんマンさん、どうも長い間ありがとうございました。振り返ってみますれば、ほんとに、懐かしい思い出ばかりです。一時はタケちゃんマンのことをほんとに嫌いだったこともありました。でも……でも、ほんとは好きだった……テレビの前のファンのみなさん、ブラックデビルは、来週で……来週で終わりです!」

12月25日、「ブラックデビル暁に死すの巻」が放送される。

舞台は架空のテレビ局、東洋テレビ。『ひょうきん旅』と『全員集会』の熾烈な視聴率争いに勝利するため、『ひょうきん旅』の人気キャラクター・ブラックデビルが死んだという、でっち上げ情報を流す東洋テレビの北野。

その後、97パーセントという高視聴率を獲得し、国民的人気番組となる『ひょうきん旅』。これでブラックデビルが生きていることがバレると、東洋テレビを揺るがす大騒動になる。

「ブラックデビルは必ず私が殺します！」

北野はタケちゃんマンに変身し、ブラックデビルと対決する。

死期を悟ったブラックデビルは、最期は華々しく散ろうと決意する。

「タケちゃんマン、一対一で、武器を使わずに、正々堂々と勝負しようではないか！」

「よーし！　望むところだ！」

朝焼けに染まった大地で対峙するふたり。壮絶な殴り合いの末、タケちゃんマンの強烈なキックがブラックデビルの触角をへし折り、勝負は決着する。

「み、ご、と……」

定番フレーズである「見事な攻撃だ！　タケちゃんマン」と言い終えることなく、ブラックデビルは暁に散った。

ブラックデビルに近寄るタケちゃんマン。ブラックデビルの口角から赤い血が流れ落ちる。タケちゃんマンは寂しげな表情を浮かべ、ブラックデビルの遺体を担ぎ上げると、静かにその場を去っていった。

さんまの川流れ

１９８２年12月28日、「海道一の侠客」と謳われた清水次郎長の青春時代をコミカルに描いた娯楽時代劇映画『次郎長青春篇 つっぱり清水港』が公開された。

さんまはこの作品で、中村雅俊演じる次郎長と共に、やくざとして功名を立てようと奮闘する小政を演じ、銀幕デビューを飾る。

撮影の大半は静岡で行うため、さんまの睡眠時間は大きく削られたが、共演する中村雅俊、佐藤浩市らと親交を深める時間はたっぷりと持つことができた。

さんま「(『次郎長青春篇 つっぱり清水港』の撮影現場で) 雅俊さんが自分の車に俺を連れ込んでね、ライオネル・リッチーの『トゥルーリー』をヘッドフォンで聴かして、〝唄ってみろ〟言うて。ヘッドフォンを聴きながら唄うとヘンになるじゃない。それを毎日のように、〝♪トゥルーリ〜〟って、サビの部分を唄わされてね。みんな呼んできて、なんべんも唄わされて、笑うのよ」

中村雅俊「(笑) 想像を絶するメロディなのよ」

さんま「(笑)」

中村「普通、元のメロディがわかるじゃない。それがねぇ、ちがう曲に聞こえるのよ」

さんま「それを、女優さんとか連れてきて、〝♪トゥルーリ〜〟って唄わせて、ゲラゲラ笑うのよ」(日本テレビ『さんま・所の乱れ咲き花の芸能界 オシャベリの殿堂(秘) 夏の豪華版』２０００年7月29日)

さんま「俺ら、死にそうになりましたやんかぁ。富士の雪解けの水で。川に入って、紳助が流されてくるのを捕まえるシーン」
中村「紳助が溺れるシーンがあってね。たぶん、十何回やったよね（笑）」
さんま「そうそう。俺らは水の中で待ってるんですよ」
中村「ふたりで紳助を助けるのよ。それが何度もNG出るもんだから。また、あの、紳助がもう、下手でもう！」
さんま「原田大二郎さんがずっとダジャレ言うてね、あれも困りましたよねぇ」
中村「あったねぇ」
さんま「もう、朝の5時ぐらいから元気で、床山さんとこへカツラをつけてもらいに行くときに、〝床山に今、来たとこやま！〟とか言うんですよ。もう、眠たいのに」
中村「でも、そういうさんまもねぇ、『ひょうきん族』とかやってて、寝不足なのに、中心になって共演者を集めて、話をするのよ」
さんま「（笑）」
中村「またその話がおもしろいからさぁ、俺らも〝これはおもしろいわ〟って聞くんだけど。もう、みんなが〝寝なさい〟って言うのに、寝ないでしゃべってるんだよ。なんで寝ないの？」
さんま「僕は撮影してるときより、その合間にみんなと、知らない人とか大先輩の人としゃべるのが好きなんですよ。だから僕はドラマをやってるんですよ。ドラマはこれっぽっちもやりたくないの」（同右）

さんま『つっぱり清水港』っていう映画で、中村雅俊さんとふたりで大井川を渡る芝居をやったことがあるんですけども、そのとき、俺、雅俊さんにふんどしを持ってもらって、支えてもうてたんですよ。紳助を助けるシーンだったんですけども、もう、〝雅俊さん、僕あきません、流れますわ流れますわ〟って言うてたらしいんですよ。流れが激しくて、冷たくてしんどくて。もう、どうでもええわっていう気になるんですよ、あれ。

〝さんま！　バカヤロー！　しっかりしろ！〟って。声入らないから。ずーっと引きの画《え》やったからね。〝さんま、頑張れ！〟とか言うて。雅俊さんにずーっと励まされてたのを覚えてますねぇ」（『MBSヤングタウン』2012年12月15日）

さんま「俺が中村雅俊さんと映画やってるときに、隣のスタジオで『男はつらいよ』を撮ってて、タコ社長のことを、俺と雅俊さんと紳助で、〝うわっ！　タコや!!〟って言うてしもたんですよ。〝タコや！　タコや！　タコや！〟とか言うてしまって。

　ほんだら、松竹の事務所から3人呼び出されて、怒られたんですよ。〝同じ業界の人を指さして、『タコ、タコ』と言うのはやめていただきたい〟って言うて。寅さんの方の制作スタッフから呼び出されて、俺ら怒られたんですよ。

　でも、そのとき、〝タコやよなぁ。タコ見て、タコって言うのが何が悪いんかなぁ〟とか思て。そういう思い出がありますねぇ」（『MBSヤングタウン』2001年5月5日）

さんま「三木のり平さんと（『次郎長青春篇　つっぱり清水港』で）共演したことがあんねんけどね。共演者の胸にカンペを貼らはるんですよ。俺も貼られたんですけど。台詞を覚える気がないの。

映らないところを計算してね、映り込まないカット割りで貼らはんねん。

完全に芝居はできてて、最後の台詞は茶碗に書いてはんねん。ごはんを食べ終わったら最後の台詞を言わはって。なんのミスもないの。貼られた俺が動けないだけ（笑）。

リハーサルで俺の背中越しのカットで、〝そうでんなぁ、親分〟とかいう台詞、〝さんまちゃん、動いちゃダメ。動くのは首だけにしてくれる？　ごめんね、ごめんね〟とか言うて（笑）」

（『MBSヤングタウン』2011年11月26日）

中村「三木のり平さんは、午前中は仕事しないっていう人なの。それで、地方ロケなのに寝てんのよ、旅館で。俺らのシーンが全部終わって、三木さんさえ来れば撮影できんの。そこで俺らみんなで、旅館の下で、せーので、〝桃屋！　出てこい！〟って（笑）」
さんま「（笑）」
中村「それ、あなたが言ったでしょ？」
さんま「そうです（笑）」（日本テレビ『恋のから騒ぎ』2003年4月12日）

さんま「メンバーが楽しすぎてね、もう、楽屋は大盛り上がり。もう大変で、逆にしんどかったんですよ、楽しすぎるからね。雅俊さんて、ええ人やしやねぇ、浩市君とも友達なって、みんな仲良うなってしもて」（TOKYO FM『明石家さんまのG1グルーパー』1997年5月12日）

大阪弁を〝さんま弁〟に

撮影期間中、佐藤浩市と仲良くなったさんまは、紳助らと連れだって、六本木のディスコへ遊びに行った。ほろ酔いの浩市が、さんまたちがしゃべる大阪弁に興味を持ち、大阪弁を真似して遊んでいたところ、偶然来ていた浩市の友人たちが声をかけてきた。

さんま「大阪弁がまだ、あんまり東京で認知されてない頃ね。浩市君が僕らの真似して、大阪弁をしゃべってたんですよ。ほんだら、浩市君の友達が来てねぇ、〝浩市、なにしてんだよ〟とか言うて。〝さんまさんたちとブラックジャックやってまんねん〟って、浩市君が大阪弁で言うたら、〝やめろよ、そんなダサイ言葉よぉ〟って言うて。〝やめろってイモくせー〟とか言うて。浩市君は気ぃつこて、〝まーまーまー、バカなこと言うんじゃないよ〟って、さんまさんがいる前でっていう感じになって。

そいつらも俺がいてるって気ぃついて、〝すいません〟とか言いよってんけども、それが悔しくて。ダサイとかイモくさい言葉って言われたのがものすご悔しくて、もう絶対、大阪弁の主役の恋愛ドラマをやるんだって心に決めたの」（『MBSヤングタウン』1998年2月7日）

さんま「それまで大阪から東京へ来た人は、東京弁をしゃべろうとしてはったのよ、合わすために。でも俺はそのとき、大阪弁は絶対やめんとこうと思って。大阪弁の男が主人公のドラマをするまでは大阪弁はやめないと思ったの」（TBS『明石家さんちゃんねる』2007年5月30日）

さんまはこの一件を機に、世に受け入れられる大阪弁を追求していくことになる。

さんま「大阪弁って、ワイルドが過ぎると下品になってきますからね。だから、ワイルドぐらいで止めとくといいんですよ。それ以上いくと下品になってきますから。野蛮とワイルドはちがいますからね。テレビで大阪弁を使うタレントとしては寸止めしとかなきゃダメなんですよ」

（『ＭＢＳヤングタウン』１９９８年12月12日）

さんま「〝イモくせーしゃべり〟って言われたのが衝撃だったんですよ。現に、東京では大阪弁は受け入れられないっていうのがありましたから、それは全然いいんですけども。

それから番組とかで、大阪弁をわざと強調しながら使ってたんですよ。だから、たけしさんとタモリさんなんかでも言うてたけども、〝でんがなまんがななんて、大阪でもこいつしか言わないよ〟とか言うてね。大阪人もそう思てたんですよ。

こっちは大阪弁をわざと強調してたんですよ。ほいで、伝わらない言葉を排除していって、今に至るんですよ。だからこれは大阪弁じゃなくて、〝さんま弁〟なんですよ。純粋な大阪弁じゃないんですよ。どぎつい言葉とか、人が嫌がるイントネーションは変えてますから。ほいで、漫才ブーム、『ひょうきん族』の力もあって、どんどん大阪弁が東京に入っていったという形ですよね。

今は削らなくても伝わるようになってきましたけど、浸透する前は伝わりませんでしたからね。浩市君とのディスコのやりとりがなかったら、未来が変わってたかもしれないんですよ」

（『ＭＢＳヤングタウン』２００９年５月16日）

木村政雄（元・吉本興業常務取締役大阪本社代表）「彼が関西弁というか大阪弁を全国に広めた功績は

大なるものがあると思います。（さんまが）育ったのは奈良ですよね。それで、非常に意図的に強調されたかたちの大阪弁になっています。あれが大阪弁だと思っている人が多いようですが、大阪人はあんな言葉は使いません。でも、とにかく、さんま君のおかげで関西弁が全国的に認知された。ボクらが東京に事務所を作ったころは、喫茶店で注文するときも、心の中で『コーヒー、コーヒー』と東京弁のアクセントで唱えたものです。それが今や関西弁を使っても平気じゃないですか。さすがに『冷《れい》コー』とは言いませんが」（『アサヒ芸能』１９９９年９月２日号）

和田誠「大阪弁はハンディーじゃなくてむしろプラスじゃないんですか」

さんま「今はプラスになってますけどね。東京人は大阪弁わからないところもあるだろうし、嫌いだという人もものすご多いですからね。テレビの中では大阪弁のリズムを変えたり、言い回しを変えたり、工夫はしましした」

和田「と言うと、今使ってるのは純粋の大阪弁じゃないということですか」

さんま「ええ。『そうでんなあ』と言うのにもかなり意識しながら喋ってましたよね」（『インタビューまたは対談 その三』）

さんま「僕の大阪弁が聞きやすいと言うてくれる人がいた時はホッとしますね。中村メイコさんの娘さんの葉月ちゃん（引用者註：神津はづき）が大阪弁大嫌いで、スッと耳に入ったのはさんまちゃんが初めてだって言ってくれた時は嬉しかったですよ。ちょっと努力した甲斐があったかと思って」

和田「その辺は僕は気がつかなかった。努力して東京風大阪弁を作ったわけですか」

さんま「苦労はしてないですけど、これはいかん、これは省いていこうというのは確かにありましたね。（中略）東京だとか大阪だとか意識せずに、それを乗り越えるオモロイものをというのは、いつも自分に言い聞かせてました」（同右）

『次郎長青春篇　つっぱり清水港』の舞台挨拶は、同時上映の『男はつらいよ　花も嵐も寅次郎』と合同で行われた。さんまと中村雅俊、渥美清、沢田研二、田中裕子の5人が舞台に上がり、観客の声援に笑顔で応えた。この場でさんまは、渥美清と最初で最後となる対面を果たす。

さんま「映画の舞台挨拶を一緒にしたことがあるんですよ。渥美さんは寅さんの映画で、僕は併映の『つっぱり清水港』っていう映画だったんですけど。そのときにねぇ、司会者が〝時間がないので挨拶は短めに〟っておっしゃったんですよ。で、僕はトップだったんですよ。

ほんだら渥美さんに、〝簡単に、ブラックデビルで一言で〟って言われて、〝うわっ、ブラックデビル知ってはんねや！〟とか思って、僕が、〝では簡単に、ウェッ！〟って言うて、大爆笑だったんですよ。そしたらその後、渥美さんが出て行って、〝じゃあ、わたくしも簡単に。ウェッ！〟ってやってくれたんですよ。〝うわー！　渥美さんがブラックデビルやってくれた！〟っていうのでねぇ、感動して。それが最初で最後です。渥美さんとお会いしたのは」（日本テレビ『明石家さんまの世にも不思議な名前物語４』１９９８年４月５日）

▽１９８２年12月28日（火）『次郎長青春篇　つっぱり清水港』（松竹）
監督：前田陽一、出演：中村雅俊（清水次郎長）、佐藤浩市（桶屋の鬼吉）、柄本明（佐藤数馬）、田中好子（志乃）、明石家さんま（小政）、島田紳助（森の石松）、松本竜介（直吉）、平田満（法印の大五郎）、原田大二郎

（大政）、ケーシー高峰（吉原の久兵衛）、加藤武（宍戸左衛門）、北村和夫（清水の銀蔵）、大谷直子（おみつ）、三木のり平（島田の萬七）

【コラム1】悔しさをバネに躍動

さんまさんが『オレたちひょうきん族』で脚光を浴びるようになってからも、思い上がることなく、大阪と東京を往復しながら仕事に集中できていたのは、松之助師匠から毎週のように届く手紙を何度も読み返すことにより、師との絆を常に感じられていたことが一つの要因であると僕は思います。

松之助師匠は、日常のことや読んだ本の感想、さんまさんが出演する番組を見て気づいたことなどを綴ったその片便りを、「切手代80円のつながりですわ」と、テレビで笑いながらおっしゃっていましたが、さんまさんはその80円のつながりに何度も救われたのではないでしょうか。

さんまさんがフジテレビ主催の「日本放送演芸大賞」でホープ賞を受賞した際、「師匠、すいません、放送演芸大賞の賞を獲ってしまいました」と、申し訳なさそうに伝えると、日頃、「人を笑わせることでお金をいただいてる者が賞を受けるのは、汗水たらして野菜を売っている八百屋のオッサンに申し訳ない」というのが口癖だった松之助師匠が、「そうか、獲ってしもたんか。えらいもん獲ってしもたな〜」と、嬉しそうにさんまさんに返したという逸話が僕は大好きです。

1982年はさんまさんにとって、大きな自信を得るとともに、何度も悔しさを味わった年となりました。

花月劇場では序列が上がり、大勢の客を集めることのできる欠かせない存在に。『オレたちひょうきん族』では、主力として目覚ましい活躍ぶりを見せ、その視聴率は、土曜夜8時枠の絶対王者『8時だョ!全員集合』を脅かすほどに上昇します。周囲からライバルと目されていた春風亭小朝さんに新幹線で偶然会った際には、「落語界は兄さんに任せます。テレビの世界は僕に任せてください」と言い放ち、桂三枝さんから託された『MBSヤングタウン』土曜日のバトンを笑福亭鶴瓶さんへとつなぎ、大きな武器だと自覚していた「トークの〝間〟と〝センス〟」を最大限に生かすべく、『ヤングタウン』月曜日へ移動。

これまでの笑いの型を崩し、新たな笑いを模索するため、自らを〝笑わせ屋〟と称し、躍動するさんまさんでしたが、三枝さんから司会を任された『ヤングおー!おー!』が終了するという厳しい現実が訪れます。〝人気番組の寿命〟が要因であったのかもしれませんが、さんまさんの胸の裡には、島田紳助・松本竜介、オール阪神・巨人、太平サブロー・シローらと共に、まだやれるという思いがあったのではないでしょうか。この悔しさは、さんまさんの気持ちを、より一層東京へと向かわせることとなります。

この年のさんまさんの活動で注目したいのは、紳助さんとの共演です。

『オレたちひょうきん族』『ヤングプラザ』など、東西のあらゆる番組で共演し、デュエットソングを発売したり、ライブや映画での共演もありました。紳助さんがゴルフを始め、さんまさんを強引に誘ったのもこの頃のこと。

そんな最中、１９８２年12月16日に実現したのが、『さんま・紳助のオールナイトニッポン』でした。たけしさんの急病により、初めてふたりだけのラジオトークを披露することになったのです。僕はこの放送の音源を、ツイッターを介して知り合った島田紳助研究の第一人者の方から聴かせていただきました。本文でもその内容を一部抜粋して紹介しておりますが、ふたりの会話の面白さは活字でも伝わったのではないかと思います。

さんま・紳助の雑談は、月に一度のペースでテレビ番組『ヤングプラザ』の中で繰り広げられていたのですが、その番組の前説を担当していたダウンタウンの松本人志さんはふたりの雑談を目の当たりにし、「打ち合わせもせずに、どうでもいい話を、こんなにも面白くしゃべれんのか」と驚嘆し、しばらくの間、気分が落ち込んでしまったという逸話もあるぐらい、当時のふたりの雑談は新鮮で、凄みのあるものでした（ＭＢＳラジオ『XXX//x』２０００年1月25日より、放送作家の高須光聖氏談）。

さんまさんと紳助さんは、『オールナイトニッポン』の放送中に、〝再びふたりだけでこの番組に出演したい〟と、笑いを交えながらニッポン放送のスタッフにアピールしますが、実現には至らず、ふたりだけのラジオトークは、この日の放送が最初で最後となりました。

以前、三枝・きよし両師匠の後を受け継ぎ、『パンチＤＥデート』の司会をさんま・紳助で担当するという話が浮上した際、「さんまと紳助では勝負できない」との反対意見が出され、実現しなかったという悔しさを味わったさんまさん。このときも、それと似た悔しさを感じていたのではないかと思えてなりません。

悔しさといえば、映画『次郎長青春篇 つっぱり清水港』の撮影期間中に意気投合した佐藤浩市さんと六本木のディスコへ遊びに行ったときのこと。さんまさんと紳助さんの大阪弁を真似しておどける浩市さんに、偶然来店していた浩市さんの友人たちが近寄り、「やめろよ浩市、そんなダサイ言葉。イモくせーよ」と馬鹿にします。さんまさんはそれが悔しくて、「いつの日か、大阪弁の男が主役の恋愛ドラマをやって見返したる」と、心に決めます。

その思いは見事に成就し、大阪弁の男が主人公の大ヒット恋愛ドラマを生み出すことになるのですが、それはまだまだ先の話。こうした悔しい気持ちを持てたことも、さんまさんが驕ることなく全力で仕事に取り組み、さらに邁進できた要因ではないでしょうか。

次の章では、辛く悲しい出来事が起こる中、シビアで刺激的な東京で勝負をかけようと模索するさんまさんの姿を紹介します。

【１９８２年の明石家さんま活動記録】

――１９８２年（26〜27歳）の花月の出演記録

■なんば花月１月上席（１９８１年12月31日〜１９８２年１月10日）
出演：桃山こうた、前田一球・写楽、西川美里＆隼ジュン＆ダン（ポケット・ミュージカルス）、天津竜子舞踊劇団、西川のりお・上方よしお、明石家さんま、島田紳助・松本竜介、中田カウス・ボタン、笑福亭仁鶴、横山やすし・西川きよし、吉本新喜劇

■うめだ花月１月中席（11日〜20日）
出演：桃山こうた、Ｗパンチ、新谷のぼる・泉かおり、中山礼子・八多恵太、島田一の介＆高石太＆木川かえる（ポケット・ミュージカルス）、天津竜子舞踊劇団、明石家さんま、中田カウス・ボタン、中田ダイマル・ラケット、笑福亭仁鶴、横山やすし・西川きよし、吉本新喜劇

■うめだ花月２月中席（11日〜20日）
出演：Ｗパンチ、ひっとえんどらん（笑福亭仁幹＆笑福亭仁嬌＆桂小つぶ＆桂三馬枝）、ザ・パンチャーズ、新谷のぼる・泉かおり、今日規汰代・阿吾寿朗、村上ショージ＆岡田祐治＆横山アラン・ドロン＆片山理子（ポケット・ミュージカルス）、太平サブロー・シロー、明石家さんま、月亭八方、チャンバラトリオ、ザ・ぼんち、吉本新喜劇

■なんば花月３月中席（11日〜20日）
出演：ジョージ・はじめ、伊豆あすか・奄美きょうか、村上ショージ・岡田祐治、滝あきら、一陽斎蝶一、隼ジュン＆ダン、三人奴、間寛平＆池乃めだか＆西川美里（ポケット・ミュージカルス）、太平サブロー・シロー、明石家さんま、桂文珍、チャンバラトリオ、ザ・ぼんち、吉本新喜劇

■うめだ花月３月下席（21日〜30日、31日は特別興行）
出演：前田犬千代・竹千代、Ｗパンチ、新・爆笑軍団、晴乃ダイナ、マジック中島・ひろみ、平川幸雄、生恵由紀子・人生幸司、ふあうるちっぷ（明石家小禄＆笑福亭仁雀＆桂文太＆笑福亭仁福＆笑福亭仁智）＆片山理子（ポケット・ミュージカルス）、西川のりお・上方よしお、明石家さんま、林家小染、ザ・ぼんち、吉本新喜劇

■うめだ花月４月上席（１日〜10日）
出演：歌メリ・マリ、ザ・パンチャーズ、マジック中島・ひろみ、桂小つぶ、隼ジュン＆ダン、ＮＧⅡ（村上ショージ・岡田祐治）＆Ｗパンチ（ポケット・ミュージカルス）、明石家さんま、島田紳助・松本竜介、今いくよ・くるよ、オール阪神・巨人、コメディNo.１、吉本新喜劇

■なんば花月４月中席（11日〜20日）
出演：Ｗパンチ、大阪笑ルーム、片山理子、斉藤祐子、クルミ・ミルク、サンサンズ、桂文太、ザ・パンチャーズ、堀ジョージ、翠みち代、中山礼子・八多恵太＆京山福太郎（ポケット・ミュージカルス）、今いくよ・くるよ、明石家さんま、林家小染、横山やすし・西川きよし（13日、14日休演）、オール阪神・巨人（13日、14日出演）、吉本新喜劇

■なんば花月5月上席（1日〜10日）
出演：桃山こうた、やすえ・やすよ、新谷のぼる・泉かおり、NGⅡ、桂小つぶ、コント・レオナルド、コント赤信号（1日〜3日、5日）、アゴ&キンゾー（3日、4日）、東京バッテリー工場（1日〜5日）、太平サブロー・シロー、明石家さんま、桂文珍、ザ・ぼんち、横山やすし・西川きよし（6日休演）、コメディNo.1（6日出演）、吉本新喜劇

■うめだ花月5月中席（11日〜20日）
出演：歌メリ・マリ、大空テント・幸つくる、ひっとえんどらん、滝あきら、一陽斎蝶一、室谷信雄&島田一の介&高石太（ポケット・ミュージカルス）、若井小づえ・みどり、明石家さんま、桂小文枝、中田カウス・ボタン、ザ・ぼんち、吉本新喜劇

■うめだ花月6月中席（11日〜20日）
出演：桃山こうた、大阪笑ルーム、NGⅡ、ザ・ローラーズ、新谷のぼる・泉かおり、三人奴、横山アラン・ドロン&浅香秋恵&片山理子（ポケット・ミュージカルス「雨に唄えば」）、明石家さんま、桂文珍、今いくよ・くるよ、コメディNo.1、吉本新喜劇

■なんば花月6月下席（21日〜30日）
出演：伊豆あすか・奄美きょうか、大空テント・幸つくる、斉藤祐子、ザ・パンチャーズ、パーレカズ、堀ジョージ、生恵由紀子・人生幸司、室谷信雄&島田一の介&高石太（ポケット・ミュージカルス）、西川のりお・上方よしお、明石家さんま、今いくよ・くるよ、笑福亭仁鶴、吉本新喜劇

■京都花月7月上席（1日〜10日）
出演：晴乃ダイナ、新・爆笑軍団、前田一球・写楽、松旭斎たけし、新谷のぼる・泉かおり、楠本見江子&浅香秋恵&片山理子（ポケット・ミュージカルス）、生恵由紀子・人生幸司、若井小づえ・みどり、笑福亭松之助、コメディNo.1、吉本新喜劇
※さんまは、3日（土）のみ特別出演。

■なんば花月7月中席（11日〜20日）
出演：桃山こうた、NGⅡ、ふぁうるちっぷ2、一陽斎蝶一、木川かえる、東洋朝日丸・日出丸、三人奴、爆笑酔虎伝&大阪笑ルーム&李一龍とドラゴンショー&斉藤祐子（ポケット・ミュージカルス）、明石家さんま、桂文珍、ザ・ぼんち、コメディNo.1、吉本新喜劇

■うめだ花月7月下席（21日〜30日、31日は特別興行）
出演：桃山こうた、やすえ・やすよ、桂文太、ザ・ローラーズ、新谷のぼる・泉かおり、東洋朝日丸・日出丸、NGⅡ&Wパンチ&片山理子&赤木麻衣（ポケット・ミュージカルス）、太平サブロー・シロー、明石家さんま、チャンバラトリオ、笑福亭仁鶴、吉本新喜劇

■うめだ花月8月中席（11日〜20日）
出演：桃山こうた、桂小つぶ、NGⅡ、ザ・パンチャーズ、マジック中島・ひろみ、若井小づえ・みどり、隼ジュン&ダン&西川美里（ポケット・ミュージカルス）、太平サブロー・シロー、明石家さんま、島田紳助・松本竜介、中田カウス・ボタン、桂三枝（14日休演、代演：チャンバラトリオ）、吉本新喜劇

■なんば花月8月下席（21日〜30日、31日は特別興行）
出演：ふあうるちっぷ2、滝あきら、木川かえる、ザ・パンチャーズ、堀ジョージ&片山理子&赤木麻衣&隼ジュン&ダン（ポケット・ミュージカルス）、B&B（26日〜29日出演）、明石家さんま、島田紳助・松本竜介、林家小染、チャンバラトリオ、今いくよ・くるよ、吉本新喜劇

■うめだ花月9月中席（11日〜20日）
出演：ふあうるちっぷ2、ザ・パンチャーズ、マジック中島・ひろみ、木川かえる、若井小づえ・みどり、島田一の介（ポケット・ミュージカルス）、明石家さんま、桂きん枝、チャンバラトリオ、ザ・ぼんち、吉本新喜劇

■なんば花月9月下席（21日〜30日）
出演：斉藤祐子、カレッジー（五所の家小禄&坂田まさお・きみお&中田げんき&丹純三郎）、やすえ・やすよ、ザ・パンチャーズ、新谷のぼる・泉かおり、今日規汰代・阿吾寿朗、木川かえる&松旭斎たけし&西川美里（ポケット・ミュージカルス）、明石家さんま、島田紳助・松本竜介、桂文珍、ザ・ぼんち、吉本新喜劇

■うめだ花月10月中席（11日〜20日）
出演：桃山こうた、新・爆笑軍団、マジカルたけし、ザ・ローラーズ、中山恵津子、生恵由紀子・人生幸司、平川幸雄&島田一の介&高石太&松みのる・杉ゆたか&Wパンチ&京山福太郎（ポケット・ミュージカルス）、太平サブロー・シロー、明石家さんま、ザ・ぼんち、コメディNo.1、吉本新喜劇

■なんば花月11月中席（11日〜20日）
出演：斉藤祐子、やすえ・やすよ、宮川大助・花子、林家染二、一陽斎蝶一、三人奴、笑福亭松之助、ダンディ小森とビックリキャッツ&和田元江・組山尚美（ポケット・ミュージカルス）、太平サブロー・シロー、明石家さんま、島田紳助・松本竜介、コメディNo.1、吉本新喜劇

■京都花月11月下席（21日〜30日）
出演：歌メリ・マリ、ザ・ダッシュ、松旭斎天正・小天正、平川幸雄、国分恵子（ポケット・ミュージカルス）、今日規汰代・阿吾寿朗、隼ジュン&ダン、太平サブロー・シロー、明石家さんま、吉本新喜劇

■うめだ花月12月中席（11日〜20日）
出演：カレッジー、桂小つぶ、マジック中島・ひろみ、翠みち代、三人奴、室谷信雄（ポケット・ミュージカルス）、明石家さんま、ザ・ぼんち、桂文珍、今いくよ・くるよ、吉本新喜劇

――1982年（26〜27歳）の主な舞台・イベント出演

□1月31日（日）『オール阪神・巨人リサイタル』（うめだ花月19：00開演）
出演：オール阪神・巨人、ゲスト：やしきたかじん、明石家さんま、島田紳助・松本竜介、間寛平
※オール阪神・巨人の新作漫才、観客参加企画「阪神のヨメさん選びゲーム」などが行われ、オール巨人は「DESIRE」（もんた&ブラザーズ）、「ラストダンスは私に」を熱唱。この模様は2月11日（木）、読売テレビ（15：00〜16：25）にて放送された。

□2月15日（月）『今いくよ・くるよリサイタル 今！満開いくよ、くるよ '82 オンナの時代オンナの漫才』（サンケイホール18：30開演）
出演：今いくよ・くるよ、ゲスト：横山やすし・西川きよし、中田カウス・ボタン、明石家さんま、西川のりお・上方よしお、太平サブロー・シロー、コメディNo.1
※この模様は4月6日（火）、毎日放送（22：00〜23：00）にて放送された。

□5月12日（水）『お笑いなにわ祭』（サンケイホール13：00開演）
司会：若井けんじ、出演：ザ・パンチャーズ、春やすこ・けいこ、らん太・みい子、西川のりお・上方よしお、酒井くにお・とおる、マジック中島・ひろみ、明石家さんま、ジャン・種吉、今いくよ・くるよ

□5月21日（金）「オール巨人デビューシングル『あんじょうやりや』新曲発表会」（梅田バナナホール）
※約300人の観客を前に、さんまは司会進行を務め、発表会を盛り上げた。

□5月31日（月）『TALK&トークPARTII』（京都花月18：00開演）
出演：桂文珍、上岡龍太郎、明石家さんま、笑福亭仁智、今いくよ・くるよ、キダ・タロー、糸井重里
※桂文珍がプロデュースする『TALK&トーク』の第2弾。さんまは、Kとのスキャンダルをネタにした漫談を披露。「週刊誌は半分がほんまで半分がウソ。我々は週刊誌に潰されていくわけですよ」とボヤいた。
さんま「（1981年に『週刊平凡』に掲載されたKとのスキャンダル記事について）〝さんま泥沼、慰謝料1千万、流産2回〟とかいう記事を載せられたんですよ。ウソの記事やから、自分では大したことはないと思ったんですけど、周りは、〝これでさんまも芸能生活終わりだ〟と思ってたらしくて。あの頃の芸能界はスキャンダルが命取りの時代ですから。皆、心配してくれてましたね」（『MBSヤングタウン』2007年6月2日）

□7月16日（金）『ゆかたDE漫才 宵山寄席』（京都花月18：30開演）
司会：明石家さんま、斉藤祐子、出演：オール阪神・巨人、島田紳助・松本竜介、ザ・ぼんち、やすえ・やすよ、海原さおり・しおり、コント赤信号、太平サブロー・シロー、西川のりお・上方よしお
※京都・祇園祭の前夜、京都花月で開催されたイベント。あいにくの雨の中、蒸し暑い京都での公演だったが、島田紳助、オール巨人、ぼんちおさむの子供たちが参加するなど、和気藹々としたイベントとなった。

□7月24日（土）『創作落語大全集第二部　落語現代劇・仁義なき校争』（なんば花月18：30開演）
出演：桂三枝、岡崎友紀、林家小染、月亭八方、室谷信雄、笑福亭仁智、桂文福、桂三と九、桂三馬枝、やすえ・やすよ、明石家さんまほか
※舞台は大阪のとある中学校。不良グループの暴挙に頭を悩ませ

る教師たちは、彼らに対抗するため、三枝演じる気の弱い教師・柳に、〝風貌も言葉遣いもすべてヤクザのように振る舞わせる〟という奇策を講じることに。さんまは、不良グループのリーダー、矢沢を演じ、クライマックスシーンで、柳と仁義なき戦いを繰り広げることになった。この模様は9月12日（日）、『三枝のちょっと変わった落語会』（朝日放送15：00〜16：00）にて放送された。

□7月31日（土）『SUMMER CARNIVAL』（うめだ花月12：00、15：00開演）

司会：月亭八方、斉藤祐子、出演：西川のりお・上方よしお、明石家さんま、NGII、桂きん枝、間寛平、中田カウス・ボタン、ザ・ぼんち、島田紳助・松本竜介、山田邦子ほか

※この模様は9月23日（木）、『秋だ！笑いだ！』（読売テレビ9：30〜11：25）にて放送された。

□7月31日（土）『さまぁ、かぁにばるin京都（夜の部）』（京都花月18：00開演）

司会・解説：ケーシー高峰、出演：やすえ・やすよ、横山アラン・ドロン、ポップコーン、B&B、宮川大助・花子、桂文珍、島田紳助・松本竜介、明石家さんま、山田邦子、ゆーとぴあ、エド山口

※さんまは「愛は惜しみなく奪う！」と題した自叙伝漫談を披露する。この模様は8月15日（日）、『花王名人劇場 グラフィティ爆笑!!自叙伝』（関西テレビ21：00〜21：54）にて放送された。

□9月4日（土）『第7回上方漫才まつり』（サンケイホール17：30開演）

司会：浜村淳、出演：太平サブロー・シロー、月亭八方、明石家さんま、若井小づえ・みどり、中田カウス、西川のりお・上方よしお、今いくよ・くるよ、レツゴー三匹、オール阪神・巨人、夢路いとし・喜味こいし、横山やすし・西川きよし、楠本憲吉、三島ゆり子、米田なら子、入谷和坊、桂米二、桂九雀、山田千代里（お茶子）

※この模様は9月23日（木）、毎日放送（14：00〜15：30）にて放送された。

□9月4日（土）『五所の家小禄独演会パート6』（京都花月18：30開演）

出演：カレッジー、森川正太、明石家さんま、室谷信雄、楠本見江子

※さんまがかつて漫才コンビを組んでいた兄弟子、五所の家小禄（1981年7月31日に「明石家小禄」から改名）の独演会。さんまは第二部の「バラエティショー」のゲストとして出演した。

――1982年（26〜27歳）の主な出演番組

●1月1日（金）『初詣！爆笑ヒットパレード』（フジテレビ8：30〜14：00）

「五元生中継！東西演芸人70組が出演」

出演：横山やすし・西川きよし、桂三枝、島田紳助・松本竜介、明石家さんま、ザ・ぼんち、太平サブロー・シロー、B&B、ツービート、唄子・啓助、春日三球・照代、獅子てんや・瀬戸わんや、玉川カルテット、Wけんじ、青空球児・好児、月の家円鏡、レツゴー三匹、春風亭小朝、オール阪神・巨人、今いくよ・くるよ、西川のりお・上方よしお、春やすこ・けいこ、九十九一、劇団東京乾電池、ヒップアップ、コント赤信号、マギー司郎、ラッ

キー7、チャンバラトリオほか

●1月1日（金）『生放送!!オールスターお年玉争奪大合戦』（TBS12：00〜15：00）
司会：高橋圭三、中原理恵、明石家さんま、出演：寺尾聰、西田敏行、沢田研二、シャネルズ、西城秀樹、河合奈保子、田原俊彦、ツービート、松田聖子、近藤真彦

●1月1日（金）『'82福笑い寄席中継』（フジテレビ15：00〜16：00）
「四元生中継」
司会：桂三枝、出演：横山やすし・西川きよし、ザ・ぼんち、明石家さんま、ツービート、B&B、春風亭小朝、三遊亭円丈ほか

●1月1日（金）『爆笑!!にっぽん芸能伝』（TBS16：30〜18：00）
司会：横山やすし・西川きよし、出演：オール阪神・巨人、明石家さんま、島田紳助・松本竜介、今いくよ・くるよ、ザ・ぼんち、レツゴー三匹

●1月2日（土）『初笑いオールスター大行進〜大決戦マンザイvs.らくご』（朝日放送9：30〜11：00）
司会：山城新伍、高見知佳、出演：横山やすし・西川きよし、桂三枝、林家小染、桂きん枝、西川のりお・上方よしお、オール阪神・巨人、明石家さんま、島田紳助・松本竜介ほか、審査員：掛布雅之ほか
※横山やすし・西川きよし率いる漫才勢と、桂三枝率いる落語勢が、太神楽、ものまね、オペラ、トランポリンで競い合う正月特番。

●1月2日（土）『新春爆笑スペシャル 東西対抗お笑い冬の陣』（テレビ朝日12：00〜13：55）
「四元生中継」
出演：横山やすし・西川きよし、B&B、春風亭小朝、ツービート、島田紳助・松本竜介、明石家さんま、正司敏江・玲児、ちゃっきり娘ほか

●1月3日（日）『東西寄席』（毎日放送10：00〜11：45）
司会：桂三枝、出演：月の家円鏡、ザ・ぼんち、今いくよ・くるよ、明石家さんま、オール阪神・巨人、B&B、コント赤信号、星セント・ルイス
※大阪はうめだ花月、東京は浅草演芸場から二元生中継。

●1月3日（日）『ようこそ汀夏子です』（ABCラジオ14：00〜15：00）
ゲスト：明石家さんま

●1月3日（日）『第8回東西お笑いオールスター珍芸奇芸名人芸!!』（日本テレビ14：15〜15：45）
出演：月の家円鏡、桂三枝、ツービート、明石家さんま、B&B、ザ・ぼんち

●1月15日（金）『母と娘のペア・ビューティーコンテスト』（朝日放送14：00〜17：00）
ゲスト：沖田浩之、竹本孝之、浜田朱里、中島めぐみ、鹿取洋子、明石家さんま、今いくよ・くるよ

●1月19日（火）『ドタバタナンセンスコメディー　花月脱線劇場』（毎日放送22：00〜22：55）
「第三話：新婚さんご案内！悪夢のハネムーン」
出演：ザ・ぼんち、明石家さんま、今いくよ・くるよ、間寛平、木村進、オール阪神・巨人、園みち子、南喜代子、藤里美、末成由美、コメディNo.1、帯谷孝史、歌メリ・マリ、村上ショージ、岡田祐治、室谷信雄ほか

●1月20日（水）『テレビに出たいやつみんな来い!!』（日本テレビ19：30〜20：00）
出演：ツービート、明石家さんま、すどうかづみ、大貫久男

●1月26日（火）『ドタバタナンセンスコメディー　花月脱線劇場』（毎日放送22：00〜22：55）
「第四話：セーラー服には機関銃がよく似合う」
出演：明石家さんま、園みち子、ザ・ぼんち、西川のりお・上方よしお、今いくよ・くるよ、コント赤信号、斉藤祐子、帯谷孝史、島木譲二、池乃めだか、藤里美、末成由美、南喜代子、コメディNo.1、桑原和男ほか

●1月30日（土）『一発逆転!!げんてんクイズ』（読売テレビ19：00〜19：30）
司会：板東英二、出演：明石家さんま、桂小文枝、岡田真澄、桂べかこ、三笑亭夢丸

●1月31日（日）『特選名人会』（毎日放送14：00〜14：30）
出演：島田紳助・松本竜介、B&B、明石家さんま

●2月15日（月）『夜はともだち　松宮一彦絶好調！』（TBSラジオ21：40〜23：50）
ゲスト：明石家さんま
※15日（月）〜19日（金）まで出演。

●2月18日（木）『クイズ面白ゼミナール』（NHK20：00〜20：49）
「日本人と漆」
司会：鈴木健二、出演：三橋達也、木原光知子、うつみ宮土理、明石家さんま、松村和子、原田大二郎、伊藤京子、小森和子、黒鉄ヒロシ、黒沢久雄

●2月21日（日）『イヨッ！まってました！東西落語名人会5』（関西テレビ16：00〜17：30）
司会：明石家さんま、出演：月亭八方、桂文珍、笑福亭仁智、春風亭小朝、三遊亭円丈
※収録は1月31日（日）、うめだ花月で行われた。

●2月21日（日）『ヤングおー！おー！』（毎日放送17：30〜18：30）
「たっぷりサザン!!つっぱり紳・竜!!」
ゲスト：サザンオールスターズ
※サザンオールスターズが「Just Once」を披露したあと、さんまはステージ上で、1週間後に結婚式を控えた桑田佳祐・原由子に花束を贈った。

●3月14日（日）『花紀・岡八ドドンとお笑い60分』（関西テレビ

13：00〜14：00）
出演：花紀京・岡八郎、明石家さんま、中田ダイマル・ラケット
●3月14日（日）『ザ・テレビ演芸』（テレビ朝日15：00〜16：00）
「さんまvs.おぼんこぼん」
司会：横山やすし、ゲスト：明石家さんま、おぼん・こぼん、チャーリーカンパニー
●3月17日（水）『霊感ヤマカン第六感』（朝日放送19：00〜19：30）
司会：フランキー堺、出演：板東英二、倉田まり子、田島真吾、明石家さんま
●3月28日（日）『花王名人劇場 第二回あなたが選ぶ花王名人大賞 新人賞今夜決定！』（関西テレビ21：00〜21：54）
総合司会：桂三枝、春風亭小朝、島田紳助・松本竜介、出演：明石家さんま、コント赤信号、今いくよ・くるよ、アゴ&キンゾー、太平サブロー・シロー、三遊亭円丈、西川のりお・上方よしお、ヒップアップ、九十九一、桂文珍、マギー司郎、トリオ・ザ・ミミックほか
※1981年度におけるテレビを中心に最も活躍したフレッシュな演芸人に贈られる花王名人大賞新人賞。全国の一般視聴者から選ばれた1万人の審査員の投票により、新人賞候補12組の中から、さんま、今いくよ・くるよ、コント赤信号の3組が新人賞に選ばれ、さらにその3組の中から選ばれる最優秀新人賞を、今いくよ・くるよが獲得。新人賞のさんま、コント赤信号には、賞状、トロフィー、副賞20万円、最優秀新人賞の今いくよ・くるよには、賞状、トロフィー、副賞100万円が授与された。その模様は、フジテレビ・グランドスタジオ、新宿・スタジオアルタ、大阪・梅田バナナホールから三元生中継で放送された。
●3月30日（火）『ドタバタナンセンスコメディー 花月脱線劇場』（毎日放送22：00〜22：55）
「最終話：男はつらいよ 銀行強盗大騒動」
出演：明石家さんま、間寛平、木村進、室谷信雄、末成由美、藤里美ほか
●3月31日（水）『オールスター番組対抗クイズ〝WHAT〟!!』（日本テレビ19：00〜21：00）
出演：森光子、里見浩太朗、二谷英明、三波伸介、ツービート、坂上二郎、西川きよし、桂三枝、金田正一、ジャイアント馬場、松田聖子、郷ひろみ、研ナオコ、坂口良子、渡部絵美、高島忠夫、沢田亜矢子、柴田恭兵、明石家さんま、今いくよ・くるよ、神田正輝、渡辺徹ほか
●4月4日〜9月26日『花の駐在さん』（朝日放送毎週日曜13：45〜14：30）
出演：明石家さんま、林家小染、月亭八方ほか
※1981年10月〜1982年3月まで休止していた『花の駐在さん』が再開する。
●4月10日（土）『春満開ひょうきん祭り』（フジテレビ14：30〜16：00）
「タケちゃんマン大阪で大暴れ」
※1982年3月31日に大阪・うめだ花月で行われた『オレたち

ひょうきん族』のイベントの模様を放送。
●4月17日（土）『クイズMr.ロンリー』（毎日放送12：00〜13：00）
出演：桂文珍、海原さおり・しおり、ゲスト：明石家さんま
※新番組
●4月17日（土）『ヤングプラザ』（朝日放送17：00〜18：00）
司会：島田紳助・松本竜介、出演：明石家さんま、BORO、増田けい子
●4月27日（火）『ごちそうさま』（日本テレビ13：00〜13：15）
司会：高島忠夫、寿美花代、ゲスト：明石家さんま
●5月4日（火）『笑アップ歌謡大作戦』（テレビ朝日20：00〜20：54）
「大爆笑 初登場さんまが山城とトルコ風呂実演」
司会：山城新伍、南美希子、ゲスト：明石家さんま
●5月9日（日）『花王名人劇場 爆笑！博多どんたく』（関西テレビ21：00〜21：54）
出演：桂三枝、ザ・ぼんち、今いくよ・くるよ、おぼん・こぼん、コント・レオナルド、明石家さんま、宮尾すすむ
※収録は1982年5月4日（火）、福岡・サンパレスホールで行われた。
●5月16日（日）『加世子の仔猫の館』（TBS14：30〜15：00）
出演：岸本加世子、柄本明、明石家さんま
●5月26日（水）『やすし・きよしのどっちがどっち？』（テレビ東京19：30〜20：00）
司会：横山やすし・西川きよし、ゲスト：明石家さんま、月亭八方
●5月29日（土）『ヤングプラザ』（朝日放送17：00〜18：00）
出演：島田紳助・松本竜介、明石家さんま、杏里、ヒップアップ
●6月7日（月）『3人がいっぱい』（テレビ東京22：30〜23：00）
出演：桂文珍、明石家さんま、松本竜介、大屋政子ほか
●6月13日（日）『花王名人劇場 爆笑‼最新ギャグ&ギャグ』（関西テレビ21：00〜21：54）
司会：明石家さんま、出演：コント・レオナルド、コント赤信号、レツゴー三匹、アゴ&キンゾー、東京バッテリー工場
※収録は1982年4月13日（火）、国立劇場演芸場で行われた。
●6月16日（水）『モーニングジャンボ奥さま8時半です』（TBS8：30〜10：00）
ゲスト：明石家さんま
●6月16日（水）『気分はパラダイス』（テレビ東京22：30〜23：00）
「明石家さんまの逆襲にタケちゃんマン大奮戦」
出演：ビートたけし、高田文夫、ゲスト：明石家さんま

●6月17日（木）『独占！スター生情報』（テレビ東京20：00～20：54）
「さんま求婚に失敗」
出演：山田康雄、酒井ゆきえ、梨元勝、近江俊郎、楳図かずお、明石家さんま
●6月26日（土）『ヤングプラザ』（朝日放送17：00～18：00）
出演：島田紳助・松本竜介、明石家さんま、ゴダイゴ
●7月4日（日）『ベストカップル誕生』（読売テレビ10：00～11：00）
出演：明石家さんま
●7月21日（水）『おしゃれ』（日本テレビ13：15～13：30）
司会：久米宏、ゲスト：明石家さんま
●7月28日（水）『霊感ヤマカン第六感』（朝日放送19：00～19：30）
司会：フランキー堺、出演：明石家さんま、浜田朱里、真理アンヌ、シェリー
●7月31日（土）『ヤングプラザ』（朝日放送17：00～18：00）
出演：島田紳助・松本竜介、明石家さんま、サザンオールスターズ
●8月4日（水）『ご同業ハラハラ歌合戦』（テレビ大阪20：00～21：00）
「さんまが審査員で登場」
出演：オール阪神・巨人、トニー谷、明石家さんま、由紀さおりほか
●8月10日（火）『笑ってる場合ですよ！』（フジテレビ12：00～13：00）
「笑ってる学園夏期講座　さんま生徒で大爆笑」
●8月18日（水）『爆笑ザ・ヒント』（テレビ東京19：30～20：00）
「さんま健闘！グアム島旅行射止める」
司会：横山やすし・西川きよし、出演：明石家さんま、三遊亭円丈、中田カウス、前田五郎
●8月21日（土）『お笑いネットワーク』（読売テレビ14：00～14：30）
出演：明石家さんま、月亭可朝
●9月15日（水）『爆笑ザ・ヒント』（テレビ東京19：30～20：00）
司会：横山やすし・西川きよし、出演：明石家さんま、間寛平、おぼん・こぼん
●10月2日（土）『秋のひょうきんスペシャル』（フジテレビ19：30～20：54）
「タケちゃんマンを倒せ！ブラックデビル一味勢ぞろい」「紳竜・さんまvs.阪神・巨人・のりお組が挑戦！6人タッグ」
●10月5日（火）『火曜ワイドスペシャル 第20回オールスター紅

白大運動会』（フジテレビ19：00～20：54）
出演：田原俊彦、松田聖子、河合奈保子、岩崎良美、柏原芳恵、香坂みゆき、沖田浩之、石川ひとみ、中森明菜、あのねのね、シュガー、ツービート、明石家さんま、島田紳助・松本竜介、B&Bほか

●10月6日～1985年9月18日『エッ!うそーホント？』（日本テレビ毎週水曜19：00～19：30）
司会：土居まさる
※さんまはこの番組の後期にレギュラー出演していた時期がある。正確な時期は不明。

●10月10日（日）『三角ゲームピタゴラス』（朝日放送19：00～19：30）
「明石家さんま出題・小林投法の球速は？」
司会：大和田伸也、甲斐智枝美

●10月15日（金）『お笑いベストテン』（テレビ東京20：00～20：54）
「東京・大阪・スタジオ3元生中継 今週のベストテンは…？」
出演：明石家さんま、由美かおる、山本晋也ほか

●10月17日（日）『なんでもライブ'82』（ラジオ大阪12：00～13：00）
出演：麻上洋子、明石家さんま、研ナオコ

●10月18日（月）『家族対抗ボウルDEビンゴ』（関西テレビ19：00～19：30）
出演：明石家さんま、斉藤祐子

●10月22日（金）『お笑いベストテン』（テレビ東京20：00～20：54）
出演：島田紳助・松本竜介、コント赤信号、ザ・ぼんち、桂文珍、オール阪神・巨人、明石家さんまほか

●10月24日（日）『全日本ミスNo.1美女ビックリかくし芸大会』（テレビ東京20：00～21：54）
「ミス東京顔負け！ミス流氷からミスハイビスカスまで25組大集合」
出演：明石家さんま、西城秀樹、新沼謙治、岩崎良美、石川秀美、角川博、真屋順子

●10月29日（金）『お笑いベストテン』（テレビ東京20：00～20：54）
「オール阪神・巨人V2なるか」
出演：島田紳助・松本竜介、春風亭小朝、とんねるず、コント赤信号、ザ・ぼんち、明石家さんまほか

●10月31日（日）『なんでもライブ'82』（ラジオ大阪12：00～13：00）
出演：麻上洋子、明石家さんま、西城秀樹

●10月31日（日）『ザ・テレビ演芸』（テレビ朝日15：00～16：00）
「激突さんま対B&B」
司会：横山やすし

●10月31日（日）『クイズ面白ゼミナール』（NHK19：20～19：59）
「クイズ・東大寺」
司会：鈴木健二、出演：うつみ宮土理、春日宏美、井上純一、田崎潤、藤村俊二、白都真理、明石家さんま、大山のぶ代、冨士眞奈美、頭師孝雄、松橋登、新藤恵美

●11月3日（水）『上方落語まつり』（朝日放送14：00～17：55）
「創作落語発表会」
司会：乾浩明、松本佳代子、出演：桂三枝、桂文珍、月亭八方、笑福亭福笑、桂べかこ、笑福亭仁智、明石家さんま、三遊亭円丈、桂文福、笑福亭鶴志、笑福亭鶴光、桂春蝶、桂枝雀、ヒップアップ

●11月27日（土）『ヤングプラザ』（朝日放送17：00～18：00）
出演：島田紳助・松本竜介、明石家さんま、新田純一、秋本奈緒美

●12月3日（金）『お笑いベストテン』（テレビ東京20：00～20：54）
出演：オール阪神・巨人、桂文珍、コント赤信号、明石家さんま、せんだみつお

●12月12日（日）『はた金次郎のオールナイトニッポン電話リクエスト』（ニッポン放送24：05～25：45）
ゲスト：明石家さんま、島田紳助・松本竜介、山村美智子ほか

●12月18日（土）『ヤングプラザ』（朝日放送17：00～18：00）
出演：島田紳助・松本竜介、明石家さんま、ハウンドドッグ

●12月31日（金）『さよなら'82笑って笑って大みそか』（フジテレビ12：00～14：50）
司会：桂三枝、中原理恵、出演：明石家さんま、オール阪神・巨人、島田紳助・松本竜介、せんだみつお、チャンバラトリオ、レツゴー三匹、森昌子、小林幸子、河合奈保子ほか

●12月31日（金）『大爆笑!!年忘れ！お笑いグランプリ』（TBS21：00～23：24）
出演：横山やすし・西川きよし、ツービート、島田紳助・松本竜介、オール阪神・巨人、レツゴー三匹、今いくよ・くるよ、ヒップアップ、明石家さんま、太平サブロー・シロー、ザ・ぼんち、山田邦子、B&B、片岡鶴太郎、コント赤信号、ゆーとぴあほか

――1982年（26～27歳）の主なCM出演

○使い捨てカイロ「金鳥どんと」（KINCHO 大日本除虫菊）
※1980年に発売された「金鳥どんと」。1982年からザ・ぼんちに代わり、さんまが出演。「冷えたら編」が制作された。翌年からは、西川のりおと桂文珍が担当した。

♪冷えた冷えたよ～　お尻が～冷えた（あ、どんと！）
ナレーション「足腰が冷えてお困りの方」
さんま「旦那さんや恋人にも言えない冷えの悩みに『どんと』です！」
♪（あ、ホント？　ホント？）冷えた冷えたよ～　お尻が～冷え

ました～（あ、どんとどんとどんとね！）
♪もまずにあったまーる　あったかどんと！

○魚肉練り製品「いちまさの鰯かまぼこ」（一正蒲鉾）
※映画『エデンの東』のパロディCF「エデンの鰯編」が制作された。

外国人女優「WHO?　SANMA?」
さんま「さんまじゃないよ、いわしだよ～ん！　いちまさの鰯かまぼこ！　好評発売中！」
さんま「見事なかまぼこだ！（『オレたちひょうきん族』のキャラクター・ブラックデビルの口調で）」

II. 自愛——1983年の明石家さんま

寝る間を惜しんで草野球

大阪・ミナミに店を構える寿司屋「若竹」は、さんまの行きつけの店だった。「若竹」の1階奥の座敷は、吉本興業の若手芸人のたまり場となっており、連日連夜、芸人たちが集い、麻雀大会が開かれていた。毎年、節分の日には芸人たちによる巻き寿司の店頭販売が行われ、さんまが手伝った年には、用意した1000本の巻き寿司があっという間に売り切れた。

ある日、さんまは、「若竹」の常連だった紳助バンドのメンバー、パンチみつおから相談をもちかけられる。

「最近、紳助が野球の試合に全然けーへんねや。なんとかしてくれへんか?」

この相談に乗ったことがきっかけとなり、三枝率いる「サニーズ」、ぼんちまさと、オール巨人、宮川大助らが在籍する吉本興業の最強チーム「ビッグキラーズ」など、複数のチームに所属して草野球を楽しんでいたさんまは、自らが主宰する新チームを結成することになる。その頃、さんまは高校野球観戦に夢中だったことから、チーム名は「若竹高校」と名付けられた。

メンバーは、紳助が率いていた野球チーム「紳助BAND」から数名、さんまの遊び仲間である村上ショージ、Mr.オクレ、大西秀明、杉井利之、漫才コンビ「銀次・政二」の前田政二らに加え、「若竹」の大将・赤須武昭が参加する。その後、チーム名は、さんまの大好きな映画のタイトルからとった「スティング」と改名され、1983年より本格始動していくことになった。
全国高等学校野球選手権大会に出場した経験を持つ者や、元プロ野球選手らも参加する吉本興業の草野球チーム（全盛時には10チーム以上あった）の中でも、さんま率いる「スティング」は抜群の勝負強さを持っていた。守備では、ピッチャー・村上ショージのスローカーブで相手チームの打線を翻弄し、堅実な守りで失点を防ぐ。攻撃では、機動力を生かして相手チームをかき乱し、勝負強いさんまがコツコツと打点を稼ぐ。これが「スティング」のプレースタイルだった。

さんま「高校野球見てたら、また野球やりたくなってなぁ。（中略）〝スティング〟っていうチーム名だったんですけどね。夏場だけ〝若竹高校〟というのでやったな～。（中略）アレ嬉しかったもんな～。若竹高校って書いたユニフォーム着るん」（「MBSドクホン」2006年9月）

さんま「（松本）竜助は遅刻多すぎてクビにしたんやから。うちのチームは全員出したいから、補欠を作らへんシステムでやってたわけよ。9人でやるっていうことで」（読売テレビ『関西限定・特番！春はさんまからスペシャル』2000年4月2日）

さんま「俺のポジションはサード。一番目立つとこしかいかないの。最初に〝そこしか嫌や〟って言ってたの。サードが一番簡単で一番カッコええポジションですからね。打球が素直にくるんですよ。素直にくるから一番取りやすくて、打球も速いから、なんぼでもカッコつけられるポジションなんですよ。一番カッコええのは、ちょっと深めに守って、ライン際のボールを取って、そのまま、ノーステップで、ビヤーッと矢のような球を投げるとき」（『MBSヤングタウン』

（1995年11月4日）

さんま「朝日放送が主催した、お笑いタレントチームのリーグ戦っちゅうのがあったんですよ。1年間中継してくれて。スポーツニュースみたいに。司会は（月亭）八方兄さんが担当してらっしゃったんですけど。6チームで争って。私、打率が5割ですからね。1年間で5割ですよ。記録が残ってますよ、トロフィーも。素人野球でも5割やで」（『MBSヤングタウン』1996年9月14日）

さんま「〝弱そうなメンバーで強かったなぁ〟って、皆、驚いてましたよ。うちは野球経験者がほとんどいなくて。体格がごっつい奴はいないし。みんな小粒で、野球初心者のような奴ばっかりで。センター守ってたオクレさんが倒れたときはビックリしたなぁ。ピッチャーのショージが、〝しまっていこーぜー！〟言うたら、センターに誰もいてないねん。オクレさんが睡眠不足と二日酔いで倒れて」

村上ショージ「ほんまに。〝相手にひと泡ふかす〟言うて、自分が泡ふいてもうて（笑）」

さんま「（笑）ほんで、ベンチで休ませといて、〝治るまで8人でやりますわ〟言うた瞬間、ファールボールがそこへどんどん飛び出して（笑）。あれ、最高やったよなぁ」

ショージ「あれもねぇ、考えたらみんな冷たいですよね。普通、救急車を呼ぶとか、病院に連れて行くとかするでしょ。そんなんお構いなし。ベンチのとこへゴミみたいにボーンて置いて、人数足らずに試合やってるんですから（笑）。倒れた瞬間、メガネが割れてましたからね」

さんま「メガネ割れたままその日の舞台に出て、青白い顔して出てたこと覚えてますねぇ。

なんせ、野球経験者が少ないのに強かった。エラーを少なくして、フォアボールを少なくして。草野球ではやらないヒットエンドランとか、ツーランスクイズとか。草野球でスクイズってやらんよ。俺もたいがい色んなチームとやってきたけど、スクイズやんの俺とこだけやったわ」
ショージ「さんまさんがセカンドまで行ったら、バッターボックスに立った僕をずっと見てるんですよ。リードをすっごいとって」
さんま「(笑)」
ショージ「ピッチャーが足上げたとたん、サード付近まで走ってましたからね、歯をむきだして。そら、相手もビビったと思いますよ(笑)」
さんま「八方さんが、最強の野球軍団を作るって言うてチーム作って。高校野球経験者ばっかりなんですよ。そのチームに絶対勝ったろう思て。一回だけエラーとフォアボールで二塁三塁になったんですよ。ピッチャーのショージが調子良かったから、〝これで勝てる〟と踏んで、ツーランスクイズ成功させて、〝へっへー！〟って言うたったんです。そっから相手のピッチャーが動揺して。甲子園のマウンド踏んでるピッチャーをめった打ちにしたんですから。〝セコイ〟って言われながら……」(『MBSヤングタウン』1999年2月6日)
ショージ「さんまさんは真剣やからね、スポーツは。俺、フォアボール出しただけで睨まれてたんやから」
さんま「春先の試合で、1回表が終わって、ショージが調子悪かったから、〝冬場走りこんでなかったんか！〟言うて」
ショージ「呼び出されてやで。〝お前、冬場なにしとったんや！〟言うて」

さんま「(笑)」
ショージ「俺を野球選手と勘違いしてはったんやから」
さんま「芸人に向かって、〝冬場走りこんどけ〟っていうのは、ちょっと俺もあのとき頭おかしかったと思う」
ショージ「(笑)それぐらい力入れてやってたから」
さんま「年間１００試合以上やってたからね」
ショージ「はい。甲子園出てるような選手がいてるチームともやって勝ってましたから」
さんま「ライトのみっちゃん(Wパンチ・パンチみつお)は、『がんばれベアーズ』みたいな、フライを捕ったら拍手が沸くぐらい下手やったりね。ジミーは、八尾フレンドっていう、桑田真澄が出たボーイズリーグのチームに入ってたからね。そこから野球の強い商大堺(大阪商業大学附属堺高等学校)に推薦で入ったんですけど、サインが覚えられなくって、野球部のマネージャーになったんですけど。それでも商大堺がスカウトしたぐらいやから、甲子園で投げてたようなピッチャーと対戦したときでも打ちよんのよ。カーブはまったく打てないねんけども、ストレートやったら打ち返すんですよ。だから、甲子園クラスのピッチャーが来た場合、ジミーを１番に置くんですよ。向こうは素人の芸能人のチームやからいうて、ビビらそうと思って、思い切りストレートを投げてきよんのよ。それをジミーがカキーン！　叩きよんのよ。ほんだら、ビックリしよんの。それでピッチャーは動揺するから、そこからかき回すの」
ショージ「でもそのあと、さんまさんが言うわけ。ジミーちゃんがバッターボックスに立ったときに、〝ピッチャー！　このバッター、カーブ打たれへんでぇ〜！〟言うて(笑)。ほんだら、向こう、カーブの連投で、見逃しの三振」

さんま「(笑)〝言わんといてくださ〜い！〟言うて(笑)。カーブの場合、バットとボールの間隔が10センチ以上開くの。ストレートはどんな速球も叩きよんねんけどね」
ショージ「カーブのとき、ずっと頭かいてたわ」
さんま「ストレートのバッティングと肩は凄いのにな」
ショージ「センターからノーバウンドで返ってきますもんね」
さんま「さすが八尾フレンドからスカウトが来たという。ジミーがマネージャーやってた頃、商大堺は、西川(西川佳明・第53回選抜高等学校野球大会優勝投手)がいてたPL学園に夏の予選で勝ってるようなチームでしたから」(『MBSヤングタウン』2006年3月25日)

さんまの勝利に対する執着心が悲劇を招くこともあった。

「スティング」の投手、村上ショージは、さんまとの徹夜麻雀を楽しんだ後、睡眠不足のまま、ウォーミングアップもできずに試合に臨んでいた。試合開始早々、ヒットで塁に出たショージに対し、さんまはすかさず盗塁のサインである〝スパイクを脱ぐポーズ〟をとる。

見事、二塁への盗塁を成功させたショージがベンチを見ると、そこには、またもスパイクを脱ぐさんまの姿が。息を切らせたショージは、相手ピッチャーが投球モーションに入ると、三塁めがけて懸命に走り出し、猛烈な勢いで三塁ベースに滑り込んだ瞬間、〝バキッ！〟という乾いた音が球場全体に大きく響き渡った。

もがき苦しむショージのもとへ皆が駆け寄り、声をかける。ショージの左足は見る見るうちに腫れ上がっていった。

ショージ「サードベースの1メートル手前で、〝うぅ〜〜〟って唸ってたら、さんまさんが走って来て、〝なにしてんねん！　お前は〜！〟言うて、えらい怒られて。〝足がっ、足がっ〟言うてんのにボロカス言われて、な〜んにも心配してくれへんねん」
さんま「（笑）」
ショージ「〝こうなったら、来週から俺がピッチャーやな〟とか、わけのわからんこと言い出して。〝先、救急車呼んでくれぇ〜〟思いながら（笑）」（『ＭＢＳヤングタウン』２００４年10月９日）

さんま「最終的に救急車呼んで。あの時は、まさか滑り込みでやなぁ、複雑骨折なんかしてるとは思わないからやなぁ。捻挫かなんかやと思って。捻挫とかスポーツやってたら常ですからね。〝こうなったら俺がピッチャー行かなアカンなぁ〟言うて、壁に向かってピッチング練習始めてたら、あまりにも痛い痛い言うし、〝汗出てきた〟とか言うから、〝お前、それは骨折や〟言うて」
ショージ「いや、俺は言うててん！　〝折れた〟って。〝複雑骨折してる〟って言うてんのに」
さんま「そんなの絶対折れるわけないと思ってるからね。〝汗出てきたら言え〟言うて」
ショージ「汗よりも、かなり腫れてたから、足が。ごっつい腫れてたのよ」（『ＭＢＳヤングタウン』２００７年５月19日）

さんま「ショージが救急車に乗せられて、うちは９人しかいてないから、ショージが欠けたら８人になるんですよ。だから、相手チームに、〝８人でもええか〜？〟言うたら、〝いや、さんまさんも病院行ってあげてください〟言うて（笑）。ほんで、〝よろしいでっか？　すんまへんなぁ〟

言うて、ついて行ったんですよ」
ショージ「俺は8人で試合やっといて欲しかったわけよ。というのはね、来たら、絶対笑うのわかってるから。ほんだら案の定、ゲラゲラ笑《わ》ろてんねん。救急車から担架に移されるときも、看護婦さんは、さんまさんが来てるもんやから、〝さんまちゃ〜ん！〟とか言うて、皆、さんまさんのまわりに集まって、俺、ずーっと担架に乗ったまま、ほったらかされたまんまや」
さんま「(笑)」
ショージ「〝お〜い！　お〜い！〟言うて、やっと気づいてもらったんやから」
さんま「ショージが処置室に運ばれてるのを見て、〝なんか、『白い巨塔』みたいでんなぁ〜〟言うて、俺もついて入って。ほんだら先生が、〝村上さん、ここは痛みますか？　ここはどうですか？〟とか言うて。〝他に痛いところはありませんか？〟って言うたら、このアホ、〝入院費〟とか言うて(笑)」
ショージ「さんまさんが、〝アホか、入院費は俺が出したるわ！　それより先生、見てください、ココ、足が真っ白になってますよ〟って言うたら、先生が、〝それは靴下です〟とか言うて、普通に注意されてね」
さんま「(笑)」
ショージ「〝はよ帰りゃあええのに〟思いながら。医者より前に出て、俺の足見てんねんから。治療の邪魔やねん」(『MBSヤングタウン』2004年10月9日)
さんま「複雑骨折しよったんやぁ。仕事には影響なかったんやけどな」
ショージ「なーんにも」

さんま「2月の入院やってんけど、なんの影響もなく」
ショージ「逆に良かったんや。ちゃんと三食ごはん食べれるから。全部さんまさんが金出してくれとったから、〝入院費は心配すな〟言うて」
さんま「（笑）」（『関西限定・特番！春はさんまからスペシャル』2000年4月2日）

「スティング」発足当初、試合は主に、月曜日と火曜日の早朝に行われた。さんまは日曜日の夜に東京での仕事を終えると、そのまま早朝野球のために大阪へと向かう。仕事が押したときなどは、夜通し、車で向かうこともあった。試合を終えると、なんば花月へ向かい、『花の駐在さん』（朝日放送）の収録、『ポップ対歌謡曲』（ABCラジオ）の生放送、花月劇場の出番をこなし、深夜ラジオ『MBSヤングタウン』の生放送に臨む。それが終わると、自宅で仲間たちと麻雀をし、束の間の仮眠をとった後、早朝野球へ。花月に出演した後、東京へと帰る。
このようにして、どんなに仕事が忙しくとも、毎週欠かさず野球を楽しんでいた。

さんま「早朝野球は多いときは週に2試合やってましたからね。当時、大阪では毎日のようにショージらと遊んでましたから。遊び終わってから、やっと彼女とデートができるんですよ。そういう生活でしたからねぇ」（『MBSヤングタウン』2007年6月2日）
さんま「事務所が仕事選んでくれてるのは分かるけど、選んで、選んで、これやもんな。まァ、仕事くれるのはありがたいこっちゃから。ここ3週間、映画（『つっぱり清水港』）があるから3時間しか寝とらん。だけど、おととしは週14本あったもんな、それから比べると楽なもんや。あんときは身体がホントにしびれたしな。

そりゃ休みは欲しいよ。あいてる時間があれば、まずデート、野球、テニス。寝るのはその後や。週に3、4日は東京のホテル暮らし。大阪の〝家で夕食〟なんてめっそうもない。

医者に言わすっと、オレは異常なくらい健康なんやって。そうかもしれへんなァ」（原文のまま引用。「ｎｏｎ‐ｎｏ」１９８２年12月20日号）

この頃のさんまは、『オレたちひょうきん族』の収録など、東京での大きな仕事が重なると、花月劇場の出演を休演するようになっていた。映画『次郎長青春篇 つっぱり清水港』の撮影をしていたときには、出番の半分も消化しきれず、ファンからの苦情が殺到した。


――東京に出てきた方がいいという人もいるけど、さんまちゃんの気持は？

さんま「うん。チョットあるけど、やっぱり大阪の芸人ですわ。大阪の底辺からはい上がってきた芸人みてると、大阪残りたい、花月に出てたい思いますねん。東京に女でけたときは、東京出たろ思いますけどね」（「スコラ」１９８３年1月27日号）

『ポップ対歌謡曲』

上岡龍太郎、さんま、紳助・竜介がレギュラー出演する生放送の公開ラジオ番組『ポップ対歌謡曲』（ＡＢＣラジオ・月〜金）の月曜日枠が、１９８２年の秋に竜介が抜け、上岡、さんま、紳助の３人体制となった。

『ポップ対歌謡曲』は、対戦形式のクイズ番組。司会者である上岡が出題するクイズに、歌謡曲側、ポピュラー側に分かれたさんまと紳助がそれぞれ解答し、正解した側が、聴取者から募ったリクエスト曲を流すことができる。

さんまと紳助はクイズに正解することよりも、トークがおもしろく展開することを優先するため、たびたびクイズから脱線し、どうしてもトークの時間は長くなる。そのため、クイズに正解しても曲が流れるのはほんの僅かな時間。曲が止まれば直ちに次の問題が出され、ふたりはまたベラベラとしゃべりまくる。司会の上岡は慌てることなく、軽妙な語り口でふたりを統率し、スムーズに番組を進行。あっという間に30分の生放送は終了する。

毎週、朝日放送本社1階の日産ギャラリーに集まった観覧客を大いに楽しませる『ポップ対歌謡曲』の月曜日は絶大な人気を誇っていた。

上岡「1983年1月3日、今年の初放送。我が『ポップ対歌謡曲』の先陣を承っての放送でございます。一年の計は元旦にあり。元日には何か誓いましたですか?」

さんま「今年はね、まあ、自分自身楽しんで、生きるようにね」

上岡「あんた毎年楽しんでるやん(笑)」

紳助「お前、いつもやないか。今始まったことちがうやないか」

さんま「いや、せやからやなぁ、そのまま楽しんでいければ。ほんでもうちょっと、今年はね、ゆっくり、落ち着いてね、一年間歩いてみようと」

上岡「去年は大変でしたもんね。いろんな仕事あったし。ブラックデビルやら、後半には映画が入って、死ぬようなロケがあったりしてね。今年はもうちょっと単価の上がるええ仕事を」

さんま「そうですね。実のある仕事を。上岡さんみたいなペースでね」
上岡「なんでやねん（笑）」
さんま「いや、ホントにホントに」

上岡「僕が今やってんのは世を忍ぶ仮の姿。本来は役者業が夢ですからね。そのうちに、たとえば、新歌舞伎座で上岡龍太郎主演で幕を開けるとか、梅田コマ劇場を僕で幕開けるとかね、役者でいこうと思てますから。新歌舞伎座も梅田コマも舞台は踏んだけど、それは誰かのショーの端に出てただけですからね。せやから、自分で幕を開けるっちゅうのはやっぱり夢ですね」
紳助「あぁ、上岡龍太郎という名前は、役者名前ですもんね」
上岡「時代劇の役者みたいでしょ。その名前を見てると、こら芝居せないかんな、ほんだら役者やな、ほんだら時代劇やなと思てね」
さんま「名前でやらないかんなぁ思てるんですか？　ほんだら私の名前なんか、中央市場で勤めなしゃあないですやん」
上岡「そんなことない、本名の杉本高文はええ名前やがな。青春スターみたいな」
さんま「本名で、ほんだら役者の方でね」
上岡「紳助の本名は長谷川公彦。映画監督みたいな名前や」
さんま「ほんだらお前、映画監督になれや」
紳助「そやな」
上岡「第1問目、まずはさんまちゃんからいきましょう。はい、リクエスト」

さんま「四日市市からいただきました※※※※さん。41歳、会社員の方ですね、松山千春の『夢の旅人』でございます」
上岡「なるほど。対しまして、ポピュラーは紳助君です」
紳助「吉野郡大淀町の※※※※さん。イーグルス『ホテル・カリフォルニア』」
上岡「さて、お年玉の額というのも年々アップしておりますね。大人にとっては頭の痛い問題でございます。ところで第一勧業銀行が毎年お年玉の額を調査しておりますが、去年のお正月の調査によりますと、小学校高学年がもらった額は平均いくらだったでしょう？」
さんま「これなぁ、幼稚園が凄いねんで。こないだ、朝日放送の『三角ゲームピタゴラス』にゲストで出たら、幼稚園のお年玉の金額が出ましたんや」
上岡「幼稚園でいくらぐらい？」
さんま「平均5万」
上岡「えー!? そないもらうの？」
さんま「ビックリしたんですよ！」
上岡「この頃、子供にやるときに、500円っちゅうのはやりにくいね、もう」
紳助「そんなもん燃やされまんがな。今の相場は中学生は1万円、小学生は5000円。そんな500やったら、〝オッサンアホか〟言われまっせ。うっとこの子供なんかでも、去年たくさんもうてねぇ、おっきなるまで、自分の結婚式まで貯める言うてますもん」
さんま「お前とこの子供らしいわ（笑）」
紳助「5つなったら国債買う言うとるしねぇ。俺ら、高校生のときに10万ぐらいあったやんか」
さんま「お前、そんなええとこの子か？」

紳助「いや、親戚が金持ち多いねん、ごめんごめん、さんま」
さんま「いやいや、ええけど。気にはせえへんけどもやなぁ」
上岡「それではさんまに当てつけてるみたいやないか」
紳助「そういうさんまは得やんけ、今」
さんま「なにがや？」
紳助「俺らやっぱり、親戚の子言うたら、1万円、5000円でしょ。さんまは親戚ビンボーやから500円、1000円で済むから」
さんま「アホか（笑）。ビンボーでもな、意地があんねんから」
上岡「（観客席の子供に）いくらもうた？　ひとりから5000円から1万円？」
さんま「うわぁ〜」
紳助「そんなもんやて。ちゃうねん、さんま、お前みたいな、白菜とか大根とかくれる人とちゃうねん」
さんま「お前なぁ、あんなもん年玉袋に入るかぁ！　アホ〜！」
上岡「（観客席の子供に）ほんだら、君は？　えっ？　全部で5万ぐらい？」
さんま「ほぉ〜」
紳助「見てみいな、上岡さん、11万ぐらいになるて、ここらの子で5万やから」
上岡「ここらの子！　どこらの子やねん！」
さんま「お前、『ポップ対歌謡曲』の客、一揆起こすで、そんなもん」
上岡「はい、よろしいか。紳助11万、さんま8万。正解は、2万とんで34円」
さんま「ちょっと待ってください！　上岡さん、それは間違い！」

上岡「なにが間違いやねん。第一勧業銀行の調査やもんしょうがない」
さんま「みなさんねぇ、9日に放送される『三角ゲームピタゴラス』を見てください。そこで違いがハッキリ出ると思いますからねぇ」
上岡「平均するとそんなもんやて。正解は、2万とんで34円。これは8万円のさんまちゃんが近かった。松山千春『夢の旅人』、歌謡曲1勝」（『ポップ対歌謡曲』1983年1月3日）

紳助「上岡さんが司会で、僕とさんまで3人でやってましてん。失礼やけども、ラジオの30分番組、どっか心の中にあるわけですよ。生意気ですよ。当時、生意気やから、〝こんなん3人でせんでも俺だけで十分や〟と。上岡さんも〝俺だけで十分や〟と。さんまも〝俺だけで十分や〟と。そういう思いがあんねん、3人とも。ほんだら、時々休むんですよ、黙って」
上岡「一番、さんまがねぇ、ようズル休み」
紳助「さんまが、けーへんねん」
上岡「（収録場所の朝日放送本社1階・日産ギャラリーの）近くのマンションに住んでんのに、けーへんねん」
紳助「さんまが2か月に1、2回けーへんねん。上岡さんは、たまにけーへんねん。僕も、たまにけーへんねん。まあ、けーへんかっても出来るやん？」
笑福亭鶴瓶「まあまあ、あの番組はね、僕もやってましたけど、代役もおるしね」
紳助「ほんだらある日ね、誰も来なかってん……僕ね、次の週行って、ギリギリに入ったら、ふたりは来てて、番組始まって、〝すいませんでした！　先週！〟言うたら、上岡さんが、〝いやいや、謝らんでええねん〟と。〝なんでですか？〟〝誰も来てへんかった〟……そして誰も来なかった事件」
上岡「3人とも、レギュラーが来なかってん」
紳助「さんまはマンションで寝とってん。上岡さんは京都でお芝居の稽古してて、僕は三重県で泳いでました。誰も来なくて。ラジオの生放送。プロデューサーが始まってすぐ音楽かけて、隣のホテルプラザに探しに行ったんですよ。〝誰かタレントいてへんか？〟と。誰かいたんですよ」
上岡「困ったときのキダ・タロー」（読売テレビ『LIVE PAPEPO鶴＋龍』最終回スペシャル　2000年3月25日）

さんま「僕は怖かったんですよ、最初」
上岡「ほんま？」
さんま「あのぉ、なんかね、ちがうじゃないですか、世界が。上岡龍太郎さんとは」
上岡「なんで？　おんなじ吉本出身で」
紳助「全然ちがうな、別格で。〝怖い〟〝キザ〟という評判がありましたもん」
さんま「俺はそんなこと思てないよ」
上岡「（笑）」
紳助「お前、そんなことないやん、キザやったやん。キザで怖いし、ちょっと芸人っていう匂いちごたもん。上岡さん、怖かったやろ？」
さんま「上岡師匠は怖かった。ちょっと間違ったこと言うと怒られそうな感じで」
紳助「ラジオやってるときもちょっと神経つこてたやろ？」
さんま「つこた。お前ら仲良かったやんか。上岡師匠と紳助は仲良かったから、嫉妬みたいなんがあってね」
紳助「ウソやん（笑）」
さんま「ホンマやがな」
紳助「ほんで嫉妬でけーへんかったん？」
さんま「そうそう（笑）。あのとき初めて女の気持ちがわかってん（笑）」（同右）

ブラックデビルジュニアとホタテマン

1983年1月8日、『オレたちひょうきん族』の「タケちゃんマン」のコーナーで、「帰ってきたブラックデビルの巻」が放送され、さんまの新キャラクター、ブラックデビルジュニアが初登場した。

ブラックデビル亡き後、さんまはディレクターの三宅恵介と何度も打ち合わせを重ね、次なるキャラクターの構想を練っていたが、なかなか名案は浮かばず、ブラックデビルを超えるような強いインパクトを与えるキャラクターを生み出せるまで、ブラックデビルの息子、ブラックデビルジュニアを登場させることにしたのだ。

ブラックデビルの死から10年が経過したある日、ブラックデビルジュニアは故郷の暗黒星雲から地球へと向かい、ブラックデビルとの死闘の後、表舞台から姿を消していたタケちゃんマンと対峙する。

「タケちゃんマン、10年前の出来事を覚えているだろうな？」

「10年前？　ブラックデビルは10年前に死んだ」
「10年前に死んだよ、パパは」
「えっ、お前はブラックデビルの子供か？」
「そうだよ。ブラックデビルジュニアだ。またの名を、帰ってきたブラックデビル。ヒィッ、ヒィッ」

ブラックデビルとのフォルムの違いは、大きな耳が黄色ではなく赤色に。触角が2本でなく3本に。全身を覆う黒いタイツにはラメが入り、武器にもなる尻尾が生えている。鳴き声も変え、見た目はバージョンアップしていたが、父の宿敵・タケちゃんマンへの復讐心ばかりが強調され、ブラックデビルの最大の魅力である〝可愛げ〟は失われてしまい、初登場回をピークに、人気は落ちていく一方だった。

安岡力也扮するホタテマンの存在も、ブラックデビルジュニアの人気下降に拍車をかけた。

ホタテマンは、さんまのアドリブから生まれたキャラクターだった。１９８２年11月20日の放送でゲスト出演した安岡力也は、さんま演じるヤクザの子分役として「タケちゃんマン」のコーナーに登場。安岡はリハーサルで、タケちゃんマンを呼びだすときに使う〝ホラ貝〟を〝ホタテ貝〟と言い間違える。それをすかさずさんまがツッコみ、スタッフたちは大爆笑。スタッフの要望で、安岡は本番でも、〝ホタテ貝〟と言い間違えることになった。

安岡「親分、この野郎が、ホタテ貝を吹いて、タケちゃんマンを呼びました」
さんま「(笑) これはねぇ、あのぉ、ホタテやおまへんねん、ホラ貝ですわ。マジで間違えはった（笑）」
安岡「……」
さんま「新宿で酒ばっかり飲んでるさかい、頭ボケてきはったんちゃいますか？」
安岡「……おい！　待てや」
さんま「はっ？」
安岡「『ひょうきん族』っていうのはシャレが通じねーのか？」
さんま「……いえ……シャレで返しただけですやん」

安岡は怒り狂い、大声で威嚇しながらさんまを追いかけ回し、スタジオは大爆笑の渦に包まれた。

こうして安岡は、翌週から『オレたちひょうきん族』のレギュラーメンバーとなった。以降、タケちゃんマンとブラックデビルジュニアの会話の中で、〝ホタテ〟というキーワードが出ると、大男の安岡が突如として現れ、大暴れして帰っていく。これが定番ネタとなり、回を重ねるごとにキャラクターが確立されていった。

そして、１９８３年2月12日の放送から「ホタテマン」と名乗るようになり、ホタテ貝を模した衣装で登場。コワモテの安岡が可愛らしいホタテ貝の着ぐるみを着るというギャップが大ウケし、人気が上昇。「ホタテのロックン・ロール」というオリジナル曲がレコード化されることも決まり、ブラックデビルジュニアの影は薄くなるばかりだった。

「アミダばばあ」の誕生

そんな中、同年3月5日の放送にて、タケちゃんマンとブラックデビルジュニアの対決シーンで「地獄のアミダくじゲーム」が行われることになった。

さんまは、そのリハーサルの最中、巨大なアミダくじの経路を歩きながら、思いつきで作った歌を唄いはじめた。

「♪アミダくじ〜、アミダくじ〜、引いて楽しいアミダくじ〜、どれにしようかアミダくじ〜」

さんま「スタッフを笑わかそうとして、アミダくじの歌を歌ったんです。そしたらスタッフがうけて。たけしさんの『出やがったな、アミダばばあ！』というフォローがあったんです。そいでそこでアミダばばあの誕生ですよ」（「Studio Voice」1984年8月号）

同年3月19日、「タケちゃんマン 丑三つの村の悪霊の館の巻」にて、痩せ細った不気味な老婆、〝アミダばばあ〟が初登場。

この回でさんまは、「ドラキュラ伯爵の血を受け継ぐブラックデビルがタケちゃんマンに殺された後、墓場から甦った」という設定により、ブラックデビルジュニアではなく、ブラックデビルを演じることに。タケちゃんマンとの死闘を演じた結果、見事に敗れ去り、灰と消えた。

そして翌週3月26日には、「タケちゃんマン 夢よもう一度ブラックデビルジュニアの巻」が放送される。

「ケチ本興業」宣伝部会議室。ブラックデビルのブームをもう一度呼び起こそうとする会議が開かれる。宣伝部の予算をすべて使い、キャッチコピー制作、CM制作、ブラックデビルファンクラブ設立、写真集制作、映画制作など、ありとあらゆる策を講じ、人気回復を試みるも、すべてが失敗に終わる。

最後の手段として、ブラックデビルジュニアは、タモリが司会を務める『森田一義アワー 笑っていいとも！』（フジテレビ）のテレフォンショッキングのコーナーに出演することになった。

タモリ「今回は、誰からのご紹介でもなく、私がお呼びいたしましたんですけどね」
ジュニア「どうも」
タモリ「なんか最近、落ち目らしいですね」
ジュニア「ウェッ！」
タモリ「お盆の仏壇みたいな耳飾りが、なんとなく私は好きなんですけど」
ジュニア「（たとえが）うまいなぁ〜」

この、テレビを使った宣伝活動も、人気者・タケちゃんマンの登場により失敗。最後のタケちゃんマンとの対決でも、ボコボコに痛めつけられ、「おいしい役をありがとう！」と、笑顔をふりまきながら、ブラックデビルジュニアは敗れ去った。

そして同年4月9日放送の「タケちゃんマン」にて、アミダばばあがブラックデビルジュニアに代わり、タケちゃんマンの新たな敵役として登場することになる。

横山やすしとのアドリブ合戦

1983年1月31日、なんば花月の特別公演として上演された横山やすしの主演舞台『やっさんの底抜け捕物帖』に出演することになった。

この舞台は、大坂西町奉行・遠山金四郎（西川きよし）から十手を預かる目明しの安次（横山やすし）が、大泥棒・アフリカ小僧を追いながら、金四郎と共に、小間物問屋を営む河内屋の主人・角兵衛（原哲男）の悪事を暴き、大捕物を繰り広げる時代劇。さんまは、安次の恋敵の浪人・三左衛門役を演じた。

安次と三左衛門が恋心を抱いている、お花（井上望）が女中として働く居酒屋「だるま屋」にて。

さんま「キレイやなぁ～、お花ちゃん。花がよう似合うやないの～。お花ちゃん、ちょっとこっち来て、拙者と一杯やらんか？」

やすし「お花ちゃんはな、やっさんのもんえ！」

さんま「おい！　ちょっと来い！」

やすし「あっ!?」

さんま「ちょっと来いと申しておるのじゃ」

やすし「誰にぬかしとんねん、アホンだら、コラッ！　ワレ、よう見たら武士やないかい！　武士が町人にえらそうに言うことあるかぁ！　アホンだら！」
さんま「……いや、あべこべじゃ！　町人が武士に向かってえらそうなことぬかすな！」
やすし「やかましわ！　おいコラ、芸能界やったら俺の方が古いやろ！」
さんま「……いや、そら、そうでっけども」
やすし「そうでっけども何もあるかぁ！　古いもんが勝ちやアホ〜！　お前、降ろすぞ！」
さんま「芸歴で勝ち負け決めてどないすんねん」
やすし「アカン！　俺はときどき本気になんねん！」
さんま「これは役やから」
やすし「もうええ！　お前はその横におる女中（今いくよ）と黙って飲んどれアホ〜！　京橋のアルサロ行ったらようおるやろ、そんな奴」
さんま「……むちゃくちゃやなぁ」

やすし「お花ちゃ〜ん！　ちょっと来んさい！」
今くるよ「お酌してあげて、お花ちゃん」
井上「はいはい、さあ、親分さん、どうぞ」
やすし「おっとっとっとっと。（飲み干す）……おい、コレ、水やないか」
池乃めだか「当たり前でんがな。こんなもんアンタ、芝居やのにホンマの酒飲んだら皆酔うてまいまんがな」
やすし「ケチな芝居やなぁ〜、ホンマもん入れとけ！　ホンマもん！」
めだか「ホンマもんて、芝居いうのはそんなもんでんねや！」

やすし「何言うとんねん！　俺は日曜日、東京行ってるやろ、『TVスクランブル』いうやつ！　アレ、ホンマもんのウイスキー、ワシ飲んでんねんぞ！　相方やったら、『料理天国』、アレ、ホンマもんのワインとか肉出てんねんぞ！　なぁ？　さんま、ちゃうか？」
さんま「はい！　そうです！　その通りです！」
やすし「ケチケチすな！」
くるよ「せやけど、やっさん親分、あんな、水でもお酒に見せるのが芝居やん」
やすし「しかしお前、水を飲んで酒に見せるて、そんなもんでけへん!!」

金貸し（桑原和男）vs.安次。

やすし「俺の子分が博打に負けて、お前に金借りてるわけやな？　おーし、ほんだら俺と勝負しようやないか。こいつが負けた分、俺が勝って、チャラにしたろうやないか！」
さんま「親分、やめときて。勝たれへんて」
やすし「そんなことあるかアホ〜、お前。俺は、女と博打と漫才と競艇は得意やないか。アホか、お前は！」
さんま「これ、いつの時代の芝居でんの？」
やすし「いつでもええねん！　とりあえずは！　俺が思た通りしゃべったら芝居や！　散っとれ散っとれ、ええから」
　思いのままアドリブを繰り出し、芝居と現実を交錯させながら、誰よりも大きな笑いをとりまくるやすしの芝居に、さんまは目を奪われた。他の演者が一瞬も気を抜けない舞台。はちゃめちゃなようでいて、物語は予定通りに進行し、笑いを求める観客を満足させる。自分もいつかこういう舞台をやってみたい、そう思うのだった。

□1983年1月31日（月）『やっさんの底抜け捕物帖』（なんば花月12：00～、16：00～2回公演）
出演：横山やすし・西川きよし、間寛平、室谷信雄、木村進、明石家さんま、今いくよ・くるよ、浜裕二、藤里美、池乃めだか、中田カウス・ボタン、原哲男、桑原和男、山根伸介、伊吹太郎、結城哲也、南方英二、園みち子、高石太、島木譲二、島田一の介、畑憲一、佐藤武司、帯谷孝史、木村明、中川一美、岡崎薫、森公平、井上望、高田みづえ
※この模様は2月27日（日）、朝日放送（15：00～15：55）にて放送された。

1983年3月31日、桂文珍がプロデュースする『TALK&トーク』の第4弾、『TALK&トークⅣ 春の独創的大話芸大会』が京都花月で行われた。さんまはラーメン屋台のセットの前で、桂文珍、田中康夫、斉藤ゆう子とフリートークコーナーに出演する。

田中康夫「東北から東京に出てきた人は、すぐ方言なんかなおしちゃうでしょ。これが大阪の人だと、そのまんま使うもんね」（中略）

さんま「大阪人っていうのは〝オレは大阪人やねん、東京には負けとないねん〟っていうのんが強いです」

文珍「僕の場合は大阪と東京とか、あまり関係ないと思うんです。列島で考えたらええと思うんです」

さんま「イヤ、考えられないです。やっぱり〝東京には負けます、いろんな方面を見ても、今に

見とれ、この大阪を都会にしたるからなぁ〃ゆう気はあります」（「マンスリーよしもと」１９８３年5月号）

さんまは公演終了後、急いで東京に向かい、朝の6時まで番組収録に参加し、そのまま大阪へ戻り、仕事をこなした。

□１９８３年3月31日（木）『桂文珍プロデュース　ＴＡＬＫ＆トークⅣ』（京都花月18：30開演）
出演：桂文珍、明石家さんま、笑福亭仁智、西川のりお・上方よしお、田中康夫、斉藤ゆう子、上岡龍太郎
※この模様は４月16日（土）、読売テレビ（14：55〜15：25）にて放送された。

悲報――弟の死

１９８３年4月2日の早朝、さんまの実家が火事で全焼した。

この火事で、さんまの弟、正登《まさと》が命を失った。

午前11時10分、さんまは外泊先から、関西テレビの番組『ロックは無用！』に生出演するためスタジオ入りし、関西テレビのロビーでさんまが来るのを待ち構えていた報道陣から悲報を知らされた。さんまは急遽出演を取りやめ、タクシーで実家に向かう。そして、たくさんの思い出が詰まった実家の焼け跡を目の当たりにした。

出火元は1階の水産加工場「杉音食品」だった。

小学生の頃、家業を手伝い、数百匹の秋刀魚を一匹ずつ、汗だくになりながらセロファン紙で包んでいた加工場の作業台も、跡形もなく崩れ去っていた。

2階に住む父の恒《ひさし》、継母のすみ江、祖父の音一《おといち》、愛犬のベルは、近所に住む男性の機敏な行動により、難を逃れた。

さんまは4日までのスケジュールをすべてキャンセルし、その穴は吉本興業の芸人仲間たちがカバーした。

4月3日、西方寺にて、正登の通夜がしめやかに営まれた。

さんまは、目の前にある現実を受け止めることができぬまま、弔問に訪れた笑福亭仁鶴、桂三枝、ザ・ぼんち、太平サブロー・シロー、松本竜助（1983年に竜介から改名）ら、芸人仲間たちに深々と頭を下げた。

三枝は、記者からコメントを求められ、「こういう不幸があったときは、お客様がね、〝気の毒になぁ〟なんて思ってるかなーと思うと、なかなか思い切って笑わしにいけないと思うんですよね……まあでも、そこをなんとか乗り切っていかないと、芸人として大成しないわけですから。まあ彼も、そういう意味では、今、途上にある人ですからね、この試練を乗り切ってほしいと思いますね」と、さんまにエールを送った。

さんま「今年の2月、ぼくは休みをもらって実家に帰ったけど、あいつは友だちとスキーへ出かけていて会えなかったし、結局、去年の10月に会ったのが最後になってしまって……。でも、いまでも、どこかで生きてるような気がしてしょうがないんです。

とにかく、〝生き返ってこい〟と叫びかけたい気持ちですね。（中略）

ぼくのことを、昔から、すごく尊敬してくれるやつでね。ぼくがいうことは、すべて正しいと思っていたみたいですよ。自分にも、それから他人にも、素直に自分をさらけだせるやつでしたね。

ぼくもサッカーやったけど、チビのほうがすごいんですよ。サッカー部のキャプテンで、インターハイにも出たし、国体選手にも選ばれたしねえ……。

そういえば、去年の10月、大阪のぼくのマンションに遊びにきたとき、今度のワールド・カップをふたりで一緒に見に行こう。切符はぼく（さんま）が買っとくからって、約束しとったのに……。

まだねぇ、（遺体を）見てないんですよ。見ないと、納得できませんねえ、あのチビが死んだなんて……」（「女性セブン」1983年4月21日号）

4月4日、各局のワイドショー番組が一斉に「さんま号泣!! 弟焼死!!」と見出しをつけ、火事の状況を伝えた。

午後1時より行われた告別式には、正登の学生時代の友人や、報道を聞いて駆けつけたさんまの知人、芸能人など、大勢の参列者が訪れた。


さんま「こういうとき、タレントはほんとうにイヤですワ。自分ではふつうの人間だと思っていても他人はそうは見てくれない。自分では泣きたいときには泣ける人間だと思っていたのに、ここで泣いたら芸能人としてカッコ悪いみたいなこだわりがどこかにあって、自然な感情に身をまかせられないんですよ……」（同右）

午後3時、さんまは出棺の際、正登の亡骸《なきがら》を直視し、合掌。19歳で早逝した弟の死を悼んだ。

午後10時、『MBSヤングタウン』（MBSラジオ）が放送された。

この日の放送から、「明石家さんま・長江健次・大津びわ子・伊東正治」の新体制となる予定であったが、さんまは欠席。土曜日を担当する笑福亭鶴瓶がさんまに代わり、メインパーソナリティを務めた。

オープニング。メンバーがさんま不在の理由を述べ、さんまにエールを送る。そして、さんまのサードシングル「いくつもの夜を越えて」が流された。

4月5日、さんまは悲しみに暮れる間もなく、仕事に復帰した。

復帰後、初めての『オレたちひょうきん族』収録の日、さんまはいつもと変わらず、タケちゃんマンに扮するたけしとふざけ合いながら、賑やかに収録を終えた。すると珍しくたけしが、「これからみんなで飲みに行こうよ」と、出演者、スタッフを誘い、六本木へ繰り出すことに。さんまは、たけしやひょうきんメンバーと共に、夜が明けるまで、ひたすらしゃべり続けた。

5月18日、奈良新聞の朝刊9面に、奈良県警察科学捜査研究所による、正登の死因調査の結果を伝える記事が掲載された。

当初、正登は消火作業の最中に煙を吸い、命を落としたと見られていたが、出火元となった工場は広く、煙に巻かれたとは考えにくいこと、就寝中の家族に火事を知らせようとしていなかったことなど、不自然な点が見られたことから、科捜研が調査。正登の衣類、下着に大量の灯油が付着していたことを突き止め、焼身自殺の可能性があるとの結果を出した。

この記事を読んだ週刊誌の記者が、長男・正樹《まさき》の家に身を寄せる恒のもとへ向かい、心無い取材をする。それを耳にしたさんまは、その記者に直接連絡をとり、「これ以上親の心をかき乱してほしくない」「自分も家族も正登は自殺ではないと思っている」とだけ伝え、以降、メディアでその胸の裡を語ることはなかった。

「全部笑いに変えたんねん」

さんま「俺はなぁ、悲しいことも辛いことも、あるとき、〝全部笑いに変えたんねん〟って決めたんや」（『明石家マンション物語』1999年12月8日）

さんま「最近考えたんは、自分が死んでも、まわりが悲しんだり泣いたりするんはせいぜい1週間。なんやたいしたことないいんやなってさとりましたん。それによって、スパッとふっ切れたことがありますね。今までは〝あいつは馬鹿やっとるけど、ホンマは賢いんや、インテリや〟思われたいちゅう気が強かったんで、難しい事やってみたい思ってましたけど、〝おもしろい奴や〟って言われれば、それで十分なんや……最近はそう思ってます。（中略）〝軽さ〟をテッテー的に追求しようって思います。世の中、軽、薄、短、小って風潮で、〝軽さ〟がもてはやされてるけど、風潮じゃない〝軽さ〟の芸を作りだしたいですね」（「バラエティ」1983年12月号）

さんま「俺は、自分を好きになったのが27、8やからね」（『MBSヤングタウン』2008年3月15日）

さんま「もっともっと、自分を愛することが大事やね。みんなねぇ、他人ばっかり愛してねぇ、自分を愛さない人が多い。ほんとはねぇ、一番好きにならなきゃいけないのは、自分なのよ」
（『ＭＢＳヤングタウン』１９９４年11月26日）

さんま「俺、28であきらめたで。だから自分のテレビ見れんねん。これがベストやから、見て笑ろてんねん。しゃあないもん。俺しかいないもん、俺を可愛がってくれる人」（『踊る！さんま御殿!!』２０１０年10月5日）

さんま「テレビってのは、みんなボクのファンばっかしが観てるのやないでしょ。好きキライには個人差ありますね。ほとんどの人にとっては、さんまがある日突然、テレビから消えたかて関係ないわけです。ボクがテレビから消えたいうて涙流してくれるファンなんて、そういてませんよ。

　ボクらなんかね、テレビに出とる性能のいいオモチャなんですよ。その性能が良かったらホメてくれるし、悪かったら捨てられよる。

　テレビ出てるばっかりに彼女は失なうし、社会人としては信用なくなるし、こんなことアレコレ考えてたらノイローゼなりますわ。もうこうなったら、たかが演芸、たかがテレビいうて開き直るしかないで」（「スコラ」１９８３年1月27日号）

さんま「芸名があったら楽ですからね。ふたつの人格を作れますから。割り切れるんですよ。〝さんまだから〟とか、〝杉本高文だから〟って。俺は杉本高文では言えないことを明石家さんまで言えますからね。これは事実ですね。

ほんでまあ、自分で言い聞かせるようにしてますね。杉本高文としては言えないけども、明石家さんまとしては言えることとかありますからね。人格は同じなんですけど、別にしようと。割り切れるだけのことなんですけどね」（『ＭＢＳヤングタウン』２００４年8月21日）

さんま「俺の人間としての考え方としては、〝なんとかなるやろう〟っていうて、生きてるからやねぇ。ず〜っと、なんとかなってきてるから。いろんなことに対して、〝なんとかなるやろう〟っていうね。

俺は世の中で一番好きな歌が『ケセラセラ』やねんからね。〝なるようになる〟という。ケセラセラという言葉が好きで生きてるわけですから。

ほんで、災難が好きになってしまったね、俺はね。災難とか、やれ、困ってるときの自分を、こよなく愛せるの」

玉井健二「もう、そうなったら、怖いもんないですよね」

さんま「もうねぇ、ほんとにそうなの。人から、〝さんまさんて怖いもんないでしょう?〟とか、〝心配事ないでしょう?〟とか、よく言われるんですけど、ほんとにないの。それも、悲しいぐらい。

30前まではありましたよ。20代後半までは、くだらないことでいっぱい悩んできて、たどり着いたのがココやねんけどね。ほいでまた、これから元へ戻るかわかれへんしね。悩みだしたり、苦しんだりすんのか知らんけど。そこを好きになってるからやねぇ、どうしょうもないわけや〜。苦にならないのよ」（『ＭＢＳヤングタウン』１９９４年8月6日）

松之助「好きな言葉は『生かされて生きている』。自分で生きてると思います、普通はね。生きてると思いますけども。空気がなかったらダメなんですよ」
さんま「カルシウムもなかったらダメですし」
松之助「だからやっぱり、そら生かされてるわけなんですよ。簡単に言うたら、それだけで。あ、やっぱり生かされてると。病気になったときとか、わかるらしいですね。今までなんとなしに歩いてたんが、歩けないと。ほんだら、歩けることがなんて幸せなんだ。ほんとに幸せなことは歩けることやなとか思たり。自分が病気になりたい思てなれるわけでもないし。だから、瞬間瞬間を、大切に生きようと」
さんま「僕にはまだまだ、死ぬまでわからないだろうという言葉なんですけどもね」(『さんま・所の乱れ咲き花の芸能界　オシャベリの殿堂（秘）夏の特別編』1996年7月13日)

松之助「人生、急がず慌てずですね。無理もしないで、あるがままに生きていくという、自然体でやっていってください」
さんま「これはねぇ、ほんとの師匠のお言葉ですから。『あるがまま』ですよ。この言葉が非常に大事ですから、みなさん」
松之助「(おどけるように) おわかりになった?」
さんま「……いや、せっかくいいこと言うてんから師匠、それがいりまへんねん。もう師匠、すんまへんけど明日から僕、『師匠』っていうのやめますわ、もう」
松之助「(真面目に) あのぉ、わかっていただけたでしょうか?」
さんま「(笑)」(『明石家マンション物語』2001年9月26日)

「♪アミダくじ〜」

１９８３年４月９日、『オレたちひょうきん族』の人気コーナー「タケちゃんマン」に、ビートたけし演じるタケちゃんマンの敵役として、さんまの新キャラクター、アミダばばあが登場した。

たけし「なんだお前は？」
さんま「なんだお前とはなんだ？」
たけし「（虫取り網を持ち）これはなんだ？」
さんま「網だ」
たけし「網だ。今、何時だ？」
さんま「９時だ」
たけし「網だ？」
さんま「９時」
たけし「網だ、９時」
たけし＆さんま「（行進しながら）♪アミダくじ〜、アミダくじ〜、引いて楽しいアミダくじ〜、どれにしようかアミダくじ！」
たけし「お前は、アミダばばあだな？」
さんま「よく見破ったなぁ〜。こうなったら、変身！」

決まり文句は、「見〜た〜な〜」。痩せこけた不気味な老婆、アミダばばあは、毎回、アミダくじを取り出し、「♪アミダくじ〜、アミダくじ〜、引いて楽しいアミダくじ〜、どれにしようかアミダくじ！」と唄いながら、タケちゃんマンにアミダくじを引かせる。これが、小・中学生の間で大ウケし、〝アミダくじ〟は瞬く間に流行。アミダばばあは大人気キャラクターに成長していく。

さんま「俺は『ひょうきん族』という番組で、いろいろキャラクターやってたんですけど、そのメイクは全部自分で考えてたんですよ。アミダばばあも時期によってメイクがちがうねん。どのキャラクターもまず衣装を作ってもらって、それを着てからメイクを考えてたんですよ。いろいろ試すんですけど、なかなかたどり着かなくて。それが、ある瞬間たどり着くねん。〝これや！〟って。ほんだらもう、世間もそれを認めてくれはんねん」（『MBSヤングタウン』2008年3月22日）

さんま「一休みしたら、あかん、と思うてます。走りつづけなあかん。そら、しんどいでっせ。人並みにデートもしたいしねえ。でも、誰かが走って、あとから来る奴のために、仕事を舞台を作り守ってゆかなあかんと思うてます。今は、そんな使命感みたいなものを感じてます。ボクかて先輩がやってた仕事を引き継がせてもらって、世に出ることができたんやし。ご恩返しやないけど、次の人のために、その人が出られる場を確保しとかなあかん、思うてますのや」（「婦人生活」1983年6月号）

1983年4月3日、島田紳助、松本竜助、明石家さんま、間寛平の4人が、架空の新聞社「かんさいタイムス」の記者となって大阪の街を駆け回り、事件、芸能、スポーツ、風俗、流行など、様々なスクープ情報を入手するため、大騒動を繰り広げるコメディ番組『紳竜・さんまのスクープ一直線』（関西テレビ）が始まった。

この番組は、吉本新喜劇風のドラマパートと、視聴者参加型の公開バラエティパートで構成されており、ドラマパートには、坂田利夫、オール阪神・巨人、西川のりお、村上ショージ、ダウンタウンなど、吉本興業の芸人が多数出演し、人気俳優のゲスト出演もあった。

●1983年4月3日～9月25日『紳竜・さんまのスクープ一直線』（関西テレビ毎週日曜13：00～14：00）
出演：島田紳助・松本竜助、明石家さんま、間寛平、原田大二郎、横山やすしほか

長江健次と大津びわ子――ヤンタン新体制

1983年4月11日、さんまがメインパーソナリティを務める『MBSヤングタウン』の月曜日が、「明石家さんま・長江健次・大津びわ子・伊東正治」の新体制となって始動することになった。

長江は高校生の頃、1980年10月から約1年間、『MBSヤングタウン』土曜日でさんまと共演。1981年4月から始まったバラエティ番組『欽ドン！良い子悪い子普通の子』（フジテレビ）のフツオ役に抜擢され、ヨシオ役の山口良一、ワルオ役の西山浩司と「イモ欽トリオ」を結成。デビューシングル「ハイスクールララバイ」が160万枚の大ヒットを記録し、ブレイクし

た。1982年9月、長江は大学受験に専念するため、『欽ドン！〜』を卒業。同年12月、大阪芸術大学に合格すると、本格的に芸能活動を再開し、『MBSヤングタウン』月曜日のレギュラーとなった。

大津びわ子は、神戸女学院大学在学中、友人たちと沖縄旅行へ行った際、ムーンビーチで記念写真を撮ってもらおうと二人組の男性に声をかける。それが『MBSヤングタウン』水曜日のディレクター、堀江順一と、構成作家の間藤芳樹だった。びわ子は帰りの飛行機でもふたりと遭遇し再び会話を交わすことに。びわ子の明るい笑顔と、甘く、可愛らしい声に魅了された堀江は、『MBSヤングタウン』出演の話を持ちかける。そして1978年6月、びわ子は悩み抜いた末に、神戸女学院大学の教員から名づけてもらった「大津びわ子」の芸名で、『MBSヤングタウン』水曜日に出演。「びわりん」の愛称で親しまれるようになった。びわ子は大学卒業後も、大阪大学工学部電子工学科の研究所で秘書の職に就きながら、『MBSヤングタウン』に出演。しばらくの休養をとった後、復帰し、さんまとの共演が決まる。

伊東正治は、毎日放送のアナウンサーで、愛称は「マーボー」。『MBSヤングタウン』水曜日から月曜日に移動。アナウンサーでありながら、頻繁におかしな言い間違えを繰り返す伊東をさんまはいたく気に入る。

この3人と、さんまの相性は抜群に良く、リスナーから絶大なる支持を集めた。

さんま「マーボーが放送中に噛んだり、トチったりするのが売りになって、それで、『ハイ、チェックのコーナー』というのが凄い評判を呼んで」

伊東「当時、野球をやってたんですよ、実況を」

さんま「そうそうそう。〝三遊間真っ二つ！　ライト前ヒット！〟〝どんな飛び方したんや！〟とか」
伊東「(笑)」
さんま「〝バースがベースを踏んだ〟とかいうのを、〝ベースがバースを踏んだ〟という言い間違いをしたりするのが話題になったんですよ」（MBSラジオ『さんまーぼー』2004年9月6日）

さんま「びわりんはねぇ、ほんとにねぇ、私は長いことラジオとかテレビやってますけどねぇ、日本一のアシスタントやね」
びわ子「嬉しい！(笑)」
さんま「ラジオで一番上手い。屈託ないし、プロになろうという欲もないから、トークにいやらしさがないっていうのでねぇ」
長江健次「サブとして、僕はどうでした？」
さんま「……お前、〝サブ〟ちゃうやないか。お前はなんか、〝ザブ〟いう感じ」
長江「(笑)」
さんま「語呂合わせするようやけど、〝泡立てるだけ〟いうやつや。いや、でもほんとにね、この3人は良いバランスで。マーボーも真面目でありながら、よくトチってくれたり。ここで周波数が合わない人が集まると、すぐに崩れてるわけですからね。びわりんがいなけりゃ僕が立ってない、健次がいなけりゃ僕が立たないとか……いや、そんなことない」
長江「いや、今の、ものすご嬉しかったんですけど！」
さんま「健次がいなくても俺はできた」

長江「そんな握りこぶし立てて（笑）」
さんま「（笑）」（『MBSヤングタウンスペシャル』1997年3月24日）

1983年5月2日、『MBSヤングタウン』のパーソナリティで構成された野球チーム「ヤングタウンオールスターズ」、通称ヤンタンオールスターズの初陣となる一戦が、プロ野球チーム「阪急ブレーブス」の本拠地である西宮球場にて行われた。

対戦チームは、歌手の松山千春率いる「松山千春スーパースターズ」。

約2万人の観衆が見守る中、ヤンタンオールスターズのキャプテンに任命されたさんまは、火曜日担当のチャゲ&飛鳥、水曜日担当の原田伸郎らと共に奮闘するも、投手陣が相手打線の猛攻を抑えきれず、10失点。打っては、足を負傷するアクシデントに見舞われながらマウンドに立つ松山千春を打ち崩すことができず、1対10の大差で完敗する。

この試合の模様は、MBSラジオにて生中継で放送された。

●1983年5月2日（月）『野球中継〜西宮球場　松山千春チーム×ヤンタンチーム』（MBSラジオ18：15〜20：00）
実況：伊東正治、解説：長池徳士、ゲスト：板東英二

タモリと『今夜は最高！』

1983年5月7日、タモリが司会を務めるトーク、コント、音楽で構成されたバラエティ番組『今夜は最高！』（日本テレビ）にゲスト出演する。

さんまは同日、午後8時から放送された『オレたちひょうきん族』で、「今夜の『今夜は最高！』で、タモリと宮崎美子と共演します！」と、他局で放送される番組に出演することを予告。タモリ、宮崎と軽く言葉を交わすオープニングシーンでは、ブラックデビルジュニアの扮装で登場した。

さんま「ウェッウェ〜！　ハッハッハッハッハッハ！」
宮崎「タモリさん、コレなに？」
タモリ「いや、知らない」
さんま「ブラックデビル……」
宮崎「さんまさんでしょ？」
さんま「……はぁ」
宮崎「なんなんですか？　コレ」
さんま「知りません？」
タモリ「知らない」
さんま「……ハッハ、見事なおとぼけ攻撃だ！　こうなったら、変身！（トマトに変身する）」
宮崎「あっ、トマト。これなら知ってる」
タモリ「あっ、トマトなら誰でも知ってるね……（トマトを食べる）」
さんま「ウェ〜！　痛い！　なにをするんだお前は！」
タモリ「さんまがトマト？」
宮崎「なんか市場みたいですね」

タモリ「ま、とりあえず、『今夜は最高！』」
さんま「……俺は最低や」

トークコーナー。

タモリ「関西の人とは、それほど付き合いないんだよね。俺たち九州人から見ると、あんまり関西となじめないとこがあるんだよ」
さんま「そうですか？　僕ねぇ、前から思てましたんや。なんで福岡にあんなにスターが生まれてね、大阪飛び越えて全部、東京へ行ってしまうのかね。タモリさんなんか、吉本に憧れて、来てもよさそうな」
タモリ「吉本は憧れなかった」
さんま「それでも放送は、吉本の番組が多かったでしょ？　吉本新喜劇とか」
タモリ「うん。平《たいら》参平とかね」
さんま「『ア〜ホ〜』いうギャグでね」
タモリ「『あぁ〜〜〜〜〜』とか」
さんま「横山アウト！」
タモリ「横山アウト（笑）。あと、岡八郎とか」
さんま「『えげつな〜』『くっさ〜』」
タモリ「そうそう（笑）。えらい力んでしゃべる人」
さんま「はぁ〜、そんなんやっぱり見てはったんですか」

タモリ「見てた。あれは好きでねぇ、よく見てたのよ」
さんま「そのときは憧れやなしに、ただ見てたんですか?」
タモリ「俺は、この世界でやっていこうと思ったのは、この世界に入ってからだから」
さんま「(笑)」
タモリ「いや、ほんとに(笑)」
さんま「東京に出てきたのは、なんで出てきはりましたん?」
タモリ「たまたま遊びにきたの」
さんま「あっ、そうなんですか?」
タモリ「遊びにきて、みんなでドンチャン騒ぎしてたら、赤塚不二夫が来て、〝お前、おもしろいからテレビに出ろ〃っつって、なんとなくテレビに出てみたら、3分間やって手取り4500円もらえて、これは良い商売だと思って」
さんま「初っ端《しょっぱな》、それでしたん? やっぱり東京は高いでんなぁ」
タモリ「えっ? 大阪いくら?」
さんま「僕ら初め、1500円ですわ。そっから150円引きよるんです、まだ」
タモリ「1350円?」
さんま「ええ」
タモリ「やっすい。それでよくやる気になったね?」
さんま「いつかは大金つかむぞと思いながらね」
タモリ「俺、そのとき大金つかんだと思ったもんね、4500円もらったとき。3分で4500円。時給が400円の時代だったから」

さんま「僕は、初めての舞台が250円ですから」
タモリ「吉本の花月は、今でいくらぐらいもらうんですか？」
さんま「僕は、今はちょっと上がってて、10日間の出演で10万円。1日2回、そやから1回のステージで5000円」
タモリ「……はぁ～、安いねぇ～」
さんま「若手は4組ぐらい出てるんですけど、僕ら若手のギャラ、正月のうめだ花月の売店の売り上げでまかなえるんですよ、1年分。〝俺らは、ぼんち揚か！〟言うてね。みんなそうなんです」
タモリ「大阪っつうのはねぇ、すごいところでねぇ、もの食いながらお笑いを見るっていうのは当たり前になっとるね」
さんま「弁当食べながら、子供は運動場みたいに走り回ってますしね」
タモリ「あの中でやってくると、野太くなるよ。俺らはそんなとこに出たらすぐ引っ込んでくるからね。メシ食ってから呼んでくれって言いたくなる。子供も寝かしつけてから来てくれって言いたくなる。舞台の前なんか、全部、子供が肘ついて聞いてるもんね。新喜劇には、首振りながら歩く人もいたよね（笑）」
さんま「淀川吾郎さんですか（笑）」
タモリ「淀川吾郎さん（笑）」
さんま「首振りながらずーっとしゃべってはるんですよ。45分の芝居、全部。〝お前、首止めてしゃべれんか？〟いうツッコミ」
タモリ「だんだん、聞いてる相手に首振るのがうつるんだよね（笑）」

さんま「その人がねぇ、借金で首が回らんようになったんですよ（笑）」
タモリ「（笑）」

コントのコーナーでは、さんまのお気に入りの映画『悪名』と『クレイマー、クレイマー』のパロディコントを、歌のコーナーでは、シャンソン歌手・越路吹雪のメドレーを披露。さんまはタキシード姿で、「パリ野郎」を照れながら唄い、最後にタモリ、宮崎美子と共に、「ろくでなし」を熱唱した。

タモリ「いやぁ、後半良かったんじゃない？」
さんま「そうでしょ？〝♪古いこの酒場で〟」
タモリ「そうそうそう。それいい」
さんま「〝♪パリ～は〟って、これがアカンかったんですよね」
タモリ「それがいかんね」
さんま「最低ですなぁ、ほんまに」
タモリ「〝♪パリ～は〟って、こういう感じで」
さんま「〝♪パリ～は〟」
タモリ「それだと斉藤清六だよ」
宮崎「（笑）」
さんま「アカン。私に歌を唄わす企画、アカンのですよ。老人を池に放り込むようなもんですよ、それは」

宮崎「(笑)」
さんま「中畑にキャッチャーやらすようなもんですから」
タモリ「(笑)」
宮崎「でも、さんまさん、今のご気分は？」
さんま「最高です！」
タモリ「……無理して言っとるなぁ」
さんま「はい……」

エンディング。
タモリと宮崎がふたりで語り合う。

タモリ「いやぁ、今日はいろいろやっていただきまして、どうも」
宮崎「ほんとに楽しかったです」
タモリ「そうですか。あのぉ」
宮崎「いやいや、わかってるんですよ、タモリさん、ここで私を誘おうっていうんでしょ？　でもね、私、実は、さんまさんと約束があるんですよ」

さんまがふたりの間に登場。宮崎がさんまと腕を組み、その場を立ち去ろうとしたその時、『オレたちひょうきん族』のディレクター・三宅恵介が白のタキシード姿で現れる。

三宅「さんまちゃん、やっぱり『ひょうきん族』に帰ろう」
さんま「……」
三宅「（宮崎を見て）あっ、フジテレビの三宅でございます」
宮崎「あ、どうも」
三宅「『ひょうきん族』に来週……」
宮崎「あら……」

宮崎を連れ、立ち去る三宅。その場に取り残される、タモリとさんま。

さんま「……いや、あの、私は？」
タモリ「なんだ？　あの奇術師みたいな男は」
さんま「（タモリを見つめ）タモリさん……前から好きだった……抱いて」
タモリ「……」

ふたりは互いの腰に手を回し、画面の奥へと去って行く。

さんま「タモリさんは、俺と初めて出会ったときの印象が強いねんて。そのときと全然変わってへんねんて。〝最近の若手芸人は挨拶もちゃんと知りまへんな〜？　こんなに若い奴が失礼になったのは、いつぐらいからでっかね〜？〟って俺が言うたら、タモリさんが、〝お前からだよ！〟って（笑）。あれ、ものすごショックやってん」（『ＭＢＳヤングタウン』１９９４年11月5日）

さんま「そこで俺は言うたんですよ。〝言うとくぞタモリさん、俺はあんたの先輩やぞ〟って。芸能界では俺の方がタモリさんより先輩なんですよ。ほんだらタモリさんも興奮したのかやなぁ、〝俺は芸人じゃねーし〟ってわけのわからんことを。お笑いなら俺の方が先輩なんですよ。でも、タモリさんは芸人分野じゃないのは事実やな。たけしさんと俺は板の上に出てた芸人グループですよね。タモリさんはタレントやな」（『MBSヤングタウン』2012年11月10日）

タモリ「俺、自分のテレビは絶対見ない。自分大嫌いだもん。テレビ出てる自分が。（中略）全く反対なのがさんま。さんまは自分の大ファンなんです。だから自分の出てる番組見ながら、〝ヒャー！ ヒャー！ おもろいなぁ、こいつ！〟って言ってるんですよ。俺はアレは信じらんない。あの男のやっぱり精神的なタフさだろうね。（中略）〝これは才能だわ〟と思ったもん」（ニッポン放送『われらラジオ世代』2013年10月23日）

●1983年5月7日（土）『今夜は最高！』（日本テレビ23：00〜23：30）
司会：タモリ、パートナーゲスト：宮崎美子、ゲスト：明石家さんま

競馬に目覚める

1983年5月7日、さんまがメインパーソナリティを務めるラジオ番組『明石家さんまのラジオが来たゾ！東京めぐりブンブン大放送』（ニッポン放送）が始まった。

番組は、「さんまは夜ひらく」「笑いにチャレンジ・夜は竜宮城」「SUPER ME HERさ

んまのアイドル丸かじり」「ロッテヤンスタNo.1」と、大きく4つのブロックで構成されており、関西ローカルのレギュラー番組『MBSヤングタウン』とのちがいは、リスナーや、ゲストと交流する機会が多いこと。

オープニングトークのコーナーでは、好き放題にワンマントークを、「イカせてテレフォン」のコーナーでは、女性リスナーの性体験談を電話で聞きながら、刺激的なフレーズや、あえぎ声を、〝ナイス！〟という決まり文句でおだてながら引き出し、アイドルやミュージシャンがゲスト出演するコーナーでは、雑談トークで盛り上げるなど、さんまのアドリブ能力が最大限に発揮され、『ブンブン大放送』は人気番組へと成長していく。

さんま「おかげさまで東京やら大阪やらでヤングむけの番組いろいろやらせてもらっていますけど、しかし違いますねえ、東京と大阪の若い子たち。（中略）東京はインタビューの答えなんかで笑わすのがヘタな土地ですよね。（中略）大阪の学生は笑うツボ、笑わせるツボを知っとるんですよ。イヤミのない素人の笑いというのを自分らで肌で知っとるんですわ。

なんでそうなのかいうたら、やっぱり公開録音とか公開録画の数の違いやないかと思いますよ。いままで大阪の子は〝公録〟で育ってきたようなもんでしょ。大阪芸人の笑いをじかにうけとめてきたわけですから。『ヤング　OH！　OH！』とか『ヤンタン』なんか、その代表格の番組ですわ。

ぼくらもその番組で育ってきたいうのが誇りやしね。ファンの子たちとも、ものすご密接なコミュニケーションができとるんです。

その逆に〝匿名〟にしてキワドイことをバンバン言う段になると、ガゼン東京の方が強いですわ。匿名性のパワーやね。

セックスの実態いうのんを「ボウ女子高のY・N」いう形でしゃべらせたら、こらすごいです。まあ中には〝願望〟と〝体験〟をとりちがえたのもありますけどね。

ぼくがニッポン放送で毎週土曜日の晩にやっとる『明石家さんまの東京めぐり・ブンブン大放送』で、何十人いう女の子と電話で話すチャンスがあるんですけどね。

まあムチャした子ばっかり登場してもらって、その体験談をはなしてもらうんですが、直球やねー。こっちがこわくなるくらいにストレートの棒球が飛んできよる」（明石家さんま『こんな男でよかったら』ニッポン放送出版、1984年）

さんまはこの番組で、アシスタントとして番組にも出演していた構成作家の大倉利晴から、競馬の奥深さを教わり、のめり込んでいく。

さんま「大倉は昔、グリーンチャンネルいう競馬の専門チャンネルで解説やってたぐらいやから。俺は大倉と出会って、競馬を無理からやらされたんですよ。『ブンブン大放送』のコーナーで競馬の架空実況いうのをやってたなぁ。レースの前日に架空の実況して、予想してたの。それを岡部幸雄騎手がずっと聴いてはって。だから、初めてお会いしたとき、〝架空実況、聴かしていただいてます〟とか言われて。〝僕の馬がいつも負けるんですけど、どうなってるんでしょうか?〟とか言われてね。レース前、騎手は外部との連絡がとれないから、ラジオを聴いてはってんなぁと。土曜日の夜でしたから」（『MBSヤングタウン』2009年12月12日）

大倉利晴「僕は大将（萩本欽一）にずっとついてたけど、さんまさんも大将と同様、いい意味で神経質でね。人にホント気をつかうんですヨ。（中略）
　構成上気をつけているのは、まず段取りを追わないこと。遊びからネタを引っぱり出すこと。あと、雑談を大切にするってことですかね。やっぱり、さんまさんの雑談ってすごく面白いから、良き聞き相手になってあげることが大事ですよね」（「ラジオパラダイス」１９８６年5月号）

●１９８３年５月７日～１９８８年３月26日『明石家さんまのラジオが来たゾ！東京めぐりブンブン大放送』（ニッポン放送毎週土曜日23：00～25：00）
出演：明石家さんま、岡本かおり、大倉利晴ほか

チャゲ&飛鳥と『突然ガバチョ！』

１９８３年5月31日、音楽デュオ、チャゲ&飛鳥がパーソナリティを務めるラジオ番組『ＭＢＳヤングタウン』火曜日に、さんまは大津びわ子と共にゲスト出演する。
チャゲ「さんまちゃん、やっぱり来たわけ？」
さんま「はい。『ヤングタウン火曜日』のためにね」
チャゲ「今日は22時40分過ぎぐらいに、鶴瓶はんたちも来るんですわ」
飛鳥「新聞見たか？〝『突然ガバチョ！』ラジオに激襲！それをチャゲ&飛鳥が返り討ち〟ってい

うね」
チャゲ「18時ぐらいからスタッフとミーティングをやってまして、ものすごく盛り上がってるんです。盛り上がってたのに本番が始まってこの静けさはなんだ？」
さんま「いや、そんなもんですよ。始まる前に騒いだらアカン。俺、いっつもそれで失敗すんねん」
チャゲ「(笑)」
さんま「ほっといてくれそんなもん。俺、始まる前、むっちゃくちゃおもろいねん、自分で言うのもおかしいけど。始まったらその力が半分になってまうんや」
びわ子「(笑)」

この日は、同時間帯に笑福亭鶴瓶と長江健次が司会を務めるバラエティ番組『突然ガバチョ！』(毎日放送)の生放送があり、『ヤングタウン』の放送中に、鶴瓶と長江がテレビカメラを引き連れて登場。鶴瓶はいきなり炭酸ガスを大量に噴射しはじめ、スタジオ内に白煙が充満して大混乱となる。

さんま「シャレにならんで、突ガバ！」
鶴瓶「(笑)」
さんま「なにをすんねん、突ガバ！」
チャゲ「さんまちゃんの椅子が壊れたよ！」
さんま「あのなぁ、俺、さっきテレビ見とったけどなぁ、(白煙で)ちっともコレ映ってなかったわ！」

こうして、毎日放送が誇る人気テレビ番組と人気ラジオ番組のコラボ企画が実現し、さんまは鶴瓶との久々の再会を喜んだ。

チャゲ「というわけで、ヤン月とヤン火は、共に大きくなろうと」
さんま「そうそうそう。ほんとにね、来週の月曜日にね、チャゲ&飛鳥が」
びわ子「あ、いらしてくださるんですか？」
チャゲ「行きます行きます」
さんま「忙しくなかったら是非」
チャゲ「はい、是非」
さんま「仲のええもんが、ワーワーワーワーワー言いながら番組すんのも僕はいいんじゃないかと。世間話で終われば」
飛鳥「そうですね」
チャゲ「今日はテレビが入りましたし」
さんま「今日はいろんなことがあって大変やったやろチャゲアス」
飛鳥「長かった。ロングデイですよぉ」
さんま「俺がもし、今日の担当やったらできなかったよ」
チャゲ「いや、でも、僕たちもさんまちゃんとかびわりんが来たから助かりました。今日はどうもありがとうございました」

さんま「こちらこそ、ほんとにまた、よろしくお願いします」

渡邊一雄「角・鶴光組、鶴瓶組、さんま組、紳助組のお笑い系。谷村組、伸郎組、たかじん組、チャゲ&飛鳥組の音楽系…。八〇年代のヤンタンはラインナップもぐっと充実し、新たな黄金時代を迎えたと言える。斎藤努、桂三枝の六〇年代が第一次黄金時代だとしたら、谷村新司、角淳一笑福亭鶴光で聴取率一〇%超を記録した七〇年代後半は第二次黄金時代。そして八〇年代は七〇年代をよりにぎやかにした形になった。

鶴瓶ちゃんの日にさんまちゃんが、さんまちゃんの日に紳助くんが、紳助くんの日に鶴瓶ちゃんがリスナーとしてスタジオに電話をしてきたりして、曜日間に横のつながりが生まれて、曜日は関係なくみんなでヤンタンを共有するようになり、またイベント、コンサートもさらに活発になった」(『ヤンタンの時代。』)

●1983年5月31日(火)『MBSヤングタウン』(MBSラジオ22:00〜25:00)
「突然襲来!突然ガバチョ　チャゲ&飛鳥見事に返り討ち」

1983年7月31日、さんまは、京都花月で行われた舞台『明石家さんまのライトコメディCan't buy me love 愛はお金で買えないさ!』に主演。恋人との恋愛のもつれから大きなトラウマを抱えてしまった男、紅竜二を熱演する。

自らの魅力で女を巧みにだまし、富豪に斡旋する商売に手を染めた竜二。そんな竜二の前に、三国建設の社長から、ある女を斡旋してほしいとの依頼が舞い込む。報酬は2千万円。竜二はその女を見つけ出し、罠にはめようと近づくが、女は竜二の甘い言葉に決してなびくことはなかった。

すると、女たちをだますことで克服したはずのトラウマが突如として甦り、我を失った竜二は、その女をナイフで突き刺し、自らの腹も刺してしまう。病院に搬送され、一命をとりとめたふたりは、その後、急激に惹かれ合っていく……。

『Can't buy me love 愛はお金で買えないさ！』は、重苦しいストーリーの中に、コメディ要素をちりばめた作品で、さんまが上田正樹のバラード「悲しい色やね」を熱唱するシーンもあり、多くの観客を楽しませた。

ドラマ『天皇の料理番』、映画『次郎長青春篇 つっぱり清水港』などの作品、コメディ『花の駐在さん』『オレたちひょうきん族』でのパロディコントと、さんまは着実に演技経験を積み重ねていく。

□１９８３年７月31日（日）『明石家さんまのライトコメディ Can't buy me love 愛はお金で買えないさ！』（京都花月13：00開演）
出演：明石家さんま、池乃めだか、斉藤ゆう子、中川一美、Mr.オクレ、銀次・政二ほか

『徹子の部屋』出演

１９８３年８月22日、黒柳徹子が司会を務める人気トーク番組『徹子の部屋』（テレビ朝日）にゲスト出演する。

徹子「『オレたちひょうきん族』で、ブラックデビルっていうのをずっとやってらしたんだけど、

ここんところ、アミダばばあというのに代わって。大変お若い方から、お年を召した方まで大人気という、関西の方でいらっしゃいますけども。ああいうお仕事以外では、スタンディングジョッキーという、立ったまんまのお話という、落語の方はお座りになるんでございますけど、この方は立ったままお話しになると、そういう方、〝明石さんま〟さんです、どうもよくいらっしゃいました」

さんま「あっ、〝明石家〟でございます」

徹子「あっ、失礼いたしました（笑）」

徹子「ここんところ、アミダばばあを。タケちゃんマンとおやりになるっていうのは、どういうもんですか？」

さんま「どういうもんですかって聞かれてもね（笑）。まあ、あのぉ、今、『ひょうきん族』という番組が、ほんとに好きでね、やってるので。自分のギャグもね、自由に言わしてくれるし、〝好きなことやってくれ〟と任してくれるしね」

徹子「あなたのご両親はどういう？」

さんま「真面目なんです。もう、仕事一本やりでねぇ、朝から晩まで働き詰めに働いてきた親父ですけどね。おじいちゃんは、（自分を指差し）こんなんです（笑）。おじいちゃんが得体の知れない人間でね。子供なんて、親に似んとこうと思うでしょ。僕もそうでしたもん。こんな真面目な親にならんとこうと、仕事ばっかりする親父を見て、こんなん嫌やと思いましたからねぇ。尊敬しながらもやっぱり、親に反発してましたですねぇ。僕はおじいちゃんっ子やったんですよ。ずーっとおじいちゃんに育てられたのがいかんかったんですよ」
徹子「似ちゃったの？」
さんま「そっくりです！」
徹子「フフフフフ。お仕事は何をしてらっしゃった方なんですか？」
さんま「おじいちゃんは水産加工を、和歌山で一代で築いて、それで失敗して奈良へ」
徹子「(笑)じゃあ、お父様はそれを受け継いでちゃんとした？」
さんま「はい。でも、おじいは、〝ワシが築いた〟って言うてますけどね。親戚一同認めてないんです、はい」
徹子「(笑)」

徹子「今、健康？」
さんま「健康過ぎて困ってます。病気しないんですよ。8時間とか10時間寝るでしょ、あくる日、風邪ひくんですよ。4、5時間ぐらいの方が体調ええみたいですね」
徹子「ほんとにお元気そうですものねぇ」
さんま「はい。もう、ほんとにねぇ、悪い注射打ってるんちゃうか思われるぐらい。〝人間やめますか注射〟を打っとるんちゃうか思うぐらい、元気ですねぇ」
徹子「ほんとにお元気ねぇ。でも、肌なんかピカピカしてるから、健康そのものという感じで」
さんま「(笑)」
徹子「ちょっとコマーシャルを(笑)」

徹子「もっとたくさんお話をしていただきたかったんですけど、今日はほんとに楽しく。ただ、弟さんが亡くなったときは、お仕事は。笑わせるの辛かったですか？」
さんま「ちょっとねぇ、大変でした」
徹子「そうですよね。ご冥福をお祈りいたします」
さんま「はい」
徹子「今日はほんとにありがとう」
さんま「こちらこそ」
徹子「またいらしてください」

●1983年8月22日（月）『徹子の部屋』（テレビ朝日13：15〜13：55）
「アミダばばあ現る」
司会：黒柳徹子、ゲスト：明石家さんま

1983年9月25日、レギュラー番組である『紳竜・さんまのスクープ一直線』（関西テレビ）が終了。企画をリニューアルし、10月2日より『紳竜・さんまのスクープ一直線2』がスタートするが、同年12月25日、これも終了する。

さんま「（村上）ショージは、数々の人気番組を潰してるからね。ショージが入ったがために終わった番組がいっぱいあるんですから。なぜか、不思議なぐらい。『スクープ一直線』も、お前が出てからどんどん数字が……」
ショージ「ちゃいまんがな、アレは。アレはアナタの責任でしょうが」

さんま「なんで俺の責任やねん？」
ショージ「〝じゃんくさい！〟言うて、一言で」
さんま「そうやねん、じゃんくさかった……」
ショージ「(笑)」
さんま「アカンね、じゃまくさいと思った番組は。続かへんね」（『ＭＢＳヤングタウン』１９９９年9月18日）

●１９８３年10月2日〜12月25日『紳竜・さんまのスクープ一直線2』（関西テレビ毎週日曜13：00〜14：00）

１９８３年9月26日、研ナオコが主演するコメディ・ドラマ『どきどき婦警さん』（フジテレビ）に友情出演する。さんまは女装して、のぞきや痴漢行為をはたらく男の役を演じ、撮影中、「これは人間としてサイテーの役やで！」とぼやいた。

●１９８３年9月26日（月）『月曜ドラマランド秋の特別企画　どきどき婦警さん 花の女子寮に珍入者！　色気で勝負？　ニャンニャン（秘）いたずら作戦』（フジテレビ19：00〜20：54）
出演：研ナオコ、高見知佳、神山繁、志穂美悦子、谷隼人、小松政夫、コント・レオナルド、塩沢とき、奈美悦子、ストロング金剛、つちやかおり、岡本かおり、鳥越マリ、九十九一、所ジョージ、明石家さんまほか

１９８３年10月3日、さんまが準レギュラー出演しているクイズ番組『なるほど！ザ・ワールド』（フジテレビ）の特番『秋の祭典！なるほど！ザ・ワールド・スペシャル』に出演。

フジテレビが誇る12本の番組がクイズで優勝を争うこの特番に、さんまはビートたけしと共に「オレたちひょうきん族チーム」の一員として参加する。優勝したのは、タモリ率いる「笑って

いいとも！チーム」だった。

●1983年10月3日（月）『秋の祭典！なるほど！ザ・ワールド・スペシャル』（フジテレビ19：00〜20：54）
司会：愛川欽也、楠田枝里子、出演：大川橋蔵、多岐川裕美ほか

桑田佳祐と「アミダばばあの唄」

1983年10月3日、『MBSヤングタウン』のパーソナリティで構成された野球チーム、ヤンタンオールスターズの第2戦が、プロ野球チーム「南海ホークス」の本拠地である大阪球場にて行われた。対するは、桑田佳祐率いる「サザンオールスターズ」。
和気藹々とした雰囲気で試合は進み、サザンオールスターズの2点リードで迎えた最終回。ツーアウト、ランナー二塁三塁。一打同点のチャンスにさんまがバッターボックスに入る。中学時代、野球部でならした桑田の速球がうなりを上げ、あっという間にツーストライク。最後の一球。さんまは桑田の渾身のボールを見事右中間へ打ち返し、ランニングホームランでホームイン。9対8でヤンタンオールスターズがサヨナラ勝ちをおさめた。
桑田佳祐「ベースを回るさんまちゃんの足は凄く速い!! 最後は右手を自分でグルグルと回しながら、一気にホームへと駆け込んだ。試合に負けた事よりも、さんまちゃんにやられた事がショックだった。大袈裟ではなく、人生の奈落に突き落とされた感じだ（泣）。（中略）
今でもその時の事を振り返ると奥歯が軋《きし》む。だけど……、これが明石家さんまなのである。ナンにもしないフリをして、やる時はヤル男!! 呼び込むチカラが強いというか、アテ勘が凄いと

いうか……。昔も今も、変わらず毎日のようにテレビに出続けているのがカッコいいね!! 出っ歯、いや、『電波芸者』って言葉は、この人のための称号なんだろう（笑）。人を喜ばせることが好きでタマらないんでしょうな……」（「週刊文春」2021年1月28日号）

●1983年10月3日（月）『MBSナウ』（毎日放送18：00〜18：30）「サザンオールスターズ対ヤングタウン野球白熱戦！」

1983年10月10日、さんまと、フジテレビのアナウンサー・小出美奈が司会進行を務める番組『GOGOギネス世界一』（フジテレビ）が始まった。

この番組は、1955年から年一回イギリスで発行されている書籍『ギネスブック・オブ・レコーズ』に登録されているありとあらゆる世界一の記録に、番組で募った挑戦者がチャレンジし、そのひたむきな姿を追うドキュメンタリータッチのバラエティ番組。

挑戦者は、『ギネスブック〜』に登録されている記録へのチャレンジだけではなく、「50人51脚」「160人長縄跳び」「自転車多人数乗り」「5000人の人間ドミノ倒し」など、番組で考案したユニークな競技で世界記録認定をめざしていく。収録は競技場など、ロケで行われる場合が多く、さんまはスタジオを飛び出し、世界記録へ挑む挑戦者を笑わせ、励ましながら、番組を懸命に盛り立てた。

●1983年10月10日〜1984年1月23日『GOGOギネス世界一』（フジテレビ毎週月曜19：00〜19：30）
司会：明石家さんま、小出美奈、レポーター：荒勢、向井亜紀

1983年10月14日から19日までの6日間、近鉄百貨店・阿倍野店7階の催会場にて、『上方

落語らいぶ100選』と題した大規模な落語会が開催された。

期間中、「創作落語は花ざかり」「上方落語の真髄 音曲噺」「桂枝雀一門会」など、趣向を凝らした落語のイベントが毎日三部ずつ行われ、さんまは10月15日の第二部「笑福亭松之助親子会」(梅之助と亀之助は松之助の実子)に出演。松之助と過ごした弟子時代の日々を描いた創作落語「松之助グラフィティ」を披露した。

□1983年10月14日(金)~19日(水)『上方落語らいぶ100選』(近鉄百貨店・阿倍野店)「笑福亭松之助親子会」
出演:笑福亭松之助、明石家さんま、笑福亭梅之助、笑福亭亀之助、笑福亭鶴光、林家染二

1983年4月、『オレたちひょうきん族』の「タケちゃんマン」のコーナーに、さんま扮するアミダばばあが登場してから2か月が経ち、さんまが考案したフレーズ「♪アミダくじ~、アミダくじ~、引いて楽しいアミダくじ~、どれにしようかアミダくじ!」が学生たちの間に浸透し、流行の兆しが見え始めた頃、アミダばばあのキャラクターソングを作る計画が持ち上がった。レコード会社はフジテレビ系列のキャニオンレコードが早々に手を挙げ、歌うのはさんまとたけし。計画は順調に進むかに思われたが、そうはいかなかった。

さんまのレコードは、デビュー曲「Mr.アンダースロー」以来、すべてCBSソニーが制作しており、たけしはビクター音楽産業と専属契約を交わしていた。CBSソニーとの交渉は吉本興業の木村政雄が間に入り、話をまとめたが、ビクター音楽産業との交渉は難航する。

横澤彪「もちろん、キャニオンはわがフジサンケイグループの一翼を担う〝身内〟であり、でき

ることならキャニオンからレコードを出したいというのが人情なのだが、レコード会社の垣根というのもなかなか厳しいものがあって、おいそれとはまとまらない。

『いっそのこと、ビクター、CBSソニー、キャニオン三社が公開でアミダくじを引いて決めたらいいのに』

というデタガリ三宅（引用者註：『オレたちひょうきん族』ディレクター、三宅恵介）のアイデアも素直に笑えない状況になってきた。ビクターがなんとしても専属のビートたけしを他社のレコードには出せないとつっぱねてきたからだ」（横澤彪『テレビおじさん　オフレコ日記　バラしたな！ハイざんげ』発行：フジテレビ出版、発売：扶桑社、1984年）

そうした状況の中、さんまは「週刊明星」の密着取材を受け、記者、カメラマンと共に、紳助・竜助が司会を務める音楽バラエティ番組『ヤングプラザ』の収録に参加するため、ABCホールへと向かう。到着早々、この日のゲストミュージシャンである、サザンオールスターズの桑田佳祐、原由子とホールの廊下で遭遇。挨拶を交わし、さんまはこう切り出した。

「今度、アミダばばあの歌を作ることになってんけど、桑田君、曲作ってくれへんかなぁ？」

さんま「曲作りお願いしたのもね、最初は軽い気持ちでね。あんなもん絶対あかんやろう、事務所があかん言うだろうと思ったし、それで、ごく軽い気持ちで『作ってくれます？』『うん、いいよ』って。ほんなら今吹き込もう言うて、番組終わってから簡単に吹き込んでくれた」

（「MORE」1984年4月号）

さんま「〝どういう曲にする？〟って聞かれて、〝♪アミダくじ〜、アミダくじ〜、引いて楽しいアミダくじって、今、『ひょうきん族』でやってるから、それを曲に乗せて〟ってお願いしたの」

（『ＭＢＳヤングタウン』２００２年１月５日）

桑田「さんまちゃんが、〝♪アミダくじ〜、アミダくじ〜、どれにしようかアミダくじ〟って、教えてくれるんだけど、節がよくわからないんですよ」
さんま「（笑）」
桑田「〝ここだけは俺が作って持ってる〟って言うんですけど、わからないから、〝メジャー？マイナー？〟って聞いたら、〝どっちでもない〟とか言って」
さんま「（笑）」（日本テレビ『Music Lovers Special』２００８年８月10日）

番組の収録が終わってから、帰りの飛行機の便に間に合う時間ギリギリまで、桑田はホールの廊下のベンチに腰掛け、テープレコーダーを傍らに置き、さんまと言葉を交わしながら、愛用のギターで曲を作った。

さんま「廊下でギター弾いてましたから。〝おぉ〜！　カッコええ！　おぉ〜！〟とか言いながらね。それでもう、半分ぐらい仕上がってましたからね」（『ＭＢＳヤングタウン』２００５年１月８日）

後日、さんまを密着取材していた「週刊明星」の記者が、さんまと桑田が曲作りの約束を交わす様子を写真付きで掲載（「週刊明星」１９８３年7月28日号）すると、レコード制作は急速に進展していった。

難航していたビクターとの交渉は、『オレたちひょうきん族』のスタッフらが、たけしを担当する音楽プロデューサー、飯田久彦のもとへ何度も通い詰め、最後は、たけしが所属する芸能事務所、太田プロの副社長が加勢。「ビートたけし」名義ではなく、「タケちゃんマン」名義ならばという条件のもと、黙認されると、サザンオールスターズが所属する事務所、アミューズも容認。

さんまの依頼を受けてから約2か月後、桑田は曲を完成させ、タイトルは「アミダばばあの唄」に決まった。レコーディングには、さんま、たけし、桑田、原由子、レコード会社のスタッフ、『オレたちひょうきん族』のスタッフらが、原宿にあるビクタースタジオに集まり、全員のスケジュールが空く深夜から作業は行われた。

さんま「ものすごい練習した。気ィ遣《つこ》うたしね、まじで。悪いと思ったし。世間の桑田佳祐ファンにもたけしさんにも申しわけないと思うわけ。そやけどうれしい。ものすごいうれしいわけ。だから練習すべきや思うて、一生懸命練習したの。いままでのどんな曲よりも、俺、まじで。これはもうみんなをびっくりさせたろ思うて」
桑田「うまくなったものね、すごく」（「ＭＯＲＥ」１９８４年4月号）
桑田「当時サザンでもお世話になっていた、新田一郎さんに編曲をお願いし、オケもビシッと『ジャズ』風味に仕上がった!!
そして、いざ『歌入れ』の段となる。最初っから音程はハズレまくり……だが、ハズし方も実に味があると言うか、絶妙にツボを押さえていて、彼の歌（パフォーマンス）に、スタジオ中が笑いに包まれる。実はさんまちゃん、絶対に歌が上手いのだ!! あれは、『お笑いの自分が上手く歌ってもシャアないから』と、《ビジネス音痴》よろしく、敢えてハズしていたんだと思う（笑）」（「週刊文春」2021年1月28日号）

さんま「もう、ほんとうれしい。これはもう一生の思い出ですわ。（中略）レコーディングつき合ってくれたでしょ。つき合《お》うてくれない思ってて、忙しいし。ハラ坊のLPづくりのときで。ほんでまた逆に、これ以上にぎやかになるのイヤやから、俺もうこっそりやりたい、言うてたんです」
桑田「いや、でも本当楽しいというかね、そういうの全然気にならなくて」（中略）
さんま「いや、これはほんとにすごいレコードですよ。普通のアイドル歌手とか、やれ事務所がいうても実現しないね」
桑田「楽しかったですよね」（「MORE」1984年4月号）

さんま「これは今だから言えるんですけど、桑田君はレコード会社がちがったんですよ。だから、桑田君は声を入れちゃダメだったんですよ。ほんだら、吹き込んであったコーラスを無視して、自分のペースで唄ってたら、桑田君が頭抱えはるんですよ。ほんだら、そのコーラスを省いて、このふたり（桑田佳祐&原由子）が『アミダくじ』のコーラスを入れてくれてん」
桑田「そうなの？」
原「……そうだったっけ？（笑）」

赤坂泰彦「原さん忘れてますよ」
さんま「（笑）桑田佳佑と原坊がコーラスやってるって、テレビ、ラジオで言わないでくれって当時は言われてたんですよ」（『Music Lovers Special』２００８年8月10日）

１９８３年9月17日に放送された『オレたちひょうきん族』にて、さんまとたけしが出演する「アミダばばあの唄」のプロモーションビデオが放映された。そして、この日の放送からアミダばばあの、質素で地味だった衣装は、ファッションデザイナー、コシノジュンコの手によって、頭には可愛らしい紫色のヘアバンドが巻かれ、胴体部分に自慢のアミダくじを収納できる金庫が装着された豪華な衣装に一新された。

さんま「初めは汚い衣装だったんですけども、それをフジテレビがコシノジュンコさんにデザインをお願いしてみようと、冗談半分というか、ダメもとでお願いしたら」
コシノジュンコ「そうなんですよ。ジョークがわかるのはあなたしかいないみたいな」
さんま「すいませんでした、ほんとに（笑）。でも、ヘアバンドを結んだり、可愛かったですよね」
コシノ「そうそうそう。飛んでましたよね。なんか、衣装っていうんじゃなくて、装置をつけてるような感じで」
さんま「ものすご動きやすい素材にしてくれてはって。金庫を開けたら、アミダくじが出てくるような仕掛けもコシノさんが考えてくれはったんですよ」（日本テレビ『明石家出版』１９９７年6月23日）

さんま「プロモーションビデオは、アミダばばあと、たけしさんの〝おじい〟のデートで」
たけし「あれはカッコ悪かったなぁ（笑）」（フジテレビ『さんまのテレビの裏側全部見せます!!』1991年10月18日）

さんま「『アミダばばあの唄』のプロモーションビデオは恥ずかしかったですねぇ。たけしさんと六本木の『アマンド』で待ち合わせして、デートするんですよ。それを引きで撮るんですよ。たけしさんとふたりで、おじいちゃんとおばあちゃんのメイクして腕組んで、六本木を歩くんですよ。

当時、人気絶頂のふたりやったんですよ。普通に歩いてたら、〝ギャー！〟言われてたんですけど、さすがにあの撮影の日は誰も近づいてこなかったからね。六本木で初めて人に囲まれなかったの。あまりにもビックリしたんでしょうね。カメラがないところでアミダばばあと、じじいがデートしてるわけですから。近くにスタッフもいないわけですから。

『サーティワン』のアイスクリーム屋まで行くことになってて。アイスクリームを買うシーンまで、恥ずかしいて恥ずかしいて。そのアイスクリーム屋の前が、僕がその前日に泊まってた彼女のマンションだったんですよ。これは忘れもしない。

〝仕事行ってくる〟言うて、行って、1時間後には彼女のマンションの前で、アミダばばあの格好して、じじいとデートしてたんですよ。彼女に見られるのは別に恥ずかしくないんですけども、その1時間前まで一緒にいたわけですから。あのときは、さすがに恥ずかしかった」（『MBSヤングタウン』2000年5月20日）

1983年10月21日、さんまとたけしのデュエットソング「アミダばばあの唄」は発売された。

さんま「サビの部分は俺が『ひょうきん族』で作ったんですよ。発売まで時間かかったのは、俺が鼻唄で作ったアミダくじのフレーズが、どっかに原曲があるんじゃないかって、それを調べるのに時間がかかったの。

昔、俺がちっちゃい頃に誰かの曲を唄ってた曲じゃないかとか。結局なかったんですけどね。俺は現場で即興で作って、それが流行ってしもただけのことやから」（『MBSヤングタウン』2012年11月17日）

さんま「『アミダばばあの唄』は、テレビ、ラジオの歌番組に出ずに、一切、プロモーション活動をしませんでしたからね」（『MBSヤングタウン』2002年1月5日）

さんま「キャニオンでヒット賞をいただいて。俺の曲の中ではランク的には一番低かったんですけど、枚数は一番売れてるんですよ。だから、長く売れてたんですよ」（『MBSヤングタウン』2001年2月17日）

——「ひょうきん族」ウケてるね。

さんま「ええ、おかげさんで全国区ですわ。今レギュラー8本持ってますけど、気合い入れてやってるんは、「ひょうきん族」が一番ですねん。まあ、神経の6割はそっち向いてます」（中略）

——ブラック・デビルとあみだババアを比べてどっちが好き?

さんま「ブラック・デビルはどことなくアイドルってところがあるんで、それなりに満足してますし、甲乙つけがたいですわ。まあ、あみだババアは、キャラクター考えたんは僕自身なんで、愛着は強いですね。しかし、お客さんの方はすぐ新しいもんを求めますから、12月ぐらいまでで、来年からはまた新しいキャラクター考えなアカンでしょうね。僕自身もあきっぽい性格やし……」

(原文のまま引用。「バラエティ」1983年12月号)

▼1983年10月21日(金)「アミダばばあの唄/アミアミダダバ アミダばば」(キャニオンレコード)
「アミダばばあの唄」作詞・作曲:桑田佳祐　編曲:新田一郎
「アミアミダダバ アミダばば」作詞:関口和之　作曲・編曲:新田一郎

ドラマ初主演

1983年12月12日、フジテレビの月曜ドラマランド枠で放送される、植田まさしの人気4コマ漫画を原作としたコメディドラマ『のんき君』に出演することになった。

ドラマ初主演となるこの作品でさんまが演じるのは、「のどか産業」の独身サラリーマン・のんき三郎。さんまとは対照的な、呑気で飄々としたキャラクターであるのんきを演じるにあたり、見た目だけでも似せようと、撮影初日の朝、伸びていた髪をバッサリと切り、スタジオに向かった。

さんま「主役言うから喜んでたらこのあり様。アミダばばあにしろ、これにしろ、なんでワイん

ところには二枚目役が来《き》いへんのやろ?」(「週刊TVガイド」1983年12月9日号)

さんま「初めてドラマの主役をやったときは、それなりに気ぃ遣って。お笑いは役者の世界とちゃうからね。気ぃ遣いながらやってましたよ」(『MBSヤングタウン』2009年1月24日)

●1983年12月12日(月)『月曜ドラマランド のんき君』(フジテレビ19:30〜20:54)
「いたずらの天才初登場!ナイス!ドアを開けたらレオタードキック!!」
出演:明石家さんま、斉藤慶子、東八郎、荒井注、小松政夫、せんだみつお、竹中直人、林家こぶ平、松金よね子、木ノ葉のこ、鳥越マリ、可愛かずみ、ミミ萩原、ジャンボ堀、大森ゆかり、今陽子、春川ますみ、清水章吾、萩原流行、財津一郎ほか

1983年12月17日、横山やすし主演映画『唐獅子株式会社』に、ポルノビデオの男優役で友情出演する。

さんま「やすし師匠に、〝さんま君、出てくれ〟言われたから、〝あ〜、いきまっせ〜!〟言うて。その頃、俺は飛ぶ鳥落とす勢いやったわけですよ。すごいメインで出してくれんのかなぁ思たら、ポルノ男優……。

やすし師匠がポルノビデオの照明技師の役で。俺が女を口説いて、女はそれを嫌がって。〝いや! やめて!〟って言うてるのに、〝ええやないか! ええやないか!〟って俺が襲うシーンで、〝なにをしとんねん! 女が嫌がってるやないかい!〟言うて、照明技師のやすし師匠が出てきて、俺を殴るという設定で。

〝なんで今さらこんなデビュー当時にやるような仕事せなアカンねやろう〟と思いつつ。やすし

師匠は、〝さんま君、嬉しいやろ？〟と、俺が喜ぶと思ってキャスティングしてくれたんですよ」
（『明石家さんまのG1グループパー』1997年5月12日）

さんま「やすし師匠の推薦……。〝さんまを入れろ！〟言うて。楽屋が寂しかったんでしょうね、役者さんばっかりやったから。ほんで、5時間遅刻。〝ちょっと寄るところがあってな、さんま君。スマンスマン！〟言うて」（『MBSヤングタウン』1998年8月1日）

▽1983年12月17日（土）『唐獅子株式会社』（東映）
監督：曽根中生、出演：横山やすし、伊東四朗、丹波哲郎、桑名正博、安岡力也、阿藤海、荒勢、甲斐智枝美、遠藤太津朗、杉浦直樹、深水三章、小野ヤスシ、なぎら健壱、夏木ゆたか、山田スミ子、佳那晃子、風祭ゆき、斉藤ゆう子、木村一八、明石家さんま、島田紳助ほか

【コラム2】悲しみを乗り越えて

『オレたちひょうきん族』で〝ブラックデビルジュニア〟を演じ切り、番組開始当初から司会を務めていた「ひょうきんニュース」のコーナーを卒業して、自ら考案した新キャラクター〝アミダばばあ〟を誕生させせようとしていた、まさにそのとき、弟・正登さんの訃報が届きます。

3年後にメキシコで開催されるサッカー・ワールドカップを一緒に観に行こうと約束した日のことを思い出しながら、焼失した実家を茫然と眺めるさんまさんに無遠慮に話しかける記者たち。通夜、葬儀が執り行われる中、容赦なくカメラとマイクが向けられ、葬儀の翌日には仕事復帰。その週の土曜日に、アミダばばあが誕生……悲しみに暮れる暇などなかったのではないでしょうか。

この出来事が、さんまさんに大きなショックを与え、大きな変化をもたらしたことは、さんまさんの発言から見てとれます。

「俺は、自分を好きになったのが27、8やからね」

「もっともっと、自分を愛することが大事やね。みんなねぇ、他人ばっかり愛してねぇ、自分を愛さない人が多い。ほんとはねぇ、一番好きにならなきゃいけないのは、自分なのよ」

「俺、28であきらめたで。だから自分のテレビ見れんねん。これがベストやから、見て笑ろてんねん。しゃあないもん。俺しかいないもん、俺を可愛がってくれる人」

「芸名があったら楽ですからね。ふたつの人格を作れますから。割り切れるんですよ」

「俺はなぁ、悲しいことも辛いことも、あるとき、〝全部笑いに変えたんねん〟って決めたんや」

さんまさんはこのとき、自分という存在を深く見つめ直したのだと思います。そして、自分のことを誰よりも認め、徹底的に好きになろうと思い立ち、自分をよく見せようという考えを捨て、〝軽い笑い〟を追求し、これからも、ただただおもしろい芸人・明石家さんまとして陽気に生きていこうと心に誓ったのではないかと僕は思います。

そうした考えにたどり着いたのは、松之助師匠が生涯大切にされていた言葉「人は生かされて生きている」「急かず慌てず、あるがままに生きていく」この二つの言葉を胸に刻んでいたこと、また、数年後に自ら指名してレギュラー番組を一緒に始めることになる、美輪明宏さんとの共演（テレビ朝日『鉄矢のとんからりん』1983年9月11日）も、一つのきっかけとなったのかもしれません。

さんまさんの1983年の活動を見ていくと、この時期、後に「さんまファミリー」と呼ばれる仲間たちとの時間を大事にされていたことを窺い知ることができます。

4月からは、『MBSヤングタウン』月曜日が新体制となり、長江健次、大津びわ子、伊東正治という、相性の良い仲間と出会い、毎週、3時間の生放送の後に、メンバー全員と朝まで会食されていたそうです。

5月には『明石家さんまのラジオが来たゾ！東京めぐりブンブン大放送』という新しいラジオ番組が始まり、『ヤン月』同様、息の合った共演者との雑談でリスナーを楽しませていました。

10月に開催された『上方落語らいぶ１００選』では、「笑福亭松之助親子会」において、師匠との思い出を語る、「松之助グラフィティ」と題した創作落語を披露。きっと心温まる素晴らしい会になったのではないかと想像します。

同じく10月には、さんまさんが友人である桑田佳祐さんにお願いして、「アミダばばあの唄」という曲を作ってもらい、レコード化されることになりました。「週刊明星」（１９８3年7月28日号）の誌面には、確かにさんまさんが桑田さんに曲作りをお願いする決定的瞬間を捉えた写真が掲載されています。この曲が世に出るタイミングで、アミダばばあの衣装は世界的デザイナー、コシノジュンコさんの手によって一新され、ビートたけしさんとプロモーションビデオを制作するなど、アミダばばあの人気はさらに上昇。さんまさんにとって思い出深いキャラクターとなりました。

そして12月には、全国高等学校サッカー選手権大会のプロモーション特番に出演。多忙なさんまさんがこの仕事を引き受けたのは、サッカー経験者として、もっと多くの人々に高校サッカーの魅力を伝えたいという思いを持っていたことが主な理由であると思います。そして何より、奈良育英高校サッカー部のキャプテンとして活躍し、奈良県の代表選手として国体に出場した経験をもつ正登さんの供養にもなると思い、出演を決めたのではないでしょうか。

この特番の出演は、後に、日本のサッカー界を盛り上げるために誕生するサッカーチーム「ザ・ミイラ」の活動に賛同し、Jリーグ発足前の日本サッカーリーグを盛り立て、ワールドカップやクラブワールドカップなど、現在も続く、さんまさんのサッカーの宣伝活動の原点となりました。

悲しみを乗り越え、精神的に大きな成長を遂げたさんまさんは、雑談芸を磨き、大きな勝負に挑むことにより、またさらに躍進を遂げることになるのですが、それは次の章でのお話になります。

【1983年の明石家さんま活動記録】

――1983年（27〜28歳）の花月の出演記録

■なんば花月1月上席（1982年12月31日〜1983年1月10日）
出演：桃山こうた、宮川大助・花子、一陽斎蝶一、東洋朝日丸・日出丸、天津竜子舞踊劇団（ポケット・ミュージカルス）、太平サブロー・シロー（1日〜5日出演）、西川のりお・上方よしお、明石家さんま、今いくよ・くるよ、桂三枝、横山やすし・西川きよし、吉本新喜劇

■うめだ花月1月下席（21日〜30日、31日は特別興行）
出演：マジカルたけし、ザ・ローラーズ、平川幸雄とポテトチップス、笑福亭松之助、今日規汰代・阿吾寿朗、木村進（ポケット・ミュージカルス）、東洋朝日丸・日出丸、明石家さんま、月亭八方、ザ・ぼんち、吉本新喜劇

■なんば花月2月上席（1日〜10日）
出演：やすえ・やすよ、ひっとえんどらん、ザ・ローラーズ、翠みち代、三人奴、平川幸雄とポテトチップス（ポケット・ミュージカルス）、東洋朝日丸・日出丸、明石家さんま、桂文珍、オール阪神・巨人、吉本新喜劇

■うめだ花月2月下席（21日〜28日）
出演：横山アラン・ドロン、桂文福、桂小枝、翠みち代、マジック中島・ひろみ、平川幸雄とポテトチップス、中川一美&前田国男&佐藤武司&浅香秋恵&高橋和子（ポケット・ミュージカルス）、太平サブロー・シロー、明石家さんま、笑福亭松之助、今いくよ・くるよ、吉本新喜劇

■なんば花月3月上席（1日〜10日）
出演：桃山こうた、やすえ・やすよ、ジョージ多田・リンダ藤本、京山福太郎、今日規汰代・阿吾寿朗、若井小づえ・みどり&楠本見江子（ポケット・ミュージカルス）、太平サブロー・シロー、明石家さんま、月亭八方、オール阪神・巨人、吉本新喜劇

■うめだ花月3月中席（11日〜20日）
出演：ひっとえんどらん、横山アラン・ドロン、木川かえる、翠みち代、今日規汰代・阿吾寿朗、一陽斎蝶一（マジックショー）、島田紳助・松本竜助、明石家さんま、桂小文枝、今いくよ・くるよ、吉本新喜劇

■うめだ花月4月上席（1日〜10日）
出演：桃山こうた、マジカルたけし、ザ・ローラーズ、ザ・パンチャーズ、笑福亭松之助、三人奴、間寛平&木川かえる（ポケット・ミュージカルス）、島田紳助・松本竜助、明石家さんま、チャンバラトリオ、今いくよ・くるよ、吉本新喜劇

■なんば花月4月下席（21日〜30日）
出演：歌メリ・マリ、ポップコーン、東洋朝日丸・日出丸、笑福亭仁智&隼ジュン&ダン&西川美里&堀ジョージ・たま美&ザ・パンチャーズ（ポケット・ミュージカルス）、島田紳助・松本竜助、明石家さんま、ザ・ぼんち、笑福亭仁鶴、吉本新喜劇

■うめだ花月5月上席（1日〜10日）
出演：滝あきら、マジック中島・ひろみ、翠みち代、若井小づえ・みどり（6日〜10日）、間寛平&西川美里&ザ・パンチャーズ&隼ジュン&ダン（ポケット・ミュージカルス）、島田紳助・松本竜助（1日〜5日）、明石家さんま、ザ・ぼんち、桂文珍、桂三枝（1日〜5日）、吉本新喜劇

■なんば花月5月下席（21日〜30日、31日は特別興行）
出演：ザ・パンチャーズ、京山福太郎、若井小づえ・みどり、三人奴、桂文福&西川美里&マジック中島・ひろみ&隼ジュン&ダン（ワイドショー）、明石家さんま、ザ・ぼんち、桂小文枝、コメディNo.1、吉本新喜劇

■うめだ花月6月中席（11日〜20日）
出演：トミーズ、やすえ・やすよ、ザ・ダッシュ、滝あきら、ザ・ローラーズ、二葉由紀子・羽田たか志、木川かえる&マジカルたけし&桂文太（ポケット・ミュージカルス）、島田紳助・松本竜助、明石家さんま、チャンバラトリオ、今いくよ・くるよ、吉本新喜劇

■なんば花月6月下席（21日〜30日）
出演：ハイヒール、中田新作・優作、恵・晃、ザ・パンチャーズ、東洋朝日丸・日出丸、木川かえる&笑福亭仁幹&ザ・ローラーズ（飛入りカラオケコンテスト）、平川幸雄、西川のりお・上方よしお、明石家さんま、桂小文枝、今いくよ・くるよ、吉本新喜劇

■うめだ花月7月上席（1日〜10日）
出演：トミーズ、伊豆あすか・奄美きょうか、松旭斎天正・小天正、平川幸雄、木川かえる、二葉由紀子・羽田たか志、太平サブロー・シロー、島田紳助・松本竜助、明石家さんま、林家小染、今いくよ・くるよ、吉本新喜劇

■なんば花月7月下席（21日〜30日、31日は特別興行）
出演：ウーマンガトリオ、松みのる・杉ゆたか、河内家菊水丸、カレッジー、ザ・ローラーズ、平川幸雄、笑福亭仁幹&マジック中島・ひろみ（ポケット・ミュージカルス）、若井小づえ・みどり、島田紳助・松本竜助、明石家さんま、チャンバラトリオ、笑福亭仁鶴、吉本新喜劇

■うめだ花月8月中席（11日〜20日）
出演：中田新作・優作、歌メリ・マリ、ザ・パンチャーズ（16日〜20日）、隼ジュン&ダン&西川美里、東洋朝日丸・日出丸、コント・レオナルド（11日〜15日）、チャンバラトリオ、明石家さんま、ザ・ぼんち、今いくよ・くるよ、桂三枝（13日〜16日）、吉本新喜劇

■なんば花月8月下席（21日〜30日、31日は特別興行）
出演：銀次・政二、トミーズ、京山福太郎&河内家菊水丸、木川かえる、隼ジュン&ダン&西川美里、笑福亭松之助、西川のりお・上方よしお、明石家さんま、今いくよ・くるよ、ザ・ぼんち（21日、22日）、チャンバラトリオ（23日〜25日）、横山やすし・西川きよし（26日〜30日）、吉本新喜劇

■なんば花月9月中席（11日〜20日）
出演：ハイヒール、ダウンタウン、ザ・パンチャーズ、隼ジュン&ダン&西川美里、マブ（ポケット・ミュージカルス）、太平サ

ブロー・シロー、宮川大助・花子、明石家さんま、今いくよ・くるよ、オール阪神・巨人、吉本新喜劇

■うめだ花月9月下席（21日〜30日）
出演：やすえ・やすよ、横山アラン・ドロン、ザ・ダッシュ、隼ジュン&ダン&西川美里、東洋朝日丸・日出丸、木川かえる&木村進（ポケット・ミュージカルス）、中田カウス・ボタン、明石家さんま、月亭八方、オール阪神・巨人、吉本新喜劇

■なんば花月10月上席（1日〜10日）
出演：ダウンタウン、ザ・ダッシュ、やすえ・やすよ、前田一球・写楽、堀ジョージ・珠美、宮川大助・花子、間寛平（ポケット・ミュージカルス）、チャンバラトリオ、明石家さんま、オール阪神・巨人、笑福亭仁鶴、吉本新喜劇

■うめだ花月11月下席（21日〜30日）
出演：ザ・ダッシュ、やすえ・やすよ、中山恵津子、マジック中島・ひろみ、今日規汰代・阿吾寿朗、池乃めだか&末成由美（ポケット・ミュージカルス）、太平サブロー・シロー、チャンバラトリオ、明石家さんま、オール阪神・巨人、吉本新喜劇

■なんば花月12月中席（11日〜20日）
出演：ハイヒール、桃山こうた、大木こだま・ひびき、笑福亭松之助、東洋朝日丸・日出丸、木川かえる&隼ジュン&ダン（ポケット・ミュージカルス）、明石家さんま、島田紳助・松本竜助、チャンバラトリオ、今いくよ・くるよ、吉本新喜劇

――1983年（27〜28歳）の主な舞台・イベント出演

□1月15日（土）『ザ・マンザイ』（神戸国際会館15：00開演）
司会：桂文珍ほか、出演：太平サブロー・シロー、島田紳助・松本竜助、ザ・ぼんち、今いくよ・くるよ、オール阪神・巨人、明石家さんま

□2月26日（土）『菊水丸ファーストコンサート 河内音頭に何かが起こる！2・26』（なんば花月）
出演：河内家菊水丸、桂文福、大空テント、河内家春菊、明石家さんまほか
※伝統河内音頭継承者・河内家菊水丸と以前から親交のあったさんまは、ロック河内音頭、河内音頭教養講座、ゲストとの即席漫才、学園ドラマ、大河内音頭大会などで構成されたこのステージに飛び入り出演し、サードシングル「いくつもの夜を越えて」を菊水丸とデュエットした。

河内家菊水丸「なんば花月での『菊水丸ファーストコンサート 河内音頭に何かが起こる！2・26』に明石家さんま兄さんのシングル曲『いくつもの夜を越えて』を歌うと予告していますと、さんま兄さんがお祝いに駆けつけて下さったのです。二人でデュエットしました。そして『将来、もう一度、この曲を歌う時に来てくれますか？』に『ええよ』とのやり取りがあったので、実は昨年の『河内家菊水丸 河内音頭生活45周年・プロ活動40周年記念盆踊りツアー出陣式パーティー』で歌おうと数年前から計画していて、笑福亭松之助師匠のお別れ会の時に『お願いしたい事があるんで東京へ行きます』と、オフィス事務所のトッさんには言うてたんです。しかし、コロナウイルス感染拡大により、何も出来

ませんでした」（「河内家菊水丸オフィシャルブログ」２０２１年2月3日）

□3月26日（土）「第2回ヤンタンテニス大会」（守口テニスクラブ）
参加者：明石家さんま、谷村新司、ばんばひろふみ、原田伸郎、岩崎宏美、岩崎良美、嘉門達夫、渡邊一雄、増谷勝己ほか
※『MBSヤングタウン』のパーソナリティ、スタッフが集い開催されたテニス大会。

さんま「昔、谷村新司さんとテニスしたときに、〝谷村は〜ん！　なんで髪ないのにバンダナしてまんの？〟言うたら、〝ファッションなんだよ！　これは！〟って言われて（笑）。そうなんですね。あれ、汗止めっていう効果もあるんですよね（笑）。品川プリンスで、忘れもせえへん。ボレー打つために前に来るじゃないですか。〝なんか、土星が近づいてきたみたいや〟言うて。谷村さんも笑ろてはったけど、あれ、どうも笑ろてなかったみたいやね、ほんまは。俺は、〝ウケたウケた〟思ててんけどね。

　谷村さんにもいろいろ世話になってるんですよ、ほんとに。夜中、一緒によくテニスやりましたねぇ、あの時代はね」（『MBSヤングタウン』１９９６年3月9日）

□5月31日（火）『MANZAIスペシャル』（うめだ花月14：00〜、18：00〜2回公演）
出演：島田紳助・松本竜助、明石家さんま、ザ・ぼんち、西川のりお・上方よしお、太平サブロー・シロー、中田カウス・ボタン、桂文珍、月亭八方ほか

□8月14日（日）『吉本ニューパラダイス 大阪夏の陣』（大阪城野外音楽堂15：00開演）
出演：オール阪神・巨人、島田紳助・松本竜助、西川のりお・上方よしお、ザ・ぼんち、太平サブロー・シロー、明石家さんま、斉藤ゆう子、やすえ・やすよ、宮川大助・花子、片山理子、マブ、ダウンタウン、トミーズ、銀次・政二、ウーマンガトリオ、ハイヒール、河内家菊水丸、吉本ロケットガールズ、コント・レオナルド、コント赤信号

□10月31日（月）『お笑い秋まつり・頑張れ！阪神タイガース』（うめだ花月13：00〜、16：00〜2回公演）
出演：月亭八方、明石家さんま、浅香秋恵、高石太、前田国男、中川一美、大橋一博、佐藤武司、高橋和子、南喜代子、中山美保、原哲男ほか
※月亭八方とさんまダブル主演の、草野球チーム「新町タイガース」のメンバーが織り成すドタバタ喜劇。物語はさんまと浅香秋恵のラブロマンスを軸に展開され、最後は阪神タイガースの球団歌「六甲おろし」をメンバー全員で合唱し、来季のタイガースの優勝を祈願して幕を閉じた。この模様は12月24日（土）、『花月爆笑劇場』（毎日放送16：00〜17：00）にて放送された。

□12月19日（月）「'83大阪パソコンFM祭り」（心斎橋プラザビル15：00開演）
※富士通のパソコン「FMシリーズ」の対応ソフトと周辺機器の販売促進イベント。さんまは「FMまつり寄席」（15：00〜15：20）と題されたコーナーに出演。

——1983年（27〜28歳）の主な出演番組

●1月1日（土）『初詣！爆笑ヒットパレード』（フジテレビ8：30〜13：00）
「吉例東西花形芸人総出演4元生中継」
出演：横山やすし・西川きよし、三遊亭円楽、笑福亭仁鶴、明石家さんま、島田紳助・松本竜助、オール阪神・巨人、桂文珍、春風亭小朝、西川のりお・上方よしお、片岡鶴太郎、山田邦子、劇団東京乾電池

●1月1日（土）『やすし・きよしの弥次喜多珍道中』（関西テレビ13：00〜14：30）
出演：横山やすし・西川きよし、オール阪神・巨人、今いくよ・くるよ、鮎川いずみ、カルーセル麻紀、明石家さんまほか

●1月1日（土）『初笑いひょうきんスペシャル ワイド生放送タケちゃんマンのお正月』（フジテレビ19：00〜20：54）
「ひょうきんプロレス10人バトルロイヤル」「YMOの痛快時代劇三匹の用心棒」「ひょうきんベストテンワイド3元生中継」「たけし夫妻・紳助夫妻・のりお夫妻の強妻宣言」「絵かき歌新春版」
出演：ツービート、明石家さんま、島田紳助・松本竜助、山田邦子、片岡鶴太郎、西川のりお、太平サブロー・シロー、ヒップアップ、コント赤信号ほか

●1月2日（日）『爆笑スペシャル 東西対抗お笑い初春の陣』（テレビ朝日12：00〜13：45）
「ビートたけしのトークショー」「おぼん・こぼんのショータイム」
司会：ビートたけし、美保純、出演：横山やすし・西川きよし、オール阪神・巨人、今いくよ・くるよ、明石家さんま、レツゴー三匹、おぼん・こぼん、三遊亭円丈、桂米助、コント赤信号、ヒップアップ、東京バッテリー工場、山田邦子ほか
※四元生中継（テレビ朝日・渋谷109野外ステージ・道頓堀角座・なんば花月）

●1月3日（月）『第11回日本放送演芸大賞』（フジテレビ8：30〜11：30）
大賞：ビートたけし
奨励賞：オール阪神・巨人、春風亭小朝、明石家さんま
功労賞：笑福亭松鶴、橘右近
最優秀ホープ賞：太平サブロー・シロー
ホープ賞：片岡鶴太郎、アゴ&キンゾー、桂文福、ヒップアップ、三遊亭小遊三、山田邦子、笑福亭鶴志、コント赤信号

●1月3日（月）『今年はこうなる！'83爆笑大予言』（読売テレビ15：45〜17：15）
出演：桂三枝、三遊亭円丈、明石家さんまほか
※さんまはグレーのスーツに赤い蝶ネクタイを締めて登場。「プロ野球大予言」と題した漫談を披露する。

●1月9日（日）『三角ゲームピタゴラス』（朝日放送19：00〜19：30）
「新春はなし家特集」
出演：明石家さんま、笑福亭鶴光、桂春蝶ほか

●1月15日（土）『クイズ！知ッテレQ』（フジテレビ19：00〜19：30）

「動物特集！豚の珍治療　さんま迷解答に大爆笑」
※レギュラー番組
●1月16日（日）『なんでもライブ'83』（ラジオ大阪12：00〜13：00）
出演：麻上洋子、明石家さんま、三田佳子
●1月16日（日）『クイズ面白ゼミナール』（NHK19：20〜19：59）
クイズ「化学繊維」
司会：鈴木健二、出演：三橋達也、三原順子、明石家さんま、赤塚不二夫、左幸子、岡雅子、清水章吾、白都真理、水森亜土、赤座美代子、浜田光夫、岡田奈々、花井幸子
●1月20日（木）『歌謡曲ぶっつけ本番』（ABCラジオ14：00〜16：30）
「お笑い劇場」
ゲスト：明石家さんま
●1月23日（日）『ザ・テレビ演芸』（テレビ朝日15：00〜16：00）
「さんまvs.玉川カルテット」
司会：横山やすし、ゲスト：明石家さんま、玉川カルテット、東京バッテリー工場ほか
●1月30日（日）『ライブ』（ラジオ大阪17：00〜18：00）
出演：杏里、明石家さんま

●2月9日〜3月2日『男はたいへん』（毎日放送毎週水曜22：00〜22：54、全4回）
出演：芦田伸介、片平なぎさ、久我美子、中井貴恵、あおい輝彦、明石家さんまほか
※さんまは銀行員役を演じる。
●2月27日（日）『クイズ面白ゼミナール』（NHK19：20〜19：59）
クイズ「鉛筆」
司会：鈴木健二、出演：荻島真一、三崎千恵子、浅野ゆう子、久保菜穂子、小森和子、中島はるみ、明石家さんま、大場久美子、加納竜、うつみ宮土理、花沢徳衛、沢田雅美、堀源一郎（東京大学教授）
※東京大学教授が「鉛筆の芯」に関する話を延々と語っている間、それを退屈そうに聞いていたさんまの姿がアップで映し出され、視聴者から苦情が殺到する。
●3月1日（火）『お笑いオールスター名人劇場』（テレビ東京21：00〜22：24）
司会：三遊亭円歌、明石家さんまほか、出演：横山やすし・西川きよし、オール阪神・巨人、桂三枝、桂文珍、春風亭柳昇、江戸家猫八、コント赤信号、B&B
●3月5日（土）『ヤングプラザ』（朝日放送17：00〜18：00）
出演：島田紳助・松本竜助、明石家さんま、新田純一、岩井小百合
●3月21日（月）『春一番！オール上方芸能人まつり』（毎日放送

14：00〜17：54）
出演：月亭八方、桂きん枝、明石家さんま、桂べかこ、オール阪神・巨人、レツゴー三匹、海原さおり・しおり、西川のりお・上方よしお、チャンバラトリオ、室谷信雄、木村進、間寛平、藤里美、斉藤ゆう子ほか

●3月27日（日）『クイズ面白ゼミナール』（NHK19：20〜19：59）
春休み特集「クイズ・こどもと健康〜運動しよう」
司会：鈴木健二、出演：船村徹、浅野ゆう子、江藤俊哉、花沢徳衛、うつみ宮土理、鰐淵晴子、明石家さんま、中村紘子、辻静雄、岡雅子、市村俊幸、湯原昌幸

●3月27日（日）『花王名人劇場 第三回あなたが選ぶ花王名人大賞 決定！最優秀新人賞』（関西テレビ21：00〜21：54）
司会：桂三枝、出演：山田邦子、桂文珍、ヒップアップ、今いくよ・くるよ、明石家さんま、コント赤信号ほか、プレゼンター：夏目雅子、桂小文枝、ハナ肇、ゲスト：コント・レオナルド
※さんまは、花王名人賞落語部門（大阪）にノミネートされる。最優秀新人賞は桂文珍、花王名人大賞は桂枝雀が受賞した。

●4月2日（土）『ロックは無用！』（関西テレビ12：00〜13：00）
司会：上岡龍太郎、カルーセル麻紀、ゲスト：明石家さんま、宮尾すすむほか
※通常タイトルは『ノックは無用！』。司会者の横山ノックの選挙運動期間中、公職選挙法対策として『ロックは無用！』と一時的に改題していた。さんまはこの日の出演は急遽キャンセルに。4月23日に改めて出演する。

●4月3日〜10月16日『花の駐在さん』（朝日放送毎週日曜13：45〜14：30）
出演：明石家さんま、林家小染、月亭八方、井上望ほか
※1982年10月〜1983年3月まで休止していた『花の駐在さん』が再開する。

●4月13日（水）『こちらベスト歌謡曲』（MBSラジオ12：15〜14：00）
ゲスト：明石家さんまほか

●4月22日（金）『三枝のドバーッとファイト！』（毎日放送19：00〜19：30）
司会：桂三枝、出演：和田アキ子、汀夏子、明石家さんま、アグネス・チャン、秋野暢子、長江健次、江木俊夫、阿藤海、今いくよ・くるよ

●4月23日（土）『ロックは無用！』（関西テレビ12：00〜13：00）
「さんまの爆笑初体験告白」
司会：上岡龍太郎、出演：明石家さんま、鮎川いずみ、渡部絵美ほか

●4月24日（日）『ナイター寄席』（MBSラジオ19：00〜20：00）
出演：桂文珍、西川のりお・上方よしお、オール阪神・巨人、明石家さんまほか

●4月24日（日）『象印クイズヒントでピント』（テレビ朝日19：

30〜20：00）
司会：土居まさる、出演：小林亜星、楠田枝里子、宮尾すすむ、小林千登勢、マッハ文朱、おりも政夫、明石家さんま、セーラほか
●4月27日（水）『霊感ヤマカン第六感』（朝日放送19：00〜19：30）
司会：フランキー堺、出演：明石家さんま、中条きよし、梅宮辰夫、大場久美子
●4月30日（土）『ヤングプラザ』（朝日放送17：00〜18：00）
出演：島田紳助・松本竜助、明石家さんま、ゴダイゴ、三原順子、浜田朱里
●4月30日（土）『クイズ！知ッテレQ』（フジテレビ19：00〜19：30）
司会：高島忠夫、出演：明石家さんま、荒井注ほか
※レギュラー番組
●5月3日（火）『マンザイ番外編 紳助・竜助、ザ・ぼんちの激突ライブ』（テレビ大阪14：00〜15：25）
レポーター：明石家さんま
●5月8日（日）『ザ・テレビ演芸』（テレビ朝日15：00〜16：00）
「爆笑 明石家さんま対バラクーダ」「新登場！形態模写漫談」
司会：横山やすし、ゲスト：あたりとしお、コントD51ほか
●5月15日（日）『鉄矢のとんからりん』（テレビ朝日18：30〜19：00）
「鶴女房 佐渡島の旅」
出演：武田鉄矢、明石家さんま
●5月21日（土）『ヤングプラザ』（朝日放送17：00〜18：00）
出演：島田紳助・松本竜助、明石家さんま、和田アキ子、ラウドネス、安岡力也
●6月1日（水）『こちらベスト歌謡曲』（MBSラジオ12：15〜14：00）
ゲスト：明石家さんま、平川幸雄
●6月4日（土）『ヤングプラザ』（朝日放送17：00〜18：00）
出演：島田紳助・松本竜助、明石家さんま、沢田研二、大沢逸美
●6月10日（金）『おもしろ演芸決定版』（テレビ東京20：00〜20：54）
「ものまねヒットパレード オールスター登場」
司会：春風亭小朝、出演：若人あきら、明石家さんま、ザ・ぼんち
●6月15日（水）『霊感ヤマカン第六感』（朝日放送19：00〜19：30）
出演：フランキー堺、明石家さんま、藤本義一、土田早苗、川田あつ子
●6月18日（土）『ヤングプラザ』（朝日放送17：00〜18：00）
出演：島田紳助・松本竜助、明石家さんま、倉田まり子、徳永純

子

●6月26日（日）『クイズ面白ゼミナール』（NHK19：20〜19：59）
クイズ「めがね」
司会：鈴木健二、出演：柳生博、明石家さんま、花沢徳衛、うつみ宮土理、浅野ゆう子、真木洋子、ちあきなおみ、新藤恵美、中島ゆたか、玉置宏、森下愛子、なべおさみ

●7月6日（水）『こちらベスト歌謡曲』（MBSラジオ12：15〜14：00）
ゲスト：明石家さんま、石川ひとみ

●7月9日（土）『第14回YTVビッグ・ステージ』（読売テレビ14：55〜16：25）
「松田聖子と武田鉄矢のビックリサタデー」
出演：早見優、沖田浩之、岩井小百合、武田久美子、桑田靖子、明石家さんま、長江健次ほか

●7月9日（土）『ヤングプラザ』（朝日放送17：00〜18：00）
出演：島田紳助・松本竜助、明石家さんま、大江千里、サザンオールスターズ

●7月10日（日）『世界一周双六ゲーム』（朝日放送19：00〜19：30）
「人気漫才大会」
司会：乾浩明、出演：オール阪神・巨人、島田紳助、明石家さんま

●7月13日（水）『宝もの』（TBS19：54〜20：00）
出演：明石家さんま

●7月16日（土）『ビッグサタデー 話題作がいっぱい！第4回映画クイズ』（日本テレビ13：00〜14：30）
「舌戦さんまと細川隆一郎」

●7月20日（水）『霊感ヤマカン第六感』（朝日放送19：00〜19：30）
司会：フランキー堺、出演：明石家さんま、笑福亭鶴瓶、桂文珍

●7月30日（土）『エモやんのああ言えば交遊録』（TBS23：40〜24：10）
司会：江本孟紀、ゲスト：明石家さんま

●7月31日（日）『夏休みひょうきん傑作集』（フジテレビ13：00〜14：55）

●8月6日（土）『ヤングプラザ』（朝日放送17：00〜18：00）
出演：島田紳助・松本竜助、明石家さんま、上田正樹、狩人、嘉門達夫

●8月11日（木）『独占スタージャック！アッコと文珍の生放送』（テレビ東京20：00〜20：54）
「さんま爆笑　村田英雄若者論？」
司会：和田アキ子、桂文珍、ゲスト：明石家さんま

●8月20日（土）～21日（日）『24時間テレビ 愛は地球を救う』（日本テレビ20日19：00～21日19：30）
総合司会：徳光和夫（東京）、沢田亜矢子（東京）、大村崑（大阪）、出演：中村雅俊、明石家さんま、島田紳助・松本竜助、萩本欽一ほか
※日本テレビ系列、31の放送局が結集して制作するチャリティー特番。さんまは大阪城野外音楽堂にて開催された「中村雅俊熱唱コンサート」（21日15：30～16：50）に友情出演。

●8月23日（火）『ごちそうさま』（日本テレビ13：00～13：15）
「明石家さんま、味のバラエティ」
司会：高島忠夫、寿美花代

●9月11日（日）『チビッコ紅白民謡大会』（読売テレビ14：00～15：00）
司会：オール阪神・巨人、審査員：金沢明子、原田直之、明石家さんま

●9月11日（日）『鉄矢のとんからりん』（テレビ朝日18：30～19：00）
「気になる運命と宿命」
出演：武田鉄矢、明石家さんま、美輪明宏

●9月12日（月）『らくごーN六本木』（フジテレビ24：10～24：40）
出演：高田文夫、三遊亭小遊三、明石家さんまほか

●9月17日（土）『ヤングプラザ』（朝日放送17：00～18：00）
出演：島田紳助・松本竜助、明石家さんま、石川優子、岩井小百合

●9月18日（日）『サンデープレゼント 大旋風！さんま・美希子の頑張れスーパーマン！』（テレビ朝日16：00～17：25）
司会：明石家さんま、南美希子
出演：小林亜星、山本コウタロー、手塚治虫、風見慎吾ほか

●9月25日（日）『象印クイズヒントでピント』（テレビ朝日19：30～20：00）
「明石家さんまヤマ勘正解」
司会：土居まさる、出演：小林亜星、楠田枝里子、宮尾すすむ、小林千登勢、山口果林、マッハ文朱、おりも政夫、明石家さんま、あべ静江ほか

●10月1日（土）『秋のひょうきんスペシャル』（フジテレビ19：30～20：54）
※『オレたちひょうきん族』のスペシャル版。「タケちゃんマン」のコーナーは、映画『フラッシュダンス』のパロディで「フレッシュダンス」。ダンスシーンの振付は、ピンク・レディーの楽曲の振付を担当していた土居甫。ビートたけしは得意のタップダンスを披露。たけしとさんまは連日深夜までリハーサルを重ね、収録に臨んだ。

●10月11日（火）『火曜ワイドスペシャル 第21回オールスター紅白大運動会』（フジテレビ19：00～20：54）
「総勢150名豪華出演」
出演：田原俊彦、松田聖子、シブがき隊、浜田朱里、石川秀美、

柏原芳恵、松居直美、岩崎良美、松本伊代、三原順子、沖田浩之、伊藤麻衣子、ヒップアップ、片岡鶴太郎、明石家さんまほか

●10月22日（土）『ヤングプラザ』（朝日放送17：00〜18：00）
出演：島田紳助・松本竜助、明石家さんま、伊藤麻衣子、浜田朱里

●10月24日（月）〜28日（金）『もてもてスクランブル ビギン・ザ・オジン』（ニッポン放送20：30〜22：00）
出演：明石家さんまほか

●11月1日（火）『オールスター夢の球宴』（フジテレビ19：30〜20：54）
出演：ハナ肇、ザ・ドリフターズ、堺正章、井上順、松崎しげる、山本譲二、沢田研二、狩人、郷ひろみ、沖田浩之、ビートたけし、明石家さんま、ザ・ぼんちほか
※歌手、アイドル、お笑いで活躍するスターたちが集う恒例の野球特番。さんまは、ハナ肇が監督を務めるチーム「スタッカート」の一員として、ビートたけし、郷ひろみらと共に、ザ・ドリフターズのいかりや長介が率いる「フォルテシモ」と対戦した。

●11月20日（日）『関西テレビ開局25周年記念 生放送おもしろ5時間』（関西テレビ10：00〜15：00）
総合司会：桂三枝、西川きよし
第一部「こどもランド・ザ・関西」
第二部「スーパークイズ なるほど・ザ・関西」
出演：藤本義一、藤本統紀子、ミヤコ蝶々、池上季実子、大村崑、高森和子、三ツ矢歌子、和田アキ子、原田伸郎、ロミ・山田、堀内孝雄、渡辺二郎、赤井英和、オール阪神・巨人、松本竜助、今いくよ・くるよ、桂小文枝、林家小染、桂春蝶、笑福亭鶴光、月亭可朝ほか
レポーター：横山ノック、横山やすし、西川のりお・上方よしお、太平サブロー・シロー、大屋政子、由美かおる、板東英二、明石家さんま、清水国明、長江健次、島田紳助、笑福亭鶴瓶、桂朝丸、桂文珍、桂小枝
※番組は一部と二部に分けて放送。さんまは第二部の「スーパークイズ なるほど・ザ・関西」に出演。関西出身・在住の、俳優、歌手、スポーツ選手、漫才師、落語家、宝塚歌劇の団員らがチームを組み、世界一周旅行獲得をめざし、〝関西〟にちなんだクイズに次々と答えていくこのコーナーで、クイズを出題するレポーター役として番組を盛り上げた。

●11月20日（日）『ようこそ汀夏子です』（ABCラジオ14：00〜15：00）
ゲスト：明石家さんま

●12月3日（土）『ヤングプラザ』（朝日放送17：00〜18：00）
出演：島田紳助・松本竜助、明石家さんま、高見知佳、嶋大輔

●12月10日（土）『サタデーナイトショー』（テレビ東京24：00〜24：54）
「ポルノ遊戯」
※レギュラー番組

●12月25日（日）『紳竜・さんまのスクープ一直線2』（関西テレビ13：00〜14：00）

「サンタが恋した女」
出演：島田紳助・松本竜助、明石家さんま、田中美佐子ほか
※レギュラー番組の最終回

●12月30日（金）『決戦せまる！第62回全国高校サッカー』（日本テレビ16：30〜17：00）

糸井重里「おととしの暮れに高校サッカーの特別番組やってて、さんまさんがゲストでサッカーの話をしてたんですね。その番組がキッカケになってサッカーがものすごく好きになって」
さんま「これはもう、ありがとうございます」
糸井「番組中、さんまさんが、ものすごく一所懸命しゃべってるわけ。で、あのさんまさんが、こんなに一所懸命言うならって（笑）」
さんま「それは、ほんとにありがとうございます。サッカーになると話がマジになるんですよ。絶対にサッカーの話だけは、冗談言わないですよ。あと、アメリカン・フットボールとか、好きなスポーツの話になると」（「ＪＪ」１９８５年４月号）

●12月31日（土）『さよなら'83笑って笑って大晦日』（フジテレビ12：00〜14：00）
出演：桂三枝、明石家さんま、コント・レオナルド、柏原芳恵、月亭八方、今いくよ・くるよ、西川のりお・上方よしお、山本譲二、オール阪神・巨人、斉藤ゆう子

●12月31日（土）『年忘れひょうきんスペシャル』（フジテレビ19：00〜21：00）
「未公開ＶＴＲ一挙大放出」

――１９８３年（27〜28歳）の主なＣＭ出演

○住居用洗剤「ルック」（ライオン）

○カップ焼きそば「焼そばＢＡＧＯＯＯＯＮ（バゴォーン）」（東洋水産）
※スープが付いてくるという特長をもつカップ焼きそば「焼そばＢＡＧＯＯＯＯＮ」のＣＭに出演。

天の声「バゴォーンゼミはなんと鳴く？」
ツクツクボウシの着ぐるみを着用したさんまは、ロープに吊るされながらセットの木に摑まり、「つくつくスープ！　つくつくスープ！　つくつくスープ！」と鳴く。
ナレーション「付く付く付く！　わかめスープが付いてます！」
天からスープカップが降ってきて、さんまの頭に「ＢＡＧＯＯＯＯＮ」と直撃。
ナレーション「マルちゃん、焼そばＢＡＧＯＯＯＯＮ！」

さんま「俺がセミになってね、８時間宙吊りで。昼の休憩のときに、降りるのに手間がかかるから、〝ココでごはん食べますわ〟言うて。宙吊りのまま食べて。撮影に十数時間かかったんですよ」（『ＭＢＳヤングタウン』２００９年９月26日）

○インスタント麺「ワンタン麺」（東洋水産）
※ＣＭコピーは「フツーのワンタン麺が食べた〜い」。「エントツ編」の撮影は午後６時から翌朝まで行われた。１９８３年秋から放送されたこのＣＭは好評を博し、シリーズ化されていく。

Ⅲ. 雑談——1984年の明石家さんま

林家小染の死

1984年1月28日の夜、林家小染は、枚方市立楠葉公民館で開かれた落語会「くずは寄席」に出演後、樟葉駅前にある小料理屋「二代目春団治」で共演者と酒を飲み、箕面《みのお》市の国道沿いにあるお好み焼き屋、うどん屋とハシゴして、泥酔状態に。1月29日未明、国道に飛び出し、トラックにはねられ、意識不明の重体となった。

小染が搬送された友紘会《ゆうこうかい》総合病院には、桂小文枝（後の五代目桂文枝）、桂枝雀、月亭可朝、坂田利夫、笑福亭仁鶴、桂春蝶、桂朝丸（現・二代目桂ざこば）、笑福亭鶴光、月亭八方、桂文珍、今いくよ・くるよ、島田紳助、松本竜助ら、芸人仲間が続々と集まり、さんまもスケジュールの合間を縫って駆けつけた。

集中治療室で生死の境をさまよう小染。容態は悪化の一途をたどり、家族や芸人仲間たちの祈りは届かず、1月31日午後9時27分、36歳の若さでこの世を去った。

葬儀は2月7日、凍えるような寒さの中、大阪市天王寺区にある一心寺で営まれた。

さんまは遺影に向かい、小染とのたくさんの思い出を回想しながら、早すぎる別れを惜しんだ。

さんまと小染は、『ヤングおー！おー！』にさんまがレギュラー出演する1977年から、1983「SOS」のメンバーとして共演。さんまが主演するコメディ『花の駐在さん』では、年10月まで同僚役で共演していた。アドリブを多用するさんまと、勘が良く、ツッコミのセンスに優れた小染のコンビネーションは抜群だった。１９８４年4月に予定されていた『花の駐在さん』の再開を前に、さんまは大切なパートナーを失ってしまった。

さんま「小染さんが酒飲んでベロンベロンになって。舞台でチンチン見せてしまって。客が支配人のところに文句言いに行ってね、〝小染がチンチン見せとったぞ〜！　見えてへんかったけど〟ってわけのわからん苦情。ちっちゃくて毛の中に埋もれてたらしいねん。〝ジャングルの中に元日本兵がいる〟とか言うてね（笑）」（『ＭＢＳヤングタウン』２００４年3月27日）

村上ショージ「小染さんは、昔、口の中に小銭をいっぱい入れてはって。ほいで、それを口から出してタクシーの運転手さんに渡すんですよ。ほんだら運転手さんが、〝きたな〜い！〟言うて。それ見て笑ろてはんねん（笑）」
さんま「失礼な運転手さんがいた場合ですよ。小染兄さんのフォローするようですけど、ベロベロに酔うてるときに、愛想の悪い運転手さんがいると、お金払うときに口の中にジャリ銭を入れて、運転手さんに、〝ナンボ？〟言うて。〝７８０円です〟言うたら、口から出しはんねん（笑）」
（『ＭＢＳヤングタウン』２００８年1月26日）

さんま「落語の小噺であるように、〝酔うてますよ！〟って言うのは酔うてないという。〝酔ってない！〟って言うときはベロベロ。小染はんもうちの師匠も、〝酔うてるかぁアホ〜！〟言うてるときは楽屋で立てない状態やったからね（笑）。〝小染、酔うてまへ〜ん〟とか言うて。ほんだら、なんば花月のお茶子が事務所に電話かけて、〝支配人！　また小染が飲んどるぞ〜！〟言うて（笑）。
〝さんま、ちょっと来い〟言うて、トイレからトイレットペーパーを持ってきてな、ゴルフのアイアンを俺に持たして、酔うた小染はんがトイレットペーパー丸めてボールを作んねん。それを俺がアイアンで打たなアカンねん。〝ナイスショット！〟言うて。それを2時間ぐらい打たされんねん。部屋中、トイレットペーパーだらけ。
酔うてるときに捕まったらアカンねん。相撲させられるか、ゴルフさせられるから。酔いを覚ますために相撲取るねん。舞台に出なアカンからな。ぶつかり稽古が始まんねん」
ショージ「飲めないようにビール隠すやん？　ほんだら小染師匠はビール飲みたいから怒るやん。〝うわっ、小染のビールあれへん、誰や？〟言うて。〝いや、支配人が持っていきました〟って言うたら、〝支配人のとこ行く〟言うて。ほんだら、裏のポンプ室で、バチーン！　バチーン！　音がして、喧嘩してんのかな思たら、小染師匠と支配人が上半身裸で、張り手の応酬」
さんま「もう、サイコーやったよな、あれ（笑）」
ショージ「サイコー。そこで前田犬千代・竹千代が捕まって、ずーっと行司やらされとったわ」
さんま「そうそう（笑）」
ショージ「〝ハッケヨーイ！　ノコッタです！〟（笑）」
さんま「あれなぁ、〝ハッケヨイノコッタ〟が敬語なのが笑うの。〝ハッケヨーイ！　ノコッタです！〟勝負終われへんねん、酔うてるから」
ショージ「吉本の支配人と小染師匠。あれは笑ろたわ」
さんま「気の弱い人やのにな、吉本の支配人は。大鵬みたいな顔して。小染はんと吉本の支配人、ええ戦いやねん」
ショージ「体型が似てはるからね」（『MBSヤングタウン』1997年8月2日）
さんま「小染兄やんのお葬式でやで、（引用者註：中田）ボタン兄やんが俺のケツに指入れるからやな。お焼香する時に『はぁぁっ！』とか言うてしもたんやから。（中略）もう小染兄やんに申っし訳のうて、申し訳のうて。（中略）ずーっと泣いてる芝居したもん」（「MBSドクホン」2005年7月）

1984年1月23日、さんまが司会を務めるフジテレビのバラエティ番組『GOGOギネス世界一』が終了し、翌週から同じ枠で『クイズ！お金が大好き』が始まった。この番組は、お金にまつわる質問に解答者が答えていくクイズ番組で、さんまは斉藤ゆう子と共に司会進行を務めた。

さんま「この番組のプロデューサーは、〝『お金が大好き』というタイトルで行こう〟って言うて、最終的にお金が大好きよりも視聴率が大好きなプロデューサーだったんですよ。たった2か月で打ち切りになって、3回目でもう結論は出てたんですよ」（フジテレビ『FNS888（トリプル8）スペシャル 夏休み！祭りだ！ワッショイ！』1996年8月8日）

●1984年1月30日〜3月26日『クイズ！お金が大好き』（フジテレビ毎週月曜19：00〜19：30）
司会：明石家さんま、斉藤ゆう子

「明石家さんま」で「テレフォンショッキング」初出演

１９８４年2月13日、さんまは昼の帯バラエティ番組『笑っていいとも!』（フジテレビ）の人気トークコーナー「テレフォンショッキング」に出演する。

司会を務めるのはタモリ。番組開始当初（１９８２年10月〜）、５パーセント前後だった視聴率は、「テレフォンショッキング」の人気に伴い徐々に上昇し、１９８３年の夏休みには平均視聴率18パーセントを記録するなど、人気番組に成長。〝密室芸人〟と呼ばれ、夜のイメージが強かったタモリは〝お昼の顔〟として人気司会者の座についた。

「テレフォンショッキング」は、終了間際にゲストが友人に直接電話をかけ、次回の出演交渉を行う。そうして毎回、次々と友達の輪を広げていこうというリレー形式のトークコーナー。さんまを紹介したのは、ドラマ『のんき君』で共演した斉藤慶子だった。さんまは自宅の電話を留守番電話設定にして、斉藤からの電話を待った。

斉藤「もしもし」
さんま「（留守番電話のさんまの音声）〝せっかくですが、さんまは今、庭に咲いてるリンドウの花を眺めながら、昔、スペインにいた頃のことを思い出しています……ピー！〟」
斉藤「？」
さんま「もしもし？」
斉藤「はい、はい」

さんま「（アミダばばあの声色で）へへへへへへ〜」
斉藤「（笑）なにやってんですか？」
さんま「さっきのは留守番電話やったんです」
タモリ「あ、留守番電話。もしもし？」
さんま「はいはい、どうも」
タモリ「タモリでございます」
さんま「ええ、テレビ見てました」
タモリ「じゃあ、早く取りゃいいのに」
さんま「一応、コレ、聞かしとこう思て」
斉藤「みんなウケてましたよ、よかったですね」
さんま「いや、もひとつやったね。もうちょっとねぇ、ツカミを練っとけばよかった」
タモリ「もしもし、それじゃあ来週の月曜日、来てくれるかな？」
さんま「いいとも！」
タモリ「斉藤慶子さんからのご紹介。今日は、この方、明石家さんまさんです！」

観客に盛大な拍手で迎えられる。

タモリ「いやいやいやいや、結構なもんですね、若い子から」

さんま「いやぁ〜、あがるもんですねぇ。僕、どんな番組出てもねぇ、たいがいあがらないんですよ。今日はダメですねぇ、久々に緊張してますよ」

さんま「僕、このテレフォンショッキングは2回目なんですよ。1回目は『ひょうきん族』の番組の最中に、ブラックデビルで」

タモリ「そうそうそう。本番終わった後、やったんだよね。あのときは別にあがらなかっただろ？」

さんま「あのねぇ、メイクとかしてるとあがらないんですよ」

タモリ「すっぴんで出てくるとダメなの？」

さんま「照れますねぇ。アミダばばあで六本木を歩いたときは……あのときはあがるいうより、カッコ悪かったですね。僕がアミダばばあで、たけしさんがおじいちゃんの役で。ふたりがデートしてるシーンをビルの上から撮るんですよ。あれは恥ずかしかった。カメラが近くにないからねぇ、こいつら普段からこんなことしてるんだと」

タモリ「番組でやってると思わないんだ（笑）」

さんま「そうなんです。誰も寄ってこなかった」

タモリ「いろいろ、地方なんか行くわけでしょ？　営業と称する催しものに。ブラックデビルやってると大変でしょう？」

さんま「今は、アミダばばあで」

タモリ「アミダばばあで行くわけ？」

さんま「アミダばばあで来てくれって言うんですよ、向こうが」
タモリ「アミダばばあショーっていうのがあるの？」
さんま「ええ、そうなんですよ。『歌と笑いのアミダばばあショー』いうタイトルで。〞続きましては、アミダばばあの登場です。みなさん、質問しましょう！〟とか言うて。僕がアミダばばあの格好して、アミダばばあの〞見たなぁ〜！〟とか言うて。ほんだら子供が手ぇ挙げて、〞アミダばばあさんは、ホントはいくつなんですか？〟とか言うてね（笑）」
タモリ「（笑）」

さんまは怒濤の如くしゃべり続け、あっという間に12分が経過。タモリから、次へバトンタッチする友達を紹介するよう促される。

さんま「これ、もしね、ここへ出てきた人が友達いてなかったらどないするんですか？　それで最終回を迎えるんですか？」
タモリ「いないっちゅうことはないでしょう」
さんま「いや、わからないですよ、そんなの。普通の友達でもいいんですか？」
タモリ「ダメだよ、芸能人に戻ってこなくなるもん」
さんま「〞果物屋のとっさんです〟とか言いながら。一般に広げたらどうですか、これから」
タモリ「いいから！　時間がないんだから！」
さんま「田中裕子ちゃん」
タモリ「おっ、いいじゃない、田中裕子」

さんま「いや、電話番号知らないんですよ」
タモリ「なんだよ！……」
さんま「……そしたら、オフコース」
タモリ「……」

タモリvs.小田和正

さんまが紹介した友人は、以前、雑誌で対談したことのある人気音楽グループ「オフコース」のボーカリスト、小田和正だった。その瞬間、タモリの顔色が変わる。以前からタモリは、〝小田和正が嫌い〟であることを公言していたのだ。

さんま「もしもし、おはようございます」
小田和正「はい」
さんま「さんまです」
小田「はい」
さんま「……タモリさんと代わります」

会場が笑いに包まれる。

さんま「……もし、明日」

小田「いいですよ」
さんま「えー⁉」
タモリ「……」

　騒然となるスタジオアルタ。

タモリ「……明日、来てくれるかな？」
小田「いいとも」

　大きな拍手が鳴り響く中、笑いと驚きに満ちた「テレフォンショッキング」が終了。予定時間を大幅にオーバーする23分間の出演だった。
　続いてさんまは、タモリの提案により、この日の最後のコーナー「タモリの世界の料理」にも出演し、レギュラー出演する斉藤ゆう子と共に、料理人、イワン・タモリデルセンに扮するタモリのアシスタントを務めた。「タモリの世界の料理」は、さんまが「テレフォンショッキング」でしゃべり過ぎたことにより、短縮して行われ、結局タモリの料理は完成しないまま番組終了時刻に。

タモリ「明日も見てくれるかな！」
観客「いいとも〜！」

その瞬間、さんまは目の前にあるシチューの入った鍋を誤って床に落としてしまい、スタジオは騒然となる。すると、どこからともなく、〝懺悔のコール〟が沸き起こり、スタジオアルタに鳴り響いた。さんまは笑顔を浮かべながらひざまずき、舞台上で懺悔する。

こうして、さんまが初出演した『笑っていいとも！』は、大盛況のうちに終了した。

その翌日、タモリにとって試練となる「テレフォンショッキング」は始まった。

タモリ「どうも……」

小田和正「……」

タモリ「……」

小田「（さんまから紹介され）嫌われてんのにね、どうしようかなと思ったですよ、あの後、考えてね……」

タモリ「あぁ、そりゃ……わたくしも、どうやって、何を話していいものか……まあ、あの、以前から色々なことを申し上げまして、どうも、本当に失礼とは思っておりませんでしたけども……」

小田「……」

タモリ「……困っちゃいますね、こういうときはねぇ」

小田「……」

タモリ「う〜ん、まあねぇ、あのぉ、レコードを今、お作りになってる？」

小田「ええ、レコードを……」

タモリ「どんな風な歌になりましょうか？」
小田「きっと気に入らないと思いますけど（笑）」
タモリ「（うなずく）……まあ、今日は休戦っちゅうことで」
タモリ「小田さんは印象深いねぇ。困ったよ、ほんとに。テレビで嫌いってハッキリ言ってたの」
太田光（爆笑問題）「あれ以来、会ってないんですか？」
タモリ「あれ以来、会ってないねぇ」
太田「今でも嫌いなんですか？」
タモリ「いや、今は、あのぉ……」（フジテレビ『FNS27時間テレビ 笑っていいとも！真夏の超団結特大号!!徹夜でがんばっちゃってもいいかな？』２０１２年７月21日～22日）

さんま「オフコースの小田さんも、昔、〝曲作ったる〟って言わはったんですよ。唄わなかったらっていう条件で（笑）。語るならいいよって（笑）」（『ＭＢＳヤングタウン』２００８年3月8日）

さんま「あそこで、〝それでも作ってほしい〟って言うたらよかったんですよ。ほんだら、オフコースのメロの中で俺が詩を朗読してたわけですから。それがひょっとしたら、すごい話題になってたかも」（『ＭＢＳヤングタウン』２０１４年5月24日）

「ひょうきん懺悔室」

『オレたちひょうきん族』の企画「ひょうきん懺悔室」は、１９８３年10月１日の放送から始まった。

「ひょうきん懺悔室」は、出演者、スタッフ問わず、収録の妨げとなるミスを犯した者が懺悔の部屋へと招かれ、神様（ブッチー武者）と神父（横澤彪）の前でひざまずき、許しを請うコーナー。

神様の許しがあれば天から紙吹雪が、許されなければ罰として天から水が落ちてくる。

さんまは１９８４年２月18日の放送で懺悔室に招かれた。

横澤彪「罪深き迷える子羊よ、お入りなさい。そして、心ゆくまで懺悔をなさい」

さんま「わたくし、吉本興業専属の明石家さんまは、『笑っていいとも！』の世界の料理というコーナーで、シチューをひっくり返してしまいまして……でもそれで懺悔って……。『いいとも！』と『ひょうきん族』は関係ないと思うんですけども……なぜ、ここに座ってるのかわからないんですよ……」

神様が下した結果はバツ。さんまはすかさず隠し持っていた小さな傘を取り出し、差そうとするも間に合わず、天から勢いよく落ちてきた水でビショ濡れとなった。袖から見ていた出演者、スタッフは爆笑。さんまは傘を開きながら悔しそうに言った。

「間に合わへんかったぁ〜（笑）。傘が折れやがった！　大事なときに！　１か月前から考えとったのに（笑）」

ブッチー武者「もともと僕はレオナルド熊さんの弟子で、『お笑いスター誕生』に『アッパーエイト』っていうコンビで出ていたの。29歳の頃だったかな、突然、ひょうきん族から出演依頼が来たんだよね。番組が人気絶頂の頃だからびっくりしたよ。訳も分からず行ってみると『○か×のポーズを表情よくやってくれ』ってただそれだけなんだよね。しかも僕を選んだ理由が『ヒマそうで長く拘束できそうだったから』っていうの（笑）。何しろ収録が朝8時から夜中の3時くらいまでかかってさ、僕はあの格好で朝8時から待ってるの。（中略）

他の出演者も懺悔室は興味津々でさ。例えば西川のりおさんがフラっと来て『×はやめてくれ～』なんて言うの。だけどそれって『×にしてくれ』って顔に書いてあるみたいなもの。芸人にしてみたらあれくらいおいしい場面はないからね。（中略）

一番最初に横澤さんを道連れにしたのはたけしさんだったかな。（中略）

出演者、スタッフ、みんな異常なノリとテンションでやっていたね。すごい番組だったなって今でも思いますよ」（「ＣＩＲＣＵＳ ＭＡＸ」２００６年10月号）

アミダばばあの最期

１９８４年３月10日、『オレたちひょうきん族』において、さんま扮するキャラクター、アミダばばあが最期の時を迎える。

四角いものしか食べられない難病「四角病」と闘う少年・健一は、大好きなアミダばばあがタケちゃんマンに勝つ日がくることを、日々、病院のベッドの上で夢見ていた。それを知ったアミダばばあは、健一が入院する病院へと駆けつける。健一の病室の壁には、アミダばばあの写真が所狭しと並んでいた。

健一「ねえ、タケちゃんマンにはいつ勝ってくれるの？」
アミダ「……そりゃ、私は、いつだって勝ってるよ」
健一「ほんと？」
アミダ「ほんとだとも。いつも、わざと負けてやってるんだよ」
健一「へえ〜。それじゃあ、どうしてすぐにやっつけてくれないの？」
アミダ「ナンデスカ？……そりゃあ、タケちゃんマンが私の目の前から逃げていくもんだから仕方ないだろう」
健一「ふ〜ん。そうか！」
アミダ「そうだよ……そんなに、タケちゃんマンに勝ってほしいのかい？」
健一「うん！」
アミダ「……あぁ、そうかい」

健一の取材に訪れていた「週刊文鳥」の記者は、ふたりの会話を立ち聞きし、アミダばばあに「タケちゃんマンに果たし状を書いたらどうなんです？」と、けしかける。

健一「ねえ、アミダばばあ、タケちゃんマンに果たし状を書いてよ！　僕、病気に負けないでがんばるから」
アミダ「……わかったよ。書くよ」
意を決したアミダばばあは、タケちゃんマンへ「3月10日、夜8時、町はずれの一本松にて待つ」と綴った果たし状を送りつけた。
決闘の前日、「週刊文鳥」の編集長・北野が、健一の病室を訪れる。
北野「『週刊文鳥』編集長の北野です。健一君、明日の決闘でだねぇ、アミダばばあがタケちゃんマンに負けたらどうするんだい?」
健一「アミダばばあは負けないよ! 約束したんだもん! 僕も病気に勝つって約束したんだもん! ほら、見て、おじさん……(丸いみかんの皮をむき、食べる)」
健一の姉「健一、急に丸いものを食べたら体に悪いわ」
北野「……健一君、おじさんが悪かった。変なこと聞いちゃったね」
果たし合いの日を迎え、宿敵・タケちゃんマンを前にして、アミダばばあの心は揺れ動く。
「敵役の私がタケちゃんマンに勝ってしまったら、番組が成り立つわけがない……」そう思いながらも、「アミダばばあ、僕も病気に負けないでがんばるから、アミダばばあもタケちゃんマンに負けないで!」という健一の声が脳裏にこだまする。アミダばばあは迷いを抱えたまま、決戦の場に立った。

「オヨヨ！　三枝の国盗りゲーム！」

「ハッパフミフミ！」

タケちゃんマンの「桂三枝攻撃」、アミダばばあの「大橋巨泉攻撃」と、互いの弱点をえぐるような攻撃が炸裂し、一進一退の攻防戦が繰り広げられる。

終盤、タケちゃんマンはタケちゃんマンロボと合体し、強力な磁力による「マグネティック攻撃」を仕掛けた。瀕死のアミダばばあは、タケちゃんマンの一瞬の隙を突き、反撃。「マグネティック攻撃」を逆に利用し、タケちゃんマンを網で吊るし上げ、失神させる。

アミダ「タケちゃんマン、お前には、勝ちたくなかったよ……」
タケ「……あー、イテッ」
アミダ「……（笑）」

激闘を終えたアミダばばあは、健一に手紙をしたためた。

「健一君、見てくれましたか？　私は約束通り、タケちゃんマンに勝ちました。だから、健一君も必ず病気に勝って、元気な良い子になってくださいね。それから、もう、健一君に手紙を書くことができなくなってしまいました。タケちゃんマンに勝ってしまった私は、また新たな戦いを求めて、旅立たなくてはならないのです。さよなら、健一君。アミダばばあより」

左腕を骨折し、頭部に傷を負った北野が、健一の前でアミダばばあの最期の手紙を読み上げる。

健一「さよなら！　アミダばばあ！」

　誰もいない浜辺でひとり佇むアミダばばあ。天を仰ぐと、アミダばばあの脳裏に、ブラックデビルの面影がふと浮かぶ。

　アミダばばあは、「アミダばばあの唄」を口ずさみながら、海へ向かってゆっくりと歩いていく。

「♪アミダくじ〜、アミダくじ〜、引いて楽しいアミダくじ〜、どれにしようかアミダくじ〜」

　砂浜に刻まれた「アミダくじ」が波に流され消えていく。

　こうしてさんまは、愛着のあるキャラクター、アミダばばあに別れを告げた。

●1984年3月10日（土）『オレたちひょうきん族』（フジテレビ20：00〜20：54）
「タケちゃんマン　さよならアミダばばあの巻」

ナンデスカマン登場！

　1983年12月24日に放送された『オレたちひょうきん族』の「タケちゃんマン　タケちゃんマンのサンタクロースの1日の巻」で、さんまは人の言うことを聞かないワンパクな幼稚園児・丸出黒太郎を演じた。黒太郎はクリスマスイブの夜、母・邦子（山田邦子）に諭される。
邦子「黒ちゃんさぁ、今日、遅くまでテレビ見てると、サンタさんが来ないかもしれないよ」
黒太郎「ナンデスカ？」

邦子「サンタさん」
黒太郎「ナンデスカ？　アホちゃうか！　サンタクロースなんか、おらんの！」

さんまはこのシーンで、耳元に手をやり、人を小バカにしたような口調で「ナンデスカ？」と連呼する。収録後、このやりとりをスタジオで見ていた雑誌記者が、さんまに質問した。

「アミダばばあの次は、さっきの〝ナンデスカ？〟を流行らせるつもりですか？」

さんまにそのつもりはなかったが、「そうなんです」と笑顔で答えた。さんまはこの頃、アミダばばあに代わる新たなキャラクターを模索していた。有力候補に挙がっていたのは、同年10月から「タケちゃんマン」に登場させていたキャラクター、お待ち娘だった。

お待ち娘は、バニーガールの衣装に身を包み、「お待ちぃ〜」と発しながらタケちゃんマンに飲み物をふるまうキャラクターで、さんまは登場ごとに改良を重ねていた。１９８４年1月から3月まで、さんまは毎週アミダばばあを演じながら、お待ち娘をワンポイントで出演させ、台詞の中に「ナンデスカ？」というフレーズを入れ込み、徐々に浸透させていく。

そして迎えた１９８４年3月17日。アミダばばあに代わるキャラクター、ナンデスカマンは登場した。

たけし「お前は一体誰なんだ？」
さんま「ナーンデースカー？」
たけし「誰なんだ一体、コノヤロー！」
さんま「ハーッハッハッハー！　ナンデスカマンだ〜！」

♪ナンデスカ　ナンデスカ
世界の国から
ナンデスカ　ナンデスカ
世界の果てまで
１９８４年のナンデスカ
ナンデスカ　ナンデスカ
握手をしよう

ナンデスカマンの登場曲「世界の国からナンデスカ」（三波春夫の「世界の国からこんにちは」の替え歌）に乗り、レオタード姿の10人の女性ダンサーを従えたナンデスカマンが、紅白に彩られ、大量の電飾が施されたド派手な大階段をゆっくりと降りてくる。

紙吹雪が舞い散る中、女性ダンサーたちとの軽やかなラインダンスを披露し、フィニッシュは女性陣に抱えられ、聞き耳を立てるポーズをとり、一言。

「ナーンデースカー？」

これまでのキャラクターにはない、華やかな初登場シーンとなった。

ナンデスカマンは、多くの視聴者が唖然とするほど、奇抜なフォルムのキャラクターだった。

電球のような形をした黒い頭部の中央には、大きくクエスチョンマークが書かれており、首には金色のスカーフ、黒い全身タイツの胴体部分には「ＷＨＡＴ ＤＯ ＹＯＵ ＳＡＹ」の文字が刻まれ、腕と足には黄色い帯状の毛皮がグルグルと巻かれている。
両手は耳の形になっており、事あるごとに片手を耳元へもっていき、「ナンデスカー!」と大声を発した。

さんま「『ひょうきん族』でやってたキャラクターは、ほとんど僕のデザインです。デザインというか、〝こうして〟〝ああして〟ってリクエストするだけのもんですけども」(フジテレビ『さんまの天国と地獄』2000年9月4日〔関西テレビでの放送日〕)

たけし「お前は、〝ナンデスカ?〟って聞くだけじゃねーか(笑)」
さんま「(笑)」
たけし「なんの攻撃もないじゃねーか」
さんま「攻撃はあるんだ」

ナンデスカマンの得意な攻撃は、上部に穴の開いた「ビックリ箱(別名:ナンデスカボックス)」を持ってきて、箱の中身を知らせないままタケちゃんマンに手を入れさせて、中のモノによって驚かせるというもの。攻撃力は乏しく、毎回、あっけなく惨敗した。

松山千春「ビックリ箱のうた」

ナンデスカマンのインパクトは強く、すぐにキャラクターソングを作る計画が進行し、さんまは、友人の松山千春に曲作りを依頼する。

さんま「僕は千春に、曲を作ってもらってるんですよ。『ビックリ箱のうた』。あのときは迷惑をかけまして」

千春「いやいやいや、かかったなんてもんじゃないよ、お前」

さんま「(笑)」

千春「俺は恥ずかしかったよ、ほんとに」

さんま「なんでや(笑)」

千春「俺の汚点だよ、汚点」

さんま「さんま・たけしが、歌ったやないの！」

千春「そうそうそうそう。ひどかったなー」

さんま「ひどかったねぇ(笑)」

千春「あれは、さんまが大阪でラジオをやってたんだよな？　俺がそこに遊びに行って、そしたら、『ビックリ箱のうた』っていうのを作ってもらいたいって」

さんま「そうそう」

千春「俺は、どっちかっていったらマジメな曲しかできないからっつって。で、俺、お前がラジオをやってる間にさあ、横でギター持ってさあ、一生懸命、〝♪愛が心を〜〟とかいって、マジメな曲作ったんだよ。ちゃんと作ったの、3番までしっかり作ったんだよ。それで作り終えて、〝さんま、できたぜ。こういう感じの曲だよ〟って、バーンって弾いてやって。〝あー、良い曲ですねぇ、サイコーですねぇ。ひとつ頼みがあるんです。その前に、『ビックリ箱ビックリ箱おどろいた』って付けてもらえません？〃って」
さんま「(笑)」
千春「俺はあんななぁ……」
さんま「(笑)」
千春「いやいや、ほんとに、友達じゃなかったらなぁ、ほんとに殴り倒してたぞ、お前(笑)」
さんま「(笑)」
千春「ほんとに。珍しい奴だぞ、お前。あんなマジメな曲にどうやって付けろっていうんだよ、お前」
さんま「あれは今から思うと向こう知らず過ぎて、申し訳ないと思てるんですよ」
千春「そうだよな」
さんま「〃♪ビックリ箱ビックリ箱おどろいた……愛が〜〃っていうね」
千春「(笑)」
さんま「これはでも、メリハリあっておもしろかったですよねぇ」
千春「メリハリはあったな」
さんま「(笑)」
千春「素晴らしいメリハリだったよな。たまげたよ、お前。でも、良い仕事さしてもらったと思ってますよ」
さんま「そうですか？」
千春「いや、思ってるわけねーじゃねーか、お前」
さんま「(笑)でもねぇ、俺、コンサートに行ったんですよ。日比谷の野音でやったとき。ほんで、俺が来てるというので、その歌を唄ってくれたんですよ。俺ねぇ、感心したもん。ええ歌やなぁ〜思て」
千春「そうよ。バカ！　中身は良い歌よ。あの〝♪ビックリ箱ビックリ箱〟あそこさえなければ」
さんま「(笑)」
千春「あそこさえなければ、すごく良い歌なの、あの歌は！」
さんま「(笑)」(『さんまのまんま』１９９５年９月22日)

▼１９８４年５月21日（月）「ビックリ箱のうた／『愛より強く』タケちゃんマンロボのテーマ」(キャニオンレコード)
「ビックリ箱のうた」作詞・作曲：松山千春　編曲：飛沢宏元
「『愛より強く』タケちゃんマンロボのテーマ」作詞：大岩賞介　作曲・編曲：小六禮次郎

欽ちゃんと共演で緊張

１９８４年３月23日、さんまは、『欽ちゃんの週刊欽曜日』（ＴＢＳ）の人気コーナー「欽ちゃんバンド」のゲストとして、萩本欽一と共演する。

萩本「今日のゲストは、明石家さんまさんです！」

さんまが登場した瞬間、観客席から黄色い声援が飛び交った。そして、声援が鳴り止むのを待ち、一言。

さんま「お待ちぃ！」

萩本「（笑）」

さんま「夢みたいですよ。僕が小学校6年生のときに、萩本さん、奈良のあやめ池に来はったでしょ？」

萩本「あやめ池？」

さんま「僕は、コント55号を見るために、朝の6時から並んだんですよ」

萩本「あー、いたいた。なんか、こういう目の子供が」

さんま「（笑）わかりまっかいな、そんなもん。あのときに、客席から見ててねぇ、〝欽ちゃ〜ん！〟言うてたんですよ」

その後、さんまは、音符柄で彩られたツナギ服とヘルメットを装着し、体のいたるところに鈴やラッパ、タンバリン、シンバル、鉄琴などの楽器を取り付けて再登場。欽ちゃんバンドの演奏に参加する。この奇抜な衣装は、「人間打楽器をやりたい」というさんまのリクエストをもとにスタイリストの手によって製作されたものだった。

演奏曲は、キャンディーズの「春一番」。さんまは、左腕に掛けられた木琴、右腕に付けられたカスタネットなどを使い、懸命に演奏。ヘルメットに取り付けられた鈴を鳴らすときには、頭を振り過ぎて倒れるという笑いを交え、出番を終える。

小西博之「ものすご覚えてるんですよ。僕は出身が関西なんで、関西のトップスターの方が来てくれたんで、うわーっと思ったのが、さんまさん。そのとき後ろで手を組んでたんですけど、その手がモジモジモジモジされてるんですよ。〝うーっわ、さんまさんが緊張してる〟って」
さんま「するわ、そら！　萩本欽一さんと初めて大きく絡んだわけやから」（ＴＢＳ『さんまのスーパーからくりＴＶ』２０１４年４月27日）

さんま「萩本さん自身は本当に認めたいですけど、番組は認めたくないですね。僕、一度『週刊欽曜日』にいかしてもらいましたけど、こんなものなのか、と思いましたね。で、視聴率が三〇パーセント。まだこんなことがオモシロイのか、という気いしてなりませんよね」

――コント55号の再結成はどう思われますか？

さんま「まだ一ぺんも見てないですけども。見たくもないと思いますしね。昔のコント55号であってほしい、いつまでもあのイメージでいてほしいし。あの時、僕らは土下座してでも『そのコント、教えて下さい』て言いたい時期でしたからね。あの二郎さんはすばらしかったですよね。あのボケはすごいですよ。〝小ボケ〟っていうんですけどね、僕らは。あの〝小ボケ〟は日本に少ないでしょ」（「Studio Voice」１９８４年8月号）

●１９８４年３月23日（金）『欽ちゃんの週刊欽曜日』（ＴＢＳ21：00〜21：54）
「音楽は体だ?……」
出演：萩本欽一、佐藤Ｂ作、小西博之、清水善三、清水由貴子、風見慎吾、明石家さんまほか

テレビ東京『サタデーナイトショー』終了

1984年3月31日、さんまが司会を務めるバラエティ番組『サタデーナイトショー』が最終回を迎える。

番組開始から2年半。これまで、「おいろけスター千一夜」をはじめとする人気コーナーを次々と生み出し、深夜番組にもかかわらず高視聴率を維持。テレビ東京の社長賞を何度も受賞するなど、前途洋々だった。

大阪に滞在するときにはいつも行動を共にしていた村上ショージ、Mr.オクレ、大西秀明、そして、『オレたちひょうきん族』で共演する、ビートたけしの弟子、松尾伴内、ラッシャー板前らを推薦するなど、さんまはこの番組に意欲をもち、全力で取り組んでいた。

「この番組は、5年、10年、いや、20年続ける番組にしましょう! さんまさん、よろしくお願いします!」

高視聴率を祝うパーティーの席で、番組プロデューサーは高らかに乾杯の音頭をとった。それから程無くして、番組の打ち切りが決まる。

さんま「テレビ東京の全番組の中で最高視聴率だったわけ。『サタデーナイトショー』と『キャプテン翼』（1983年10月〜）が二大看板だったの」（『明石家さんまのG1グルーパー』1996年10月14日）

さんま「昔、『サタデーナイトショー』という番組をね、テレビ東京でやったときは、日活ロマンポルノの名シーンを放送してたんですよ」
松尾伴内「あのコーナーは人気ありましたねぇ」
さんま「今から思うと大したコーナーやないんですけどね。1分間、〝ティッシュタイム〟っていうてね。1分間だけ流すんです。世の若者はその1分間で、ひとりエッチしてたわけ」（『明石家さんまのG1グルーパー』1997年1月6日）

村上ショージ「『サタデーナイトショー』は人気ありましたよねぇ」
さんま「深夜で13パーセントぐらいありましたからねぇ。ほいで、テレビ東京の全番組の中で週間視聴率がトップになってしまったんですよ。それで終わったんですよ。ああいうお色気番組が局のトップになるというのは許せなかったんでしょうね。まあね、いろいろあったみたいですけども。〝そんなバカな〟言うてあのときに、初めてテレビタレントとして切なさを感じた瞬間でしたよね」（『MBSヤングタウン』2006年12月9日）

ショージ「僕は、さんまさんとアシスタントの女の子がオープニングトークしてるときに、机の下から〝ボヨヨ〜ン！〟言うて出てきて」
さんま「（笑）そのとき、東京では村上さんのことを誰も知らないときでしたからね。〝ボヨヨ〜ン！〟って出てきても、〝なんじゃこいつ？〟っていうだけのことなんですよ。その頃、松尾伴内がたけしさんのところに2年付いたあと、俺のとこへ付いてるときですから」
ショージ「ラッシャー板前も来てましたよね」

さんま「たけしさんから頼まれてね。〝さんまに付いて勉強しろ〟いうので、松尾とラッシャーが俺の現場に来てましたからね。松ちゃんは松ちゃんで、あのとき何も出来ない男でしたから、横向いて、〝ガンジー〟とか言うとるだけでしたからね。〝松ちゃん、番組潰す気？〟言うて。（笑）。ガンジーのものまねをしてましたね。ラッシャーは薬師丸ひろ子の顔マネをやってました（笑）。だから、ショージ、オクレさんとか、俺のまわりの芸人を集めて、『ムツゴロウと愉快な仲間たち』のパロディで、『さんまと不愉快な仲間たち』っていうワンコーナーをやって、しゃべってたのを覚えてますね」（同右）

さんま『『オールナイトフジ』っていうフジテレビの人気番組があったんですけど、それは、『サタデーナイトショー』みたいな番組を作りたいというので、フジテレビのスタッフが、港さん（ディレクターの港浩一）たちと思うねんけどね、〝今度『オールナイトフジ』という番組をやることになりました。横綱の胸を借りさせていただきたいと思います〟って、挨拶に来られて。〝どうぞどうぞ、めっそうもない〟言うて。『サタデーナイトショー』が終わったときに、〝なんで終わるんですか？〟ってフジのスタッフから言われて。〝数字取りすぎたみたいや〟って言うたら、〝どういうことですか？〟いう話になって（笑）」（同右）

さんま「〝数字を取らな終わるぞ〟って言われてて、取って終わるっていう虚しさね（笑）」（同右）

さんま「がんばっておもしろい番組、人気番組にしたのに終わるって、ものすごいショックを受けて。まあまあ、上が決めたことやから。でも、それがよかったの。数字なんて取ってもアカンし、取らなかってもアカンねんから、どうでもええかと。そのときにそう思えたんで、ものすごく助かったね。その後の人生、お笑い芸人としての人生にとってね」(TBSラジオ『爆笑問題の日曜サンデー』2014年1月12日)

ニューヨーク弾丸ツアー

1984年春、フジテレビ開局25周年とニッポン放送開局30周年を記念し、フジテレビ社長・鹿内春雄が指揮を執り、ブロードウェイで公演中の大ヒットミュージカル『CATS』を鑑賞するツアーが企画された。

このツアーには、フジテレビの躍進に貢献する340名の関係者が招待され、『オレたちひょうきん族』で活躍するさんまにも声が掛かる。フジテレビがチャーターしたノースウエスト航空のジャンボジェット機に乗り込み、一行はニューヨークへ。さんまは2泊4日の強行スケジュールの中、本場のブロードウェイ・ミュージカルを初体験し、強い刺激を受けた。

『CATS』を鑑賞した翌日、さんまは恋人へのプレゼントを購入するため、宿泊する「プラザホテル」から歩いて5分ほどの距離にある「ティファニー」の本店へ。100ドルのゴールド・ペンダント2個と70ドルのシルバー・ペンダントを購入した。

さんま「桃井さんとは、アメリカに一度」

桃井かおり「あっ、そうでしたね!〝アイム・オレンジジュース〟のときね(笑)」

さんま「そうそうそう（笑）。〝サムシングドリンク？〟〝アイ・アム・ア・オレンジジュース〟〝ノー、ユー・アー・ジェントルマーン〟とか言われて。〝サンキュー、サンキュー〟とか言うてわけのわからん。フジテレビから、2泊4日で『CATS』を観に行かされてね。女優代表、お笑い代表とかでね。大変でしたねぇ？」

桃井「眠かったねぇ」

さんま「あの、〝♪メ〜モリ〜〟が、〝♪ね〜むれ〜〟に聞こえてね」

桃井「（笑）」

さんま「着いたその日に観に行かされて。次の日、ちょっと時間あったんでね、桃井さんに時計を選んでもらったのを覚えてるんですよ」

桃井「あ、そうでしたっけ？」

さんま「そうなんですよ。そのあとティファニーでペンダントを選んでたのを……」

桃井「見つかっちゃったんだ？」

さんま「（笑）」

桃井「まとめ買いしちゃダメよ」

さんま「（笑）」（『恋のから騒ぎ』1995年7月8日）

さんま「ニューヨークは刺激のある街やからね。仕事やらなきゃと思う」（『MBSヤングタウン』1997年2月8日）

たけしの厚情

さんまがギャンブルにのめり込み、多額の借金を抱えていた頃、『オレたちひょうきん族』のプロデューサー・横澤彪はこのように言葉をかけた。

「さんまちゃん、これから君にはフジテレビを背負って歩いてもらいたいと思ってる。事情はいろいろとあると思うけど、金銭問題や女性問題には気をつけてほしい」

同じ頃、さんまの『オレたちひょうきん族』のギャラが非常に安いことを知ったビートたけしは、さんまの貢献度をスタッフに伝え、出演料とは別に、作家としてのギャラをもらえるよう口添えした。

こうして、さんまへの周囲の期待は次第に膨らんでいき、それに伴い、さんまの『オレたちひょうきん族』に対する意気込みも大きくなっていく。

さんま「たけしさんと話してて、〝さんま、お前いくらもらってんだ?〟っていう話になって、俺が〝これこれですよ~〟って。〝そう〟って言うて、スタッフに、〝さんまのギャラ上げてあげて〟って言うてくれて。吉本はバーターで、全員にいくらっていう契約やねん。ほいで、〝さんまがあんだけ頑張ってるんだから、さんまにギャラ振り込んであげて〟って言うて、構成作家の名前で別ギャラ振り込んでもうてたんや」（「千原ジュニア40歳LIVE『千原ジュニア×□』in 両国国技館」2014年3月30日）

横澤彪「さんまちゃんのマンションへ電話をかけたら、いきなり『吉本の社歌を歌います』といって、調子っぱずれの歌がはじまった。『鯉のぼり』の替え歌である。

〽ギャラより高い交通費
大きいお金は会社側
小さいお金は芸人へ
おもしろそうに稼いでる

さんまちゃんが留守番電話のギャグとして歌っていたのだが、ぼくは思わず笑ってしまった。

（中略）

さんまちゃんの替え歌は、働けど働けど楽にならない生活への自嘲ともとれるし、なにクソという会社への挑戦状とも受けとれる」（『テレビおじさん　オフレコ日記　バラしたな！　ハイざんげ』）

さんま「今まで僕はずうっと遊びの精神やったんですよ。芸能界なんてものは大したことあれへん、と。テレビでできるだけ遊ばしてもらお、思て。運動場みたいな気いでおったんですけども。最近ちょっとだけね、仕事をせないかん、という気になってきたんでね。いいものを見せようという気になってきたので、ちょっと変わってきましたね」（「Studio Voice」１９８４年8月号）

「リアルなものを徹底的にバカバカしく」

1984年春、『オレたちひょうきん族』と、裏番組である『8時だョ!全員集合』の視聴率競争に変化が生じ始める。これまで、抜きつ抜かれつ、並走状態だった視聴率の値が、ここにきて、『オレたちひょうきん族』が上回ることの方が多くなってきたのだ。

メインコーナー「タケちゃんマン」では、新旧様々な作品のパロディをベースに、片岡鶴太郎、山田邦子が、オリジナリティ豊かなものまねを披露し大活躍。セットも豪華になっていき、毎回、たけしとさんま、ディレクターの三宅恵介が夜遅くまでアイデアを出し合い、ユニークな対決シーンを作り出していた。

島田紳助が司会を務める「ひょうきんベストテン」では、本物の歌手が登場することも珍しくなくなり、西川のりお、ヒップアップ、コント赤信号で構成されたバックダンサーズユニット「フラワーダンシングチーム」が活躍。マイケル・ジャクソンの「スリラー」のミュージックビデオのパロディ制作や、歌謡ドラマなど、趣向を凝らした企画で視聴者を楽しませた。

山田邦子が担当する「ひょうきん絵かき歌」、出演者・スタッフの失敗にスポットを当てた「ひょうきん懺悔室」など、サブコーナーも充実し、『オレたちひょうきん族』の勢いはさらに加速していくことになる。

さんま「我々は横綱ドリフに向かっていったんですからね。視聴率で勝ったときなんか、『ひょうきん族』のほうがガックリきたんですよ。勝ってしまったいうので。ずーっと二番手でいたかったんですよ。ドリフの胸を借りていきたかったという。すごかったですから、ドリフって」
（『踊る！さんま御殿!!』2001年4月10日）

横澤彪「寄席芸というか演芸というか、芸人のやるプロの芸というのが、テレビで放送すると、クサイとかダサイとかいわれてウケなくなってきており、従来、お笑い番組の中心的担い手だった彼らの座が、斉藤ゆう子とか斉藤清六とかタモリとか東京ヴォードヴィルショーとか東京乾電池とか〝正体不明〟のド素人どもに奪われはじめているのだ。

世の中は、この傾向を〝学芸会的笑い〟の全盛と評しているが、テレビの〝お笑い番組〟に対する視聴者の欲求は、〝芸〟の方に向かず、演者《タレント》のキャラクターやセンスに向いている以上、当然の成り行きだと思う。（中略）

大屋政子にしてもタコ八郎にしても、キャラクターが強烈だから、ほとんどネタはいらない。〝動くネタ帖〟という感じでものすごい存在感がある。とんでもない素人が出現したものだ。

こういう手ごわい素人に対して、プロの側でも（ごく少数なのだが）懸命に新しい笑いを模索している人たちがいる。ビートたけし、桂文珍、片岡鶴太郎、明石家さんまなどである。

この人たちの特徴は、第一にたえず自己改革を志していることだ。ビートたけしが、何でもかんでも挑戦し、映画にドラマにライブに歌にと貪欲に新分野を開拓しているのも、この自己改革を心がけているからにちがいない。

自己を変える努力をしなければ、すぐに第一線から置いてかれてしまう。つまり、いつまでも現役でいたいのなら、自分を変革する勇気がいるわけだ。

第二に、強烈なパフォーマンス感覚をもっていることだ。

『オレたちひょうきん族』で繰りひろげられる、たけしとさんまのウルトラ・ナンセンスなギャグは、このパフォーマンス感覚がなければ、バカバカしくて、とてもやってられないだろう。そして、このパフォーマンス感覚には、自分たちの勝手だけではなく、見る側の気持ちをおもんぱかるやさしさもあるから、視聴者が精神的に一体感をもてる空間が生じてくる。

　テレビの視聴者からすれば、より身近に感じられる人の方が面白いにきまっている。〝本来の芸〟をやる芸人たちは、自分たちの小さな世界に安住しているうちに、すっかり世の中から取り残されてしまった。不勉強だったからだと思う。だから、テレビの世界にかぎっていえば、もう〝本来の笑い〟をやる芸人たちの生きる空間はほとんどなくなってしまった。〝本来の芸〟というのは、伝統があるだけで、何の魅力もないからだ。経営努力を怠った老舗企業の運命に似ている」(『テレビおじさん　オフレコ日記　バラしたな！　ハイざんげ』)

さんま「たけしさんからよく『おまえはしゃべりながら話を作っていく』て言われるんですけども、のったらスゴいですよ。自分で天才かという時とね、シンドイ時は絶対ダメですね、僕は。たけしさんといういい人にめぐり会えた、という部分もありますけどね。でもテレビを笑わかす前に、たけしさんとスタッフを笑わかそ、という気持ちが強いのでね」(「Studio Voice」１９８４年8月号)

島田紳助「あいつ(引用者註：明石家さんま)には勝たれへんね、本質的に。あいつは心底こういう仕事が好きやねんね。もし10億やるって現金でもらって、もう仕事する必要なくても、やっぱり今みたいに仕事で走りまわるやろね。オレならもう、ほんまに気に入った仕事しかやらんとの

んびりするわ。その辺がオレとさんまとは根本的に違うみたい」（「ヤングタウンNo.10」1984年11月）

――唐突ですが、今のテレビ、特にお笑い番組をどう思いますか。

さんま「〝お笑い〟ちゅうもんをわかってない番組が多い思いますわ。見てられまへんで。そんなんばっかりやから〝ひょうきん〟がウケルんちゃいますか。欽ちゃん（萩本欽一）の番組にしてもそうですわ。なんで、あれだけ視聴率がいくんやろか。萩本さんの偉大なんは認めますけど、どう考えても〝ひょうきん〟のほうがオモロイですわ。あれは同じ〝笑い〟でも、ようわからん世界でんな」

――では、〝ひょうきん〟の笑いがほかの番組と違うところはどこでしょう。

さんま「最初のストーリーを現場でバシバシ変えていくとこでんな。そのとき、オモロイ思ったことを、すぐ採用する。これですわ。そやさかい、昔のVTR見て比べると、今のほうがバカバカしさがエスカレートしてますわ。現場の雰囲気が昔より、ようけでてます」

――楽しみながら演じてるわけですネ。

さんま「そりゃ、そうですわ。自分の趣味だけでやっているいうたらなんですけど、好きにやらしてもらってます。楽しみながらやらな損しますわ。でも、甘いんとちゃいますよ。ディレクターの三宅さんは好きにやらせてくれますけど、編集でバッサリ切られまっさかい」（中略）

――今、ウケるギャグというのは。

さんま「リアルなもんがウケるんちゃいますか。素人がこんだけ出てきてるのを考えたら、今さらダジャレを言うとる場合ちゃいますよ。私生活からアイデア出して、それをどう脚色していくかが勝負や思いますよ。もうひとつは〝ひょうきん〟みたいに、徹底的にバカバカしくやることですわ。見てる人が〝このオッサンら、ようやるわ〟と思うてくれたら、強いでんな。お客さんもそういうものを見たがってる思います」

――つまり、世間に合わせる？

さんま「ちゃいますよ。世間に合わしてたら損しますわ。〝世間〟なんて、こんなええかげんなものはあらしません。そんなん気にするより自分が楽しむのが先決ですわ。演技はオモロウないです。子供でも見破りまっせ。そやから、ドリフターズを見てた子が、今は〝ひょうきん〟に移ってきてるんですわ。今は時間をかけて練りあげたものより、思いつきのほうが強いんですわ」（「ザテレビジョン」1984年4月27日号）

さんま「いつまでもアホやっていたいんですワ。この間もたけしさんと話してたんやけど、僕が四十（歳）、たけしさんが五十（歳）になっても、本気で暴れまわっていられたらおもろいなって。それまでは、今のこの路線を頑張ってひっぱってこって言うてんですワ」（「週刊TVガイド」1984年3月30日号）

仕事は自分で決める！

1984年4月1日、さんまと元競泳選手の木原光知子が司会を務める音楽バラエティ番組『Do－Up歌謡テレビ』（テレビ朝日）が始まった。

田原俊彦、近藤真彦、シブがき隊、柏原芳恵、河合奈保子、石川秀美、松本伊代、堀ちえみ、早見優、菊池桃子、高田みづえ、野口五郎、西城秀樹、チェッカーズ、吉川晃司、ラッツ&スター、舘ひろし、松平健、森進一、細川たかし、五木ひろしなど、毎回、幅広いジャンルのスターたちがゲスト出演した。

●1984年4月1日〜1985年2月24日『Do-Up歌謡テレビ』(テレビ朝日毎週日曜11:00〜11:45)

1984年4月2日、月曜日から金曜日の昼に生放送されるテレビ東京の帯番組『おもしろプレヌーン』が始まり、さんまは木曜日の司会者としてレギュラー出演することになった。

3月まで司会を務めていた『サタデーナイトショー』の成功による起用であったが、さんまはこの番組に出演することを望んではいなかった。

2年半、全力で取り組み、局の看板番組にまで押し上げてきた『サタデーナイトショー』を、お色気要素の強い番組が局の顔となることを避けたいとの理由から、あっさりと打ち切った局の対応が許せなかったのだ。

さんま「俺は断ってんけど、会社が勝手に決めてもうて、〝なんで、そんな番組行かなアカンねん！　行かへん行かへん！〟言うて。

俺は、その番組の1回目、行かんとホテルで寝てたわけですよ。ほんだらプロデューサーがホテルまで来て、〝なにがなんでもすぐに連れていきますから〟とか言うて。その日、私服で出演したんですよ。

その後も行ったり休んだりしながら、契約してるからね、会社と。ちょっと嫌な仕事でもOK

しなきゃいけない時でしたから。サボって河口湖でテニスやってたこともあった」（『明石家さんまのG1グループパー』1996年10月14日）

さんま「じゃまくさいから行かんと河口湖でテニスしとったんや。その日のゲストが、うつみ宮土理さんや。〝さんまちゃんの番組やから〟というので出てくれて。うつみさんがテレビカメラに向かって、〝さんまちゃん！　出てらっしゃい！〟とか言うてやなぁ。立て籠もりの犯人みたいな扱いされてやなぁ。それを、河口湖のテニスコートのオッサンが見てて、〝さんまさん！　テレビから呼びかけてますよ！〟とか言うて飛んできたんですよ（笑）」（『明石家さんまのG1グループパー』1997年1月20日）

さんまは、『おもしろプレヌーン』木曜枠が終了する同年9月27日を待たずに、8月30日の放送をもって番組を去った。この頃からさんまは、やりたい仕事とやりたくない仕事の意欲の違いをハッキリと周囲に見せるようになり、徐々に仕事の選択権を得ていくことになる。

さんま「終わるもん、一生懸命やったかていっしょや」（『MBSヤングタウン』1994年9月24日）

さんま「そんなもん、自分のやりたいことやって一生終わらな、アホみたいやん、そんなん」（『MBSヤングタウン』1996年10月12日）

●1984年4月2日（月）〜9月28日（金）『おもしろプレヌーン』（テレビ東京月曜〜金曜　4月〜7月まで

は10：30～11：55、7月～9月までは11：00～11：55）

『笑っていいとも！』レギュラー

1984年4月6日、さんまは、『笑っていいとも！』金曜日のレギュラーメンバーとなった。これまでは、『笑っていいとも！』の制作陣の意向として、前番組である『笑ってる場合ですよ！』（1980年10月1日～1982年10月1日）の司会経験のあるメンバーと『オレたちひょうきん族』のメンバーは、レギュラー入りをさせずにいたが、2月13日に「テレフォンショッキング」に出演した際のさんまの活躍ぶりや、さんまがレギュラー入りを熱望していたことを考慮し、規制を撤廃。さんまは、「わが街わが家わが自慢」のコーナーを担当することになった。

佐藤義和「番組当初のレギュラー陣は『―ひょうきん族』と差別化するということで、漫才などの演芸出身ではない、違う畑から出てきた笑いの人たち、例えば所ジョージさんや関根勤君。また、演芸だけど落語家の桂文珍さん、文化人から田中康夫さん、音楽界から作詞家の中村泰士さん（中略）幅広いジャンルからおもしろいと思う人や、その時代に合った人をキャスティングするのが『―いいとも！』の特長。ただ、番組の勢いが出てきた半年後ぐらいに、さんまちゃんが、どうしても出たいと言い出して強引に金曜レギュラーになったあたりから、ひょうきんチームの芸人も次々出るようになりましたが…」（「ザテレビジョン」ヒットの職人《プロ》、1996年）

さんまと月亭八方

１９８３年10月から１９８４年３月まで休止していた『花の駐在さん』が、１９８４年４月８日、再スタートを切った。さんま演じる明石三太のパートナー役は、１月に逝去した林家小染に代わり、月亭八方が務めることになった。

劇の前に行われるオープニングトークのコーナーでは、さんまと八方が、普段、楽屋で芸人仲間たちを相手に雑談を繰り広げているように、思うがままに、時には観客と言葉を交わしながら、語り合った。

前田五郎「本番前、芸人は皆仲良く喋るんです。それは本番中舌を噛まない為のロレツのリハーサルなんですネ。（中略）こんな場は『さんま』と『八方』の独壇場でしたネ。他の出演者は皆聞き手、本番終了後も『さっきの話の続きやけどネ…』と来る！　皆怒りもしないで再び耳を傾けるのは、ふたりの話術がそれだけ長《た》けてた証拠、このふたりの楽屋話は最高」（「なんばグランド花月オフィシャルサイト・前田五郎写真室」）

さんま「八方兄さんの雑談は日本一やで」（『さんまのまんま』２０１５年11月22日）

月亭八方「さんま君は、もちろん毎日キャーキャーは当たり前のことですけれども、（『花の駐在さん』の）収録が終わるとファンがなんば花月の楽屋口のところに殺到するので、毎回、風呂場から、なんか脱獄犯のようにして出てましたね。たぶん吉本の歴史の中で、楽屋から入って風呂場から出たというのは、きっと彼の他にいないと思いますね」（朝日放送『なるみ・岡村の過ぎるTV』2015年1月18日）

『花の駐在さん』のさんま&八方によるオープニングトークコーナーについて。


さんま「八方兄さんとの絡みはものすご楽しかったし、お客さんもようウケてたねぇ」

岡村隆史（ナインティナイン）「ああいうのはやっぱり、楽屋での雑談ていうか、その流れでそのままふたりでファーって出ていって、何も決めずにしゃべるんですか？」

さんま「八方兄さんのときは決めずにやってたね。お互いどんな話題をもってくるか探りながら」（同右）

●1984年4月8日～10月7日『花の駐在さん』（朝日放送毎週日曜13：45～14：30）
出演：明石家さんま、月亭八方、桑原和男、池乃めだかほか

「オモロいコメディを作りたい」

1984年4月9日、吉本興業東京事務所が移転する。移転先は、以前と同じ赤坂七丁目。社員は総勢7名に増え、手狭だった前事務所から、東京事務所に所属するさんま、紳助・竜助、斉藤ゆう子、野沢直子らがゆったりとくつろげるほど広くなった。

斉藤ゆう子「新しい事務所は、前より広くて、日当りもよく、ついつい長居をしてしまいます。

　まして今日は、明石家さんが来てるので、部屋いっぱい七色の風船がはじけているようです。なんでも松山千春さんに『ビックリ箱の唄』をつくってもらったとかで、ラジカセをとり出して皆んなに聞かせています。

♬ピンポーン、出前のコーヒーが今とどけられました。明石家さんは、スックとラジカセを持つと玄関の方へ行き出前の女の子にも聞かせています」（「マンスリーよしもと」１９８４年５月号）

　１９８４年４月９日、植田まさしの人気４コマ漫画を原作としたコメディドラマ『のんき君』の続篇に主演。さんまは前作に引き続き、のんき三郎を演じることになった。

さんま「やっぱり一時間半という枠をメインでやれるってことはうれしいですワ。芝居いう芝居なんかでけしまへんけど、役をもらった以上、それなりのもんはやらんとあかんしね。でも役者じゃないし、演芸人として、こういう分野を荒しとるだけや。役者に挑戦なんて、そんなエライもんやおまへんワ」（「週刊ＴＶガイド」１９８４年３月30日号）

さんま「オモロいコメディを作りたい、といっつも思てるんです。『のんき君』というのをやらして頂いてるんですけど、今は寅さんばっかりでしょ。もっと違うもんが日本でもできるんやないか、と思うんで。映画で客の入るようなコメディをやってみたい気もするし、それまでにエエ作家も出て来てほしいですし。それはテレビでもいいんですよ。とにかくオモロいコメディを作りたいですよ」（「Studio Voice」１９８４年８月号）

さんま「ライト・コメディーをやってみたいですな。アメリカの〝ソープ〟みたいなヤツを…。今、喜劇はよう当たらんいうでしょ。それは、つまらんものばっかりだからで、ええもんならいけます。コメディー映画もやってみたいですわ。今の喜劇映画いうたら〝男はつらいよ〟だけでしょ。寅さんもええトシやし、そろそろ代わりにオモロイもん作らなあきませんよ。芸能界で許される枠ギリギリまで遊びながら、ええもん作りたい思ってます」（「ザテレビジョン」1984年4月27日号）

●1984年4月9日（月）『月曜ドラマランド のんき君2』（フジテレビ19：30〜20：54）
「恐怖のスリラー男登場!!箱のナカミは何ですか？」
出演：明石家さんま、木の実ナナ、大和田伸也、芦川よしみ、鳥越マリ、春川ますみ、八名信夫、東八郎、悪役商会ほか

1984年5月12日、勝又病院を舞台に、明るくさわやかで正義感あふれる新米医師・津村一平（渡辺徹）の奮闘を描く連続ドラマ『風の中のあいつ』（日本テレビ）が始まった。さんまは、勝又病院の事務長で、一平の恋敵でもある花形進（金田賢一）の秘書、吉本忠義を演じる。
さんま「私が徹ちゃんにバラエティに出ろって勧めた男ですから」
渡辺「あっ、そうなんですよ。ドラマでね、ご一緒させていただいてるときに、ずーっとさんまさんが、〝バラエティやれ、バラエティやれ〟って」
さんま「お前はバラエティやぞと」

渡辺「で、バラエティ入ったら、もうほっときっぱなしなんですよ」
さんま「(笑)」（『さんまのまんま』２０１２年8月18日）

さんま「ドラマのロケが終わって、俺が先に帰って、生田スタジオで待ってたら、徹ちゃんが帰ってこないんですよ。〝なんでや？〟って言うたら、〝今、救急病院に運ばれました〟って言うから、〝事故か？〟言うて。〝いえ、すいません、ちょっと……〟〝ちょっとってなんやねん。なんで運ばれてん？〟〝……食べすぎで〟〝……ごめん、今なんて言うた？〟〝食べすぎで〟〝いやちゃうがな、昼間、ロケやってたよね？　ほんで今、移動時間で食べすぎってどういうことなの？〟言うて。その間に牛丼食べてたのよ」
大和田獏「牛丼いくつ食べたの？」
渡辺「３つ(笑)」
さんま「(笑)マジなんですよ」
大和田「そんなふうに仕事に穴を開ける奴はあんまりいないよね」
渡辺「ちょっと待ってください。俺はそれまで、『太陽にほえろ！』という、非常に硬派なドラマをやってたんですよ。『太陽にほえろ！』っていうのは体育会系ですから、遅刻とか寝坊とか厳禁で、足を骨折しても休めない現場だったんですよ」
さんま「石原軍団はね」
渡辺「はい。俺はそこでデビューしたから、そういうもんだろうと思ってて。それが、さんまさんと一緒にドラマをやったら、この人、ちょっと疲れたら遅刻はするわ……」
さんま「(笑)」

渡辺「だから、救急車で運ばれたときも、たいして苦しくなかったんだけど、さんまさんを見てたから、ちょっと苦しかったら休んでいいんだと」
さんま「（笑）」
渡辺「そういう気持ちを植え付けたのはこの人なんですよ」
さんま「（笑）でもその入院で結婚ですからね。そのドラマは（榊原）郁恵ちゃんも一緒にやってましたから。それがきっかけで結ばれたようなもんですから」
大和田「牛丼もナニも食ってしまったか」
渡辺「いやいや、ちょっと待ってください。先輩、うまいこと言ったつもりかもしれないですけど、もうちょっと上品な感じで」
さんま「そのあとまた違う食べ物食ってしもて、車買わされたんですよ」
渡辺「（笑）もう何年も経ってるんですから。20年以上前に浮気がバレて、女房にバツとして車を買わされたんですよ。それをさんまさんがいろいろ言うから。そりゃ二十何年前に車を買えば、だんだん古くなるでしょ？　新しいの欲しくなるでしょ？　で、女房が新しく買ったんですよ。そしたら近所のみなさんが、〝またやったんだ〟って」
さんま「（笑）」
渡辺「普通、幸せな行為なんですよ、車を買うっていうのは。なんで俺、うしろめたさを感じないといけないの」
さんま「そうやな。芸能人は浮気したら一生言われるからね。わかるわ、その気持ち。何もかも浮気につなげよるで、世間は」（同右）

●１９８４年５月12日〜９月29日『風の中のあいつ』（日本テレビ毎週土曜21：00〜22：00）
出演：渡辺徹、榊原郁恵、金田賢一、明石家さんま、松本伊代、坂上忍、坂上二郎、岡本信人、矢崎滋、篠ひろ子、松村達雄、梅宮辰夫、菅井きん、山岡久乃ほか

『明石家さんまスペシャルショウ』

１９８４年５月31日、歌とトークを織り交ぜたバラエティ・コンサート『明石家さんまスペシャルショウ』が大阪厚生年金会館大ホールにて開催された。

２６００枚のチケットは即日完売。開演前には、ポスターや、「私はバカです！ さんま」と書かれたメモ用紙が背中にプリントされたTシャツなど、オリジナルグッズが飛ぶように売れた。オープニングでは、３か月間かけて猛練習したマイケル・ジャクソンの「スリラー」のダンスを披露。歌のパートは、「アミダばばあの唄」「ビックリ箱のうた」など、客ウケの良い曲を厳選して7曲に絞り、さんまがメインパーソナリティを務めるラジオ番組『MBSヤングタウン』のスタジオを再現したセットを組み、共演者である長江健次、大津びわ子、伊東正治がゲスト出演するコーナーを設けるなど、これまでのコンサートよりも、トークやファンサービスに重点を置いた構成となった。

コンサートの最中、笑福亭鶴瓶が突然乱入し、客の前でお尻を丸出しにする一幕も。ラストは、「いくつもの夜を越えて」を熱唱して締めくくり、約2時間のコンサートは大盛況のうちに終わった。

（１９８４年５月31日に開催される『明石家さんまスペシャルショウ』について）

さんま「一種のパロディ、遊びとしてやりますから、すごい楽しいんですわ。思い切り遊びます！」（「マンスリーよしもと」1984年5月号）

さんま「俺は歌が下手で、ライブのときに俺がよく歌詞を忘れるから、いつもファンが前のめりで唄ってくれよるんですよ。たぶん、俺より、俺のファンのほうが歌詞を知ってた」（『MBSヤングタウン』2015年3月21日）

さんま「俺、コンサートで一曲唄うたびに、前列のお客さんに得点ボード持たせて、上げさしたんですから。〝今の曲、何点？〟言うて。俺の大ファンばっかりやのに、最高5点しか上がらなかった……」（『MBSヤングタウン』2001年10月13日）

□1984年5月31日（木）『明石家さんまスペシャルショウ』（大阪厚生年金会館大ホール18：30開演）

初のテレビ冠番組

1984年6月10日、さんまにとってテレビ番組としては初の冠番組となる『明石家さんまのフットワークスタジオ』（朝日放送）が放送された。吉本興業の大﨑洋、放送作家の萩原芳樹が共同で企画したこの特番は、断続的にシリーズ化されることになった。

さんま「俺は遅刻することで有名だった時代がありますからねぇ。今の子は俺が遅刻しないっていうイメージなんだ？　不思議やなぁ」
村上ショージ「昔は、ほんとに忙しかったからね。寝んと」
さんま「そうそう。毎朝、芸能界やめようと思った時代がありましたからね。有名な話では、京都に11時入りのロケの仕事があって、東京から朝6時の新幹線で行こうと思ってたら、寝坊してしまって。ほんだら、11時にマネージャーの玉利君から電話がかかってきたんですよ。〝今、赤坂東急ホテルや〟とか言うて。〝いや、網野まで来ていただかなくては困るんですけど〟〝困るっていうても行かれへんやないかい〟〝わかりました。今からヘリコプター飛ばします！〟って言われてんけど、〝もうええわ、そっちでやっとってぇ〟言うて切ったんですよ。ほいで、現場でショージらが待っててくれたんですけど、大﨑っていうのがその番組のプロデューサーで」
ショージ「みんな、てんてこ舞い。朝日放送の番組で、向こうの偉いさんも、〝これは大変やわ、ヘリコプター飛ばそう〟とか言うて、吉本の関係者が必死になって」
さんま「着いたのが夜ですよ」
ショージ「さんまさんの特番やからね」
さんま「〝そっちでやっとってぇ〟どころじゃなかったんですけどね。そういうのは多々ありましたねぇ。しゃあないやんか。行く気はマンマンやねんけど、寝てしもてんから」（『ＭＢＳヤングタウン』２００８年4月12日）
さんま「朝、いつも芸能界やめようと思うのよ。なんでこんなはよ起きて、なんでこんな無理せなアカンねやろと思って、いっつも二度寝してしまうわけよ。いっつもそれでマネージャーとかともケンカすんねんけどもやねぇ。〝もう芸能界やめるから、向こう行け〟って言うて、2回目

起こされてやっとの思いで行ってた」（フジテレビ『コケッコ!?』１９９４年1月9日）

●１９８４年６月10日（日）『明石家さんまのフットワークスタジオ』（朝日放送23：30〜24：30）
出演：明石家さんま、村上ショージほか

伝説の「テレフォンショッキング」

１９８４年６月22日、『笑っていいとも！』のテレフォンショッキングのゲストとして、作家の有吉佐和子が、池田満寿夫デザインの煌《きら》びやかな着物に身を包み、登場した。司会のタモリは、前日、俳優の有島一郎から紹介され、電話口に出た有吉から、「あなたのそのシャツと蝶ネクタイ、三流のホテルのボーイみたいで似合わないわよ。おやめになって」と指摘されたことを受け、正装で有吉を迎える。

凜とした有吉に、懐深く対応するタモリ。コーナーは滞りなく進行していくが、有吉が翌日のゲスト、橋本治を紹介した後から、様子が変わる。

「あなたの先祖には有名な国学者がいるの。あなたに文学的な素養があるのはその末裔だからじゃないかしら。あなた、作詞をしているでしょ？」

有吉はそう告げると、持参していたラジカセを取り出し、タモリが作詞した早稲田大学の応援歌「ザ・チャンス」をかけて、タモリと唄い始めた。

キリのいいところでタモリは有吉を送り出すため、「ありがとうございました！」と、拍手を促したその瞬間、次のコーナーに登場するさんまが飛び入り参加し、客席から大歓声があがる。タモリはすかさず、着ていたジャケットを脱ぎ、さんまの肩にかけた。するとさんまは『オレたちひょうきん族』の「タケちゃんマン」のコーナーで、ビートたけしとの掛け合いから誕生したギャグ「帰ってよ!」(甘えん坊で短気な〝ややこしい女〟になりきり、布団の中から「帰ってよ!」と男に言い放つ)を披露し、スタジオは大爆笑。さんまはすぐに退場する。

この時点で、テレフォンショッキングのコーナーは35分が経過していた。当時の歴代最長時間は、同年3月14日に黒柳徹子が記録した43分。「テレフォンショッキングのコーナーは、おもしろく転がりそうならば、後のコーナーを潰してでもそのまま続ける」。タモリとスタッフの意向は一致していた。

関根勤「テレフォンショッキングで、黒柳さんと、有吉佐和子さんが長々としゃべりましたよねぇ。あのとき、タモリさんはどういう気持ちで話してるんですか?」
タモリ「あれはねぇ、おもしろくなってきてねぇ。〝あ、これはこのまま、この番組がぶっ壊れるといいな〟と思った」(『FNS27時間テレビ 笑っていいとも!真夏の超団結特大号!!徹夜でがんばっちゃってもいいいかな?』2012年7月21日~22日)

有吉は、さんまを呼び戻し、一緒に唄おうと提案する。タモリは再びジャケットをさんまにかけ、「帰ってよ!」をやらせる。会場は爆笑の渦に包まれ、スタッフルームにも笑い声が響き渡る。

結局、有吉が退場したときの時刻は12時42分。黒柳に次ぐ歴代2位の出演時間を記録する。番組終了後もデスクの電話はクレームと称賛の声で鳴りっぱなし。この日の『笑っていいとも!』の視聴率は15パーセントを超えた。

29歳の覚悟

三宅恵介「生放送の『いいとも！』に有吉佐和子さんが出て、ものすごく長引いたんですね。それで、さんまさんが『オレらのコーナー、つぶされるんやないか？』と言いながらの一時間になったんですよ。

あれは、おばさんパワーがすごいんだということで、その後に、おばさんを集めようということになって『いただきます』が、はじまったんです。

生放送のいちばんの利点って、ああいうことだと思ったんですね。

予想のつかないことが起きる。それに対応したさんまさんがいる……という。だから、そこから生まれた番組は、ナマで起きてしまったことを、どうおかしく展開していくか、という作りかたになりました。

さんまさんと作るコントも、いつも『スタートだけは一緒にしておくんですが、それがどちらに行ってしまうかはわからない』というものなんです。

百メートル走になるか、マラソンになるかはわからないけど、トラック競技であるということだけは決めて、スタートラインにはつく。

トラックを走ることだけは守ってくれよ、という作りかたなのですが、そうすると、なにかが生まれてくるんですよね」（Ｗｅｂサイト『ほぼ日刊イトイ新聞』「おもしろ魂。」糸井重里・三宅恵介・土屋敏男鼎談２００４年９月）

1984年7月1日、さんまは、コメディNo.1、若人あきら、ザ・ぼんち、宮川大助・花子らと共に、愛媛県宇和島市で開催されたイベントに参加する。

この日がさんまの29歳の誕生日であることを知った共演者たちは、バースデーケーキと花束、プレゼントを用意し、ささやかなパーティーを開いた。

さんまは29歳となってからも、9本のレギュラー番組に加え、準レギュラー番組『なるほど！ザ・ワールド』『ヤングプラザ』、ドラマやコンサート活動など、変わらず多忙な日々を送っていた。

さんま「この世界、1度走り出したらとまらない因果な商売なんですわ。でももうアカンやろな、そろそろピークですからね。ま、人気が落ちてきたら、そしたら今度は自分の好きなことができるからええけどネ」（「週刊明星」1984年5月24日号）

さんま「30歳まであといくらも残っていません。10代、20代とふり返ってみると、ようムチャをやりました。人を笑わかすこと、サッカー、パチンコ、片思い、かけおち、ギャグ付きのナンパ、そして弟子修業。いちいち考えんと、ともかく行動してしまう性格なもんで、本人はそう感じてなくても周りがハラハラするようなムチャがずいぶんあったんやないかと思います。

けど好きなこと、興味あることにはトコトンのめり込んだおかげで、ふつうの人の五倍も六倍も密度の濃い青春を送れたような気がします。

ケネディ大統領は父親から『なんでも1番になれ。2等以下になるな！』ときびしく育てられたらしいですけど、ぼくは何事もいうのはムリやけど、こと好きなジャンルに関しては人に負けるのが絶対イヤな性分でした。その強気いうか勝気なところでどれだけトクしたかわからん思うてます」(『こんな男でよかったら』)

1984年8月24日、さんまは、うめだ花月で上演された舞台『ラジオが泣いた夜 放送されない公開生放送』に出演。うめだ花月の舞台を〝ラジオ放送局〟に見立て、架空のラジオ番組が放送される様子を出演者がすべてアドリブで演じ上げていく。ラジオパーソナリティ役として吉本興業の芸人が次々と登場し、フジテレビのディレクター、三宅恵介、山縣慎司、小林豊、佐藤義和、KBS京都のディレクター、岩崎小泉らをゲストに迎え、アドリブトークを繰り広げていった。

さんまは、島田紳助、斉藤ゆう子と共に出演。レギュラー番組である『笑っていいとも!』『花の駐在さん』を遅刻した話や、さんまの祖父・音一の話、恋愛エピソードなどを包み隠さず披露し、紳助との雑談を楽しんだ。

さんま「『笑っていいとも!』なんかは、〝なんで遅刻したんだ?〟っていう、遅刻の言い訳がひとつの名物になってましたからね。〝246の交差点で地底人とバッタリ会《お》うてしまって〟とか、そんなこと言ってましたねぇ。〝火災が起きたビルから子供を助けてました〟とか。今は芸能人で遅刻するイメージの人がいないね。昔は、たけしさんなんか、『オレたちひょうきん族』をよく休んだりしてましたからね。俺は遅刻は多かったなぁ。低血圧やし、忙しかったし、なにがなんだかわからない時代でしたね、あの頃は」(『MBSヤングタウン』2008年4月12日)

大﨑洋「担当していた劇場でも、それまでやったことがなかった新しい挑戦をスタートさせている。うめだ花月で上演した『ラジオが泣いた夜』という舞台もそのひとつ。タイトルは好きだった片岡義男さんの小説から取ったもので、直接、片岡さんに電話を入れて使用の許可を取ったりもした。

舞台はラジオ局の設定で、出演したのはさんまやのりお。それまでのカッチリとした台本がある舞台ではなく、アドリブや脱線はもちろん、舞台上で起きるハプニングも含めて全部見せてしまおうというコンセプトだ。今ではありふれた手法だが、大げさに言えば当時の花月で上演されていた『演芸』のスタイルを崩してやろうと企んでいた」(『笑う奴ほどよく眠る 吉本興業社長・大﨑洋物語』)

□1984年8月24日(金)『ラジオが泣いた夜 放送されない公開生放送』(うめだ花月)
出演:明石家さんま、島田紳助・松本竜助、斉藤ゆう子、西川のりお・上方よしお、坂田利夫、オール阪神ほか

1984年9月17日、『MBSヤングタウン』のパーソナリティで構成された野球チーム、「ヤンタンオールスターズ」の第3戦が、西宮球場にて行われた。対戦チームは、松山千春率いる「松山千春スーパースターズ」。

第1戦で、松山千春スーパースターズに1対10の大差で敗れたヤンタンオールスターズは、雪辱を果たそうと意気込んで試合に臨んだが、先発の島田紳助が序盤から打ち込まれ、試合は一方的な展開に。ヤンタン打線は松山の好投に5安打に抑えられ、0対10で大敗する。

松山は最優秀殊勲選手賞と最優秀投手賞をダブルで受賞。2安打を放ったさんまは最優秀打者賞を受賞し、「負けた気はしてません。千春のおでこが光って球が見えなかった」とコメントした。

「雑談法人・参宮橋金曜サークル」

東京での仕事がメインとなってから約5年間。東京ではホテル住まいを続けていたさんまが、東京都渋谷区代々木、参宮橋駅から程近いマンションを借りることになった。

以降、毎週金曜日に、さんまが宿泊する赤坂東急ホテルで行われていた、『オレたちひょうきん族』のディレクター、三宅恵介、放送作家の大岩賞介、大倉利晴ら、スタッフとの打ち合わせを兼ねた雑談会は、さんまのマンションで開かれることになる。

この会は、いつしか「雑談法人・参宮橋金曜サークル」と呼ばれ、放送作家の君塚良一、『オレたちひょうきん族』で共演するコント赤信号のラサール石井やヒップアップの小林進らも参加し、徐々にメンバーが増えていく。

「雑談法人・参宮橋金曜サークル」の会合は、午後10時から始まり、コーヒーを片手に、茶菓子をつまみながら朝方まで行われ、無数の不毛な雑談と、ユニークなアイデア、様々なヒット企画を生み出していくことになる。

さんま「ぶっちゃけた話すると、ホテルにいると、すぐ女の子を呼びたくなるじゃないですか。あの、ホテルの雰囲気はねぇ……ホテルに住んでたのがよくなかったんです、僕。ホテルって、夜寝ようと思っても落ち着かないんですよ。ほいでねぇ、ちょっとさみしくなると女の子を呼んでたんですよ。あれはホテルのせいなんですよ」（『さんまのまんま』1996年3月22日）

さんま「研ナオコさんと同じマンションに住んでたことがあって、真上の部屋が研さんの部屋で、〝さんちゃん、あんまり家庭料理食べてないでしょう〟言うて、いっぺん料理作りに来てくれたときがあって。魚の煮付けを作ってくれはったんですよ」（『さんまのまんま』2013年3月9日）

研「私のダイニングから、ちょうどさんちゃんとこの寝室が見えるのよ。そっから覗くと、寝てるか起きてるかわかるのよ」

さんま「だから、おねえちゃんが来たっていうのが全部わかるんですよ」

研「エレベーターでもよく一緒になったしね。普通に乗ってればいいのに、うつむいてるのよ」

さんま「部屋におねえちゃんが来た瞬間、電話が鳴るんですよ。〝今、女行ったでしょ？〟とか言うて。シーンとして、ちょっとええ雰囲気になったら、また電話が鳴るんですよ。〝今、やろうとしてるでしょ？〟とか言うて」

研「(笑) さんちゃんは女の趣味が悪い。いやーな感じの子ばっか」

さんま「ええ子！　ええ子！」

研「エレベーター乗る前からわかる。案の定、1階下で降りるのよ。さんちゃんは気がつかないかもしれないけど、全部一緒。ラインは。あとで痛い目に遭うのがさんちゃんなのよ」

さんま「自分も悪いんですよ。仕事が忙しいことにかこつけて、ちゃんと恋愛をしない。一番大事なものはなんだという話になると、愛じゃないですか。大事なものを忘れてしまう時期ってあ

りますよね。仕事で成功することが一番の幸せじゃないんですよ」（『あ。た、り』２０００年２月18日）

木村政雄「さんま君からの注文は、金曜の夜は絶対に空けておいてほしい、というもの。てっきり女のコとデートでもするのかと思ったら、そうではなくて、フジテレビの『ひょうきん族』のスタッフと長時間のミーティングをやっていた。（中略）この会議で長期的な戦略を立てたり、コントのアイデアを詰めたりしていたんですね」（「アサヒ芸能」１９９９年９月９日号）

笑福亭松之助「（引用者註：さんまが）東京へ住所を移しました。このままでは師弟の縁が薄れると思って、月に一度電話をかけてくるようにいいましたら、大晦日に『お世話になりました』とかかってきて、元旦に『おめでとうございます本年もよろしく』とかかってくるのです。（中略）

　ある週刊誌から電話があって、さんまさんに取材にいきましたら、師匠から手紙が週に一通、時には二通くるということで、そのことについてお伺いしたい。（中略）

　電話の相手は、さんま君は師匠の手紙を『宝物』だといってますよ、といった。（ええっ、かなわんな、そないたいそうに言われたら）わずか一枚か二枚の紙片が私と彼をしっかりと結んでいるのである。受け取る側の心を有り難い（あることかたし）と思って、私は電話をきった。後日、週刊誌が届けられた、茶封筒をもった杉本が一ページに写っていた」（笑福亭松之助のブログ「楽悟家 松ちゃん『年令《とし》なし記』」２００６年10月８日）

三宅恵介「さんまさんは、落語をやっていないけれども、落語界の師匠に教わったことを、大切に持っているかたなんです。

ひとりでいるとき、さんまさんは、思いついたことを、大きなノートにメモをしていますよね。あの人、そういうことをしている姿は、人に見られたくないでしょうけれども」（『ほぼ日刊イトイ新聞』「おもしろ魂。」）

『ライオンのいただきます』スタート

１９８４年10月1日、フジテレビの昼の帯番組『ライオンのいただきます』が始まった。

ライオン株式会社が、同枠で放送されていた帯ドラマシリーズ『ライオン奥様劇場』を終了させ、勢いに乗る『笑っていいとも！』の後に続くバラエティ枠を構築したいとフジテレビに打診し、プロデューサーの横澤彪、ディレクターの三宅恵介、佐藤義和、荻野繁、放送作家の髙平哲郎らが中心となって企画を練り、『ライオンのいただきます』は誕生した。

『笑っていいとも！』のテレフォンショッキングのコーナーで、出演予定時間を大幅にオーバーして番組を盛り上げた黒柳徹子や有吉佐和子らの〝オバサンパワー〟に注目したスタッフ陣は、〝著名なオバサン〟をメインとするトーク番組を企画。司会には、〝オバサン〟に好かれそうなタイプで、飽きられにくい可愛いげのあるタレントを候補に挙げ、その中から、『笑っていいとも！』の木曜レギュラーだった小堺一機が抜擢される。

小堺「僕、絶対にドッキリだと思ったんですよ。

アルタで制作発表するっていうんで行ったんですよ。絶対にドッキリだと思いながら。『呼ぶまで絶対出てこないで』っていうからほら、やっぱりドッキリだ、これで出ていったら、『その気になってやんの』『お前が司会のわけねえだろ！』って言われて、オチなんだと思っていたんですよ。

絶対あり得ませんよ、『いいとも』のあとの帯番組の司会なんて。

でもまあ、ドッキリも仕事だからな、と思って言われたとおりに『いいとも』のセットの裏で呼ばれるのを待ってたんですよ。（中略）

いやだなーと思いながら出ていったら、いるんですよ、見たことある本物の記者さんが。ホントに手の込んだドッキリだと感心しながら『よくわからないんですけれども頑張りたいと思います』なんて言ってたんですけど、いつまでたってもドッキリのバラしはなくて、ずっと普通に進むんですよ。しばらくして『あれっ、もしかしてこれって本当なの？』って……」（小堺一機『いつだってごきげんよう～小堺一機が学んだ会話術～』扶桑社、２０１１年）

『ライオンのいただきます』は、『笑っていいとも！』の放送終了直後、同じくスタジオアルタから公開生放送される。

ある日、『笑っていいとも！』の金曜レギュラーだったさんまは、『ライオンのいただきます』のメインスタッフが『オレたちひょうきん族』のチームであったこと、そして司会の小堺とも縁があったことから、『笑っていいとも！』の出演を終えた後、セットチェンジの間も居残り、そのまま飛び入り出演した。これが大きな話題を呼び、さんまは毎週金曜日、オープニングの数分間だけ顔を出し、小堺とふたりでフリートークを繰り広げることになる。

翌１９８５年4月、関根勤が『笑っていいとも！』の金曜レギュラーとなってからは、関根・

さんま・小堺のミニ演芸コーナーが設けられ、打ち合わせは一切無し、毎回ぶっつけ本番で、番組が終了する1989年9月まで友情出演を続けた。

小堺「『いただきます』が生のときに、おふたりが『笑っていいとも！』の金曜レギュラーだったんですよ。で、終わってから、『いただきます』のオープニングを一緒にやってくれてたんです。ミニ演芸コーナー、覚えてますか？」
さんま「はいはい。ノーギャラっていうのも覚えてます。なんで俺たちはノーギャラで、あんな一生懸命やってるんだと。ただ、次の番組に出たかったたいうだけのことだったんでしょうね」
（フジテレビ『ライオンのごきげんよう』2014年12月23日）

●1984年10月1日（月）～1989年9月29日（金）『ライオンのいただきます』（フジテレビ13：00～13：30）

美女対談とものまね王座

1984年10月9日、プロ野球のオフシーズンに放送されるラジオの帯番組『極楽ワイド鶴ちゃんでーす！』（ニッポン放送）が始まった。司会を務めるのは片岡鶴太郎とニッポン放送のアナウンサー、石川みゆき。さんまは、「さんまの美女対談」と題されたコーナーに出演。月曜日から金曜日まで毎回10分間、著名な美女をゲストに招き、フリートークを繰り広げた。

【1984年のゲスト】

10月9日〜10月12日「松坂慶子」
10月15日〜10月19日「小林麻美」
10月22日〜10月26日「F・モレシャン」
10月29日〜11月2日「松尾葉子」
11月5日〜11月9日「研ナオコ」
11月12日〜11月16日「阿木燿子」
11月19日〜11月23日「森下洋子」
11月26日〜11月30日「松金よね子」
12月3日〜12月7日「古手川祐子」
12月10日〜12月14日「和由布子」
12月17日〜12月21日「木の実ナナ」
12月25日〜12月28日「小柳ルミ子」

【1985年のゲスト】

1月3日〜1月4日「久野綾希子」
1月7日〜1月11日「篠ひろ子」
1月14日〜1月18日「高樹澪」
1月23日〜1月25日「谷山浩子」
1月28日〜2月1日「岩下志麻」

2月4日〜2月8日「早乙女愛」
2月11日〜2月15日「堀ちえみ」
2月18日〜2月22日「アグネス・チャン」
2月25日〜3月1日「早見優」
3月4日〜3月8日「菊池桃子」
3月11日〜3月15日「島倉千代子」
3月18日〜3月22日「柏原芳恵」
3月25日〜3月29日「叶和貴子」
4月1日〜4月5日「小泉今日子」

●1984年10月9日（火）〜1985年4月5日（金）『極楽ワイド鶴ちゃんでーす！』（ニッポン放送月曜〜金曜18：00〜19：30）

1984年10月9日、さんまは、『第16回オールスターものまね王座決定戦』（フジテレビ）に出演し、準々決勝で堺正章のものまねを披露する。

「この衣装は堺正章さんから借りてきたんです。これは堺さんがスパイダース時代に着てはったものなんです。だから今日は、ほんとに気合いを入れて唄います」

赤い軍服調の衣装を羽織り、真剣な面持ちでステージへと向かうさんま。堺正章の「さらば恋人」のイントロが流れ始め、さんまに注目する観客と審査員。

「♪さよならと〜〜」

歌い出しでわざと音程を外したさんまは、収録が一時中断するほどの大きな笑いをとった。

さんまは演奏するバンドのメンバーに謝罪し、歌い出しの部分を練習させてもらい、再度挑戦。今度は、サビの歌い出しでキーを極端に上げて笑いをとり、最後は真面目に堺正章の声色を真似しながら歌い切った。

審査員の得点は95点。対戦相手に大差をつけて勝利し、準決勝進出。この日、並み居るものまねタレントを撃破しながら、さんまは決勝戦まで駒を進めた。

●1984年10月9日（火）『第16回オールスターものまね王座決定戦』（フジテレビ19：30〜20：54）司会：研ナオコ、あのねのね、出演：明石家さんま、太平サブロー・シロー、山川豊、堀ちえみ、石川秀美、柏原芳恵、桑田靖子、ラッツ&スター、角川博、松居直美、栗田貫一、清水アキラ、コロッケ、内藤やす子、ジェリー藤尾、みのもんた、藤村俊二ほか

1984年10月、結婚10年目を迎えた夫婦、柏木圭介（竹脇無我）と朝子（浅丘ルリ子）の心の歪みを描く連続ドラマ『離婚テキレイ期』（TBS）に出演。さんまは、圭介の弟で、朝子に憧れる雅人を演じた。物語は、圭介夫妻、圭介の両親、雅人夫妻の三世帯の家族が同居するところから始まる。

さんま「森繁久彌さんが96歳で亡くなられて。我々の小ちゃい頃、笑いで支えてくれた人ですからね。私はありがたいことに、一回だけ森繁先生にスタジオでお会いして、お話をちょっとさせていただいたことがあるんですよ。

森繁先生はドラマの撮影で来られてて、俺は竹脇無我さんのドラマに出てて。ほんだら森繁先生が竹脇さんのところに来て、竹脇さんが俺を紹介してくれたんですよ。〝見てますよ、いつも、

ハッハッハ〟言うて。それが最初で最後ですよ。森繁久彌さんとお会いしたのは」（『MBSヤングタウン』2009年11月14日）

●1984年10月9日〜12月25日『離婚テキレイ期』（TBS毎週火曜21：00〜21：54、全12回）
出演：竹脇無我、浅丘ルリ子、明石家さんま、遠藤京子、久米明、津島恵子、根岸季衣、山咲千里、柴田恭兵、白川由美、所ジョージ、蟹江敬三、橋本功、渋谷天笑、加藤善博、矢代朝子、高樹沙耶、室井滋、藤田敏八、長戸勝彦ほか

スナック「カラオケさんま」オープン

1984年11月8日、カラオケスナック店「カラオケさんま」が、さんまの実家がある奈良県奈良市三条大路にオープンした。

水産加工会社を営んでいた父・恒は、1983年4月に自宅兼工場を火事でなくしてから、自宅を再建し、カラオケスナックを開業する計画を立てる。

「芸能人でも少し金が入ると水商売を始めたがる。でも、たいがい3〜4か月で潰れてしまう。水商売は難しいからやめとき」さんまはそう言って、カラオケスナックの開業には賛成しなかった。それでも、カラオケが大好きな恒の意志が固いことを知ると、さんまは黙って資金を援助した。

「カラオケさんま」は、店のいたる所にさんまのポスターなどのグッズが飾られ、さんまの名前を取り入れたメニューを出すなど、さんまの父親が経営する店であることを前面に押し出し、全国からさんまのファンが押しかけた。

営業時間は午後12時から午前3時まで。席数は25席。売りは3000曲のカラオケとさんまの開き。恒は、すみ江と力を合わせ、懸命に働き、店の経営は軌道に乗る。

杉本恒「ほんまに優しい子でしてね。私と家内に時計をプレゼントしてくれたり、自慢の息子です。

小さいときから優しい子でしたねえ。小学校のときは、よく兄貴とプロレスごっこをしとったんですが、あるとき、おじいちゃんがその仲間にはいって、おじいちゃんの左足を兄貴が持ち、右足を高文が持って〝股さきやあ！〟いうて引っぱったんですわ。

そうしたら、ほんまに股がさけてしまいましてね。おじいちゃん、救急車で病院に入院ですわ。高文は、次の日から毎日、病院へ看病に行ってましたよ。

病院に行くと〝おじいちゃん、ひとりでたいくつやろ〟いうて、その日一日のできごとを、おもしろおかしく落語にして聞かせましてね。

おそらく、あれが人を笑わせる喜びとか、芸人をやるようになったきっかけやと思いますね。

そのおじいちゃんもねえ、いまはボケてしもうて、寝たきりなんですわ。

おじいちゃん、いつも〝高文の嫁さんをひと目見たい〟いうてましてね。私らも早くいい人をみつけて結婚してほしい思うてるんですよ。（中略）

ほんとうに子供の好きな子で、長男の娘が彩乃ちゃん（小学校1年生）いうんですが、奈良へ帰ってくると、自分の子供のようにかわいがってますよ。

おもちゃなんか、タクシーのトランクにはいりきらんほど買うてくるんですよ。〝おもちゃ買うたら、給料、全部のうなってしもたわ〟といって笑ってましたが、どっかにええ人、おりませ

んかねえ」（「女性セブン」１９８５年５月９・16日合併号）

さんま「結婚したくなる周期ってあるみたいで、今はしたくないんですわ。（中略）

僕の場合、『この人と結婚したい』と思うのより、『子供が欲しい』というのが先なんですわ。前、雑誌で『子供産んでくれる女性、募集してます』と言うたけど、いざとなったら来まへんなあ。（中略）

おそらく結婚には向いていないでしょうね。嫁はんも、笑いのネタの犠牲になるでしょうしね。（中略）

恋人にはベタッとしてほしいけど、嫁はんでしたら、仕事持っていてほしいです。でもエライもんで、これも周期があって、『家にいてほしい』にまた戻るんですわ。（中略）

何回か離婚すると思うんですけどね。慰謝料払えなくなったら、止まると思いますけど。（中略）

結婚式は、人目につかんところでやってあげるのが、嫁はんへの、やさしさやと思います。けど、紳助やら、（ビート）たけしさんやら、『お前の結婚式は楽しみや』と言うとりますからね。たけしさんはお祝いに別れた女を皆連れてくると言いますし、紳助も、言うことのネタはいっぱいあると言いますし。周りがそれを楽しみにしてくれているんで、まずそのコメントに耐えられる女の子やないとあきまへん。いっそのこと披露宴は、嫁はんの代わりに人形でやろうかと思てます」（「ＭＯＲＥ」１９８４年12月号）

ナンデスカマンの最期とサラリーマン

１９８４年3月17日放送の『オレたちひょうきん族』で華々しく登場したナンデスカマンだったが、人気爆発とまではいかなかった。

さんまは、ビートたけしが眠る布団に潜りこみ、甘えん坊で短気な〝ややこしい女〟になりきって、「帰ってよ！」と言い放つギャグや、街中で通行人を大きな網で捕獲する人騒がせなキャラクター・アミトリおばさん、さらに、アメリカ人の牧師を演じたキャラクター・チョットイイデスカ牧師などのキャラクターを次々と誕生させ、「タケちゃんマン」のコーナーを盛り上げるが、肝心のタケちゃんマンの宿敵であるナンデスカマンの人気は、ブラックデビル、アミダばばあに比べ、劣っていた。

6月2日の放送では、製作費１３０万円をかけてナンデスカマンロボを投入するも、大きな話題にはならず、ナンデスカマンは徐々に存在感を失っていく。

10月27日の放送で、タケちゃんマンが地球の危機を救うため、ロケットに乗り込み、地球に接近する巨大流星を打ち砕き、永眠すると、翌週からタケちゃんマン7（「7」の数字が書かれた白い紙が帽子に貼りつけてあるだけのマイナーチェンジ）が登場する。

たけしのタケちゃんマンを演じることへの意欲と、ナンデスカマンの人気が並行して低下していく中、さんまは「タケちゃんマン」のコーナーを懸命に盛り立てていた。

そして、１９８４年11月24日、ナンデスカマンの最期の日が訪れる。

「昭和59年3月、タケちゃんマンの相手役に選ばれ、はや8か月が経ち、タケちゃんマンも去り、今や、タケちゃんマン7という新しいヒーローが誕生……。わたくしも、体力の限界を感じ、引退することを決意いたしました。しかし、タケちゃんマン7のコーナーは、永久に不滅です！」

演説を終えたナンデスカマンは、自らの名場面をVTRで見たあと、毒薬「スグシネール」を服用し、自決する。

この回の視聴率は、裏番組である『8時だョ！全員集合』が放送されていた期間の中で、最高となる25・8パーセントを記録した。

三宅恵介「わりと演者さんはあきっぽいというか、持続するのが苦手なんです。だから、さんまさんなんかはまだいけると思うのにどんどんキャラを変えていったんですね。逆にたけしさんにはそのままでいてくださいとずっと言ってました。タケちゃんマンまで変えちゃうとたぶんグズグズになっちゃうだろうから。それはいちばんたけしさんの辛かったことだと思います。だから、休んだり…ね」（「FLASH」2003年3月11日号）

1984年12月1日、「タケちゃんマン」のコーナーに、ナンデスカマンに代わるキャラクター、〝サラリーマン〟が登場する。

自らを「遠い宇宙の彼方から悪の使者として派遣された宇宙人」と語るサラリーマンは、七三分けに黒縁メガネ、地味な背広を着た、どこにでもいそうな風貌をしている。攻撃の種類は、名刺や給料明細を見せることと、酒を飲んでクダを巻くことのみ。「出世をあきらめたサラリーマンが世の中で一番強いのではないか」という、さんまとスタッフとの雑談から誕生したキャラクターだった。

『オレたちひょうきん族』は、放送開始当初、大学生から20代の若者をターゲットに作られていたが、この頃には小中学生の視聴者が増えてきており、サラリーマンはその層に全く受け入れられなかった。

12月22日の放送から早速マイナーチェンジを図り、「ごくろうさまです」と書かれた白いヘルメット、腰には変身ベルトを装着し、トリコロール柄のマントをなびかせながら、〝サラリーマンライダー〟として黄色いスクーターにまたがり登場するも、話題にはならず。サラリーマンは、一部熱狂的なファンに惜しまれながら、12月29日の放送で、満員電車の中で圧死し、この世を去る。

たけし「サラリーマンっていうのは、今頃からやればよかったね。あれ、ちょっと早かったんだよ。あれは、子供がわかんないんだよね」
さんま「やっぱり、子供はキャラクターがハッキリした方が好きみたい」
たけし「サラリーマン、おもしろかったけどなぁ」
さんま「たけしさんはサラリーマンを気に入ってて。スタッフもサラリーマンが好きだという人が多いんですよ。名刺出して、酒飲んで、クダを巻く攻撃」
たけし「カラオケ、いつまでもやめないの（笑）」
さんま「そうそう（笑）。それでタケちゃんマンをいじめるという、そういう役やったんですけどね」（『年忘れひょうきんスペシャル』１９８５年12月28日）
たけし「サラリーマンっていうのが一番好きだったね。ちょっと高度な、ネタ的にはちょっと子供たちには向かなかった。大人は喜んだけど。でね、見てる人がサラリーマンの人が多いんで、身につまされて嫌になっちゃったんだよ」

さんま「(笑)」(『オレたちひょうきん族』1988年7月9日)

「タモリ・さんまの日本一の最低男」

1984年4月から『笑っていいとも!』のレギュラーとなったさんまは「わが街わが家わが自慢」「さんまのおもろない夫婦」などのコーナーを担当するが、いずれもヒットコーナーとはならず、12月から始まる新企画として、視聴者から珍発明家を募集することになった。しかし、応募者は少なく、新企画は暗礁に乗り上げる。そこでさんまは、スタッフに願い出た。

「15分間、タモリさんと雑談だけでやりたい」


さんま「ウチの師匠がよく口癖で、『雑談を芸にできたら一流や』とおっしゃってたんです。でも、雑談コーナーをやるって言ったときに、フジテレビならびに『いいとも!』スタッフは大反対でしたからね」(『本人vol.11』2009年9月)

生放送で雑談のみのコーナーを成功させる自信はあった。花月の劇場で漫談をする機会がなくなり、漫談口調は完全に抜けていた。『MBSヤングタウン』では3時間の生放送で曲をほとんどかけることなくレギュラーメンバーと雑談を繰り広げ、『花の駐在さん』では月亭八方と、準レギュラー出演している『ヤングプラザ』では島田紳助と、『オレたちひょうきん族』では楽屋や打ち合わせの場でビートたけしらと、『いただきます』では小堺一機と、ドラマの現場では共演する役者らと、「雑談法人・参宮橋金曜サークル」では気心の知れたスタッフたちと、さんまはあらゆる場所で雑談を交わし、笑いをとっていたのだ。

さんま「『テレビの歴史上ないことだからこそやらしてくれ』って言って。それ以前から『いいとも!』の後説でタモリさんと雑談してたんです。で、それがウケてたから『絶対いける』ってわかってたんですけど、当時のテレビの常識では『成立はしても視聴率は取れないだろう』ってことだったんだと思います」(同右)

1984年12月7日、大多数の反対を押し切り、「タモリ・さんまの雑談コーナー」は始まった。この日の雑談の中で、『笑っていいとも!』の後説でも話題となっていた、〝さんまの男として最低な行為や態度〟について語り合い、視聴者から、さんまが出演する番組やインタビューなどで見聞きした〝さんまの最低エピソード〟を募ることになる。

そして翌週の12月14日、コーナータイトルを「タモリ・さんまの日本一の最低男」に改め、台本、リハーサルは一切無し、出たとこ勝負の雑談コーナーが始まった。

ステージには、視聴者から寄せられたハガキを置く小さな丸いカウンターテーブルが一脚あるのみ。タモリとさんまがひたすら馬鹿馬鹿しい雑談を繰り広げるこのコーナーは、瞬く間に大きな反響を巻き起こす。

さんまがイラストを描き、題字をタモリが書いたグッズ「サイテイシール」を視聴者プレゼントとして制作し募集をかけると、35万通の応募ハガキが届き、その後も、スタッフが保管場所に困るほど殺到する。
さんまの雑談芸が、今まさに花開こうとしていた。

さんま「あのコーナーを出来たっちゅうのは……自分の夢だったですから。あれは、僕から〝雑談で行く〟って言うて、反対を押し切って成功したコーナーなんですよ。台本無しで雑談でいくと。そんなの、一週や二週やったら大丈夫やろうけども、レギュラーで何か月も持つわけないって言われて。〝それでもとにかくやらしてくれ〟って言うたんですよ」（『MBSヤングタウン』1995年9月30日）

さんま「全部アドリブです。毎週毎週。タモリさんとはもう二年経ちましたけど、アドリブだけでやってきました。なんか、楽しい空気がね、伝わればと思ってやってます。（中略）タモリさんと二人で、これはすごいことだと言ってるんですけどね。十五分の、何もない空間の中から、一つずつ探しながらいくわけでしょう。それは面白くない日もあるでしょうけど、でも、このコーナー、『サイテー男』のコーナーは、できるだけ続けていきたいと言ってるんです。（中略）

こわいですよお。それはもうむちゃくちゃこわいですよ。『いいとも』の『サイテーコーナー』くらいこわいもん、ないですよ。まあ、タモリさんという素晴しいタレントさんと一緒にできるから、いまのところ、ほとんど面白くいってると思うんですけど、これはもう二人とも、汗かきながらやってますよ。だから、ウケて終わったあとの快感ね。（笑）あー、オレたちはプロだって、そういうのに浸れる番組ですね。（笑）（中略）

『サイテー』ということに関しては、別になんの抵抗もないですし、それを否定してしまったんでは面白くないでしょう、相手に対しても、客席に対しても。そう言われたときに客席が何を期待してるのか、そのことを一番先に考えるわけですから、われわれは。だから、どうしても、そっちのほうを選んでしまいますね、やっぱり、笑いをとってナンボですからね、われわれは。それは、どうのこうの言う以前に、いまこうすれば面白い、というのを、瞬間的に、イマジネーションで感じとってやるのが仕事ですから」（「広告批評」1986年3月号）

『心はロンリー気持ちは「…」』

1984年12月17日、さんま主演のコメディドラマ『心はロンリー気持ちは「…」』（フジテレビ）が放送された。

さんまは1年以上前から「雑談法人・参宮橋金曜サークル」の会合に参加し、赤坂東急ホテルやさんまの自宅でこのドラマの構想を練っていた。

さんま「『のんき君』ちゅうドラマに関しては魅力あったんですよ。でも向うの現場行ってショックうけましたね。（中略）

感性が違うんですよ。スタッフなんか『ここに壁があって走って行って頭をぶつけてコケてください』なんてことを真剣にゆうとる訳なんですよ（笑）。俺らやったら遊びで『あ、ここで頭ぶつけてコケてみようか』という空気の中と、『ぶつけてください。それじゃ行きます』というのとでは全然違ってくるんですよね。ぶつける時の空気が。（中略）

ギャグを真剣に言って真剣に撮っとる、そのスタッフの絵を撮った方が、絶対にギャグですよ」（「宝島」1985年7月号）

さんま「月曜ドラマランドで『のんき君』やって、あんまりにも演出家とか、ギャグがヘタなんでね。月曜ドラマランドのドラマは、〝うっひゃ〜〟とか言うて止まったり、〝いやだわさ〜！〟言うて、CM入ったりするようなドラマばっかりやってましたんで。もう、こんなもんやってられへん言うて、『ロンリー』を作ったんですよ、自分らで。あれはだから、一発目は、月曜ドラマランドの枠なんですよ。『ロンリー』が生まれたのは、月曜ドラマランドのおかげなんですよ」（『明石家さんまのG1グルーパー』1997年5月19日）

さんまは、フジテレビの月曜ドラマランド枠で放送されていた『のんき君』シリーズに見切りをつけ、新しいコメディドラマの脚本作りに没頭。君塚良一が考案したストーリーを基に、アメリカ映画『フライングハイ』や、アメリカのコメディドラマシリーズ『フライング・コップ』などの作品を参考にして、三宅恵介、大岩賞介らと共に、思いついたギャグを織り込んでいった。

三宅「『ひょうきん』とは違って、ギャグはマニアックなものが多かったですね。出演者の後ろで他の人がギャグをやったり、言葉遊びを画面で見せたり。（中略）言葉遊びのギャグでは、日吉ミミさんのポスターが壁に貼ってあって、メアリーという女性のポスターも障子に貼ってある。それで『壁に耳あり障子に目あり』とか。

炉端焼屋の前を外国人が通りがかり、『アイ・アム・レッドフォード！』と叫んで『炉端（ロ

バート）・レッドフォード』とか。（中略）
あと、我々は〝視聴者参加型ギャグ〟と呼んでいたのですが、画面の左隅に『ボタンを押してください』というスーパーと『ボタン』が表示されて、視聴者がそのボタンを押したであろうタイミングで、ピンポーンとSEが鳴ったり。（中略）さんまさんが演技をしている画面の下に『オーイと呼んでください』というスーパーが出て、その何秒か後にさんまさんが振り返って、カメラ目線で『何ですか？』と視聴者に話しかけたり」（三宅恵介『ひょうきんディレクター、三宅デタガリ恵介です』新潮社、２０１５年）

『心はロンリー気持ちは「…」』は、花屋に勤める心優しい青年・黒沢英雄（明石家さんま）と、家出少女・友枝（佐藤友枝）が出会うところから話は始まる。

英雄の恋人・木下咲子（田中美佐子）、友枝の父親で、暴力団の組長である戸川権造（目黒祐樹）など、登場人物は皆、どこか抜けていて、憎めない者ばかり。

〝ワンシーンにワンギャグ〟をモットーに、画面の中には様々なギャグがちりばめられており、さんまが『オレたちひょうきん族』で披露しているギャグやキャラクターも登場。

「雑談法人・参宮橋金曜サークル」のメンバーは、人が死なない、血が流れない、悪人が出ない、結末はハッピーエンドという方針を守り、自分たちがおもしろいと思うギャグをふんだんに詰め込んだコメディドラマを完成させた。

『心はロンリー気持ちは「…」』の視聴率は、15・3パーセントという予測を上回る数字を記録し、シリーズ化されることが決まった。

三宅「当初は『あっぱれ花屋さん』っていうタイトルだったんですね。それで、『心はロンリー気持ちはガンジー』っていうタイトルになったんですけど、放送するちょっと前に、（インディラ・）ガンジーさん（インドの首相）が亡くなられたんで、じゃあ、『…』にしようっていうことになったんですよ」（『心はロンリー気持ちは「…」1』DVD特典映像）

さんま「僕は、映画の『スティング』が好きなんで、ロバート・レッドフォードのハンチングが忘れられずにね、ドラマに出るならハンチングをどっかでかぶりたかったんですよ。このドラマは扮装はなんでもできるからいうので、初めてハンチングをかぶらしていただいて。煙草は当時、ラークを吸ってたんですけども、『ロンリー』はハイライトなんですよ」

三宅「ドラマにかけるさんまさんのこだわりですね」（同右）

さんま「第一回の子役のオーディションは覚えてますよ。後藤久美子ちゃんが来たんですから。姉妹で。我々は、あまりのキレイさに驚いて。でも、この役には合わないからゴクミは落としたんです。あれ、合わなくっても入れといたらデビュー作だったんですよ」（同右）

●1984年12月17日（月）『月曜ドラマランド 心はロンリー気持ちは「…」』（フジテレビ19：30〜20：54）「あなたはいくつギャグを発見できるか！」
脚本：大岩賞介、君塚良一、杉本高文、演出：三宅恵介、プロデューサー：横澤彪、出演：明石家さんま、田中美佐子、目黒祐樹、中村晃子、佐藤友枝（子役）、藤木悠、桂木文、江幡高志、浅利香津代、森川正太、大門俊輔、松金よね子、矢崎滋、渥美國泰ほか

1984年12月24日、舞台『ラジオが泣いた夜 放送されない公開生放送』の第3弾がうめだ

花月で上演された。
吉本興業の芸人が次々と登場し、架空のラジオ番組が放送される様子をアドリブで演じ上げていくこの舞台に、さんまはサンタクロースの衣装で登場。島田紳助、太平シローと共に、小一時間、雑談を繰り広げた。

紳助「劇場の入口で皆さんにアンケートを書いてもらいまして、その中で面白いのを発表して、みんなで意見を言おうじゃないかと。（中略）
あなたが一番最低やと思うもんなんですか？　一位はやっぱり明石家さんまやった。納得出来るわな。（中略）
ほんで二位が西川のりおさん、三位がさんまの父親と『カラオケ喫茶さんま』
さんま「これはテレビの影響ですよ。タモリさんが最低や最低やと。この間なんか、うちの兄貴が最低やて、ほっといてくれや」
紳助「さんまの親父さんは最低やね」
さんま「アホ。うちの親父は親父なりに生きとんねんからな。確かに奈良のいなかでやな、家の横が川や。前はセメントの倉庫やわな。そこでカラオケ喫茶すんねんもん。店の名前が、『さんま』やて、どついたろか！　子供の力借りん言うて、俺の名前借りとるやないか」
さんま「ええかげんで終ってくれよ、俺10時からヤンタンあんねん」
紳助「ほっとけ、ほっとけ。この前葉書来てたで。さんま、月曜日のヤンタンだけで大阪のファンつなごう思うなって。すごいシビアな意見やったで、お前」

さんま「いや、俺は大阪でやりたいよ」
紳助「又東京へ行ったら東京で勝負賭ける言うて」
さんま「横澤さんの前ではそう言う」
紳助「これや、覚えとこ。これがさんまのやり方や。あっちでだましこっちでだまし。そやけどさんまの女、なんでわかっててだまされるんやろな」
さんま「お前な、俺は天災か」
紳助「さんまの女、だまされてるてわかっててやで」
さんま「俺はだましたつもりはないやないかい」
紳助「お前の女は、自分だけは違うと思うねんやな。あるやんけ、ピストルのタマ一個入れて回すやつ」
さんま「ロシアンルーレットみたいなやつやな」
紳助「タマ込めてガーン。私だけは絶対当たらへんと思うねん」
さんま「俺は真剣につき合うてんねん」
紳助「タマ六発入ってんのん知らんと。
さんま「テレビで盛り上げる為に言うだけや。俺、ほんま損やわ、キャラクターとしてな」
紳助「俺、さんまの結婚式楽しみや、ほんまにな。誰かカミソリ持って暴れに来え《け》へんかな。絶対何人か来ると思うよ。俺、表で待ってたろ思うねん。カミソリ売ったろか思てんねん。ライフルとかカナヅチ50円とかね。レンタルしたろか思てんねん」
さんま「もう終ろや」

紳助「終ろか。俺も今からヤングプラザの忘年会行かなあかん」（「マンスリーよしもと」1985年2月号）

□1984年12月24日（月）『ラジオが泣いた夜 クリスマスライブ』（うめだ花月19：30開演）
出演：明石家さんま、島田紳助、太平サブロー・シロー、西川のりお・上方よしお、月亭八方、桂勝枝、トミーズ、ハイヒール、ダウンタウンほか

【コラム3】たけしとタモリと雑談と

1984年は、さんまさんにとって勝負の年となりました。

2月には、『笑っていいとも!』のテレフォンショッキングに初出演され、このときすでにレギュラー入りを狙っていたさんまさんは、前日の電話でのやりとりから仕掛けを施し、本番では、会場を笑いの渦に巻き込みながら、出演時間を大幅にオーバーする23分もの間しゃべり続け、タモリさんが嫌っていた小田和正さんを紹介し、ふたりを共演させるという伝説を残しました。

さらに、次の料理コーナーにも出演し、エンディングで鍋を誤って床に落とすというハプニングを起こして、『オレたちひょうきん族』のひょうきん懺悔室へと展開させ、視聴者を大いに楽しませるという、これ以上ない結果をディレクターである佐藤義和さんに見せつけ、『笑っていいとも!』のレギュラーの座を獲得します。

3月には、『オレたちひょうきん族』で演じていた愛着あるキャラクター、アミダばばあと決別し、ナンデスカマンという新キャラクターを生み出しました。これまでのキャラクターとナンデスカマンの大きな違いは、「タケちゃんマン」の劇中で、タケちゃんマン演じるビートたけしさんとの〝雑談シーン〟が段違いに増えたこと。ブラックデビルやアミダばばあを演じるときは、基本的にそのキャラクターになりきり、声色を変えて話していたのですが、ナンデスカマンは、「ナンデスカー!?」の決め台詞以外は、さんまさんの普段の口調のまま演じるようになり、この頃にはたけしさんも、物語に関わる台詞を話すとき以外は、普段のたけしさんの口調で話していたため、自然とふたりのアドリブが増えていきます。

4月14日の放送では、「♪箱の中身はナンデスカー!?」と大声で歌うさんまさんを見たたけしさんが、「元気だなー、お前は」と言うと、さんまさんは「はい！　楽しいです！　仕事が！」と元気に言い返します。この当時のたけしさんは疲れが蓄積していたのか、あまり元気がないように見えました。たけしさんが『オレたちひょうきん族』の収録を時々休むようになったのもこの頃のこと。モチベーションが上がらず、タケちゃんマンを演じることに限界を感じていたようにも見えました。

そんなたけしさんを、さんまさんはなんとか元気づけようと、必死になって笑わせます。6月30日の放送では、それを象徴するようなシーンがありました。たけしさんが、「お前は何考えてんだ！　お前は俺だけ喜ばそうとして番組やってんのか！」と笑いながら言うと、さんまさんは、「その通りだ！」と笑顔で即答されていました。このように、たけしさんが感心するほど、さんまさんは『オレたちひょうきん族』に情熱を注ぎ、番組を牽引していたのです。

12月1日の放送からは、新キャラクター、サラリーマンを登場させ、たけしさんを大いに笑わせます。子供たちには受け入れられず、短命なキャラクターでしたが、後にたけしさんから、「サラリーマンが一番好きだったね」と言われたときのさんまさんの嬉しそうな表情はとても印象的でした。

1984年のさんまさんは、予定調和の笑いではなく、アドリブ重視の雑談で勝負したいという思いが強くなっていきます。「雑談を芸にできたらすごいぞ」という松之助師匠の口癖が、さんまさんを動かしたのだと思います。

1983年9月まで、月に20日間、花月劇場の公演に出演していたさんまさんでしたが（売れっ子になってからは、ダブルブッキングなどで休演することもしばしばあったようです）、同年10月から月に10日間の出演となり、1984年5月からは、定期公演の出演を取りやめ、特別公演のみの出演となります。

花月劇場は、吉本興業の若手芸人であれば誰もが憧れる名誉ある舞台。戦力として認められなければ決して立てない舞台です。そこで最も客を呼べるさんまさんがいなくなるのですから、会社からは強く反対されたのではないかと思われます。それでもさんまさんは自らの意志を貫き、花月の定期公演には出演しないと決断されたのでしょう。80年代中期の担当マネージャー、玉野さんの証言によると、さんまさんが空港からタクシーでうめだ花月へ向かう際、突然、「あー、もうオレ、出えへんわ」と言って、そのまま阪神高速環状線を5、6周ぐるぐると周回したということがあったそうです。時にはそうした強硬な態度を見せ、花月劇場から離れようとしていたのかもしれません。当時の心境を語ったインタビューでは、「寂しい反面、舞台に飽いてる部分もあったんですよね」と語られていました。

さんまさんは1981年10月から始まった深夜番組『サタデーナイトショー』を、高視聴率の人気番組へと成長させますが、1984年3月、数字を獲りすぎたことが理由で終了することになりました。そのような理不尽な仕打ちを受けたことにより、数字にとらわれることなく、自分がこれだと思える笑いを、思う存分やりたいようにやっていこうと心に決め、雑談芸を磨くことに全力を注いでいくようになったのだと思います。『オレたちひょうきん族』の楽屋では、騒がしいひょうきんメンバーたちと。『花の駐在さん』では、無数の楽屋話をもつ雑談の達人、月亭八方さんと。『ヤングプラザ』のコーナー「なんでもトークなんでやねん!?」では、戦友、島田紳助さんと。『おもしろプレヌーン』の「BIJOあるトーク」や、『極楽ワイド鶴ちゃんでーす！』の「さんまの美女対談」では、女優や女性タレントと。「雑談法人・参宮橋金曜サークル」では、気心の知れたスタッフたちと。『ヤングタウン』『ブンブン大放送』では、メンバーやリスナーたちと。さんまさんは様々な場所で、様々な相手と雑談を繰り広げ、視聴者やリスナーを楽しませ、楽屋と舞台、楽屋とテレビ、楽屋とラジオのボーダーラインをなくしていきます。

作家の長部日出雄さんは、さんまさんの〝会話芸〟について、「それはジャズの即興演奏とおなじで、1回1回が綱渡りの真剣勝負でありながら、いかにも気楽そうに、リラックスしてみせなければならない。反射神経と集中力の塊である彼は、さまざまな知識と情報の記憶から生まれる抜群の連想能力によって、相手のどんな言葉も間髪を入れず、笑いに変えて打ち返す。この点において、明石家さんまは一種の天才だ。会話芸は、傑作が生まれても、長期の保存はきかず、時代とともに消え去り、やがて伝説として語られるしかない性質のものだ。いわばもっともテレビ的な芸である」と評されました。

1984年12月、さんまさんは『笑っていいとも！』のコーナーで、「タモリさんと一緒に15分の雑談コーナーをやりたい」とスタッフに掛け合います。そして、大多数の反対を押し切り、台本、リハーサルは一切無し、公開生放送で15分間、雑談のみで勝負するトークコーナー「タモリ・さんまの日本一の最低男」は始まりました。

小さなカウンターテーブルを挟んでの立ち話。さんまさんは、仕事での失敗談、日常生活で起きた出来事など、その時、その瞬間、思いつくまま、脚色を交えながら話しまくり、それをタモリさんはテンポよくあしらい、さんまさんを引き立てます。トークテーマを決めずに、次から次へと話が脱線することが当たり前のさんまさんと、本題から脱線することを好むタモリさんの融合。ふたりの意味のない笑える雑談コーナーは瞬く間に大人気となりました。

タモリさんという最良のパートナーに出会えたことで、雑談芸の輝きが増し、芸人として大きくステップアップしたさんまさんは、次なる勝負に出ます。それは次の章にて。

【1984年の明石家さんま活動記録】

――1984年（28〜29歳）の花月の出演記録

■うめだ花月1月上席（1983年12月31日〜1984年1月10日）
出演：やすえ・やすよ、笑福亭仁智&桂文福&桂小つぶ他（大喜利）、二葉由紀子・羽田たか志、隼ジュン&ダン&マブ&間寛平（ポケット・ミュージカルス）、西川のりお・上方よしお、明石家さんま、林家小染、チャンバラトリオ、今いくよ・くるよ、桂三枝（1日〜8日）、吉本新喜劇

■なんば花月1月中席（11日〜20日）
出演：晴乃ダイナ、ザ・ダッシュ、トミーズ&ハイヒール&銀次・政二（ショートショート）、平川幸雄、笑福亭松之助、三人奴、一陽斎蝶一&マブ（ポケット・ミュージカルス）、チャンバラトリオ、明石家さんま、ザ・ぼんち、今いくよ・くるよ、桂三枝（13日〜15日）、吉本新喜劇

■うめだ花月2月下席（21日〜29日）
出演：伊豆あすか・奄美きょうか、マジカルたけし、中山恵津子、笑福亭仁智他（大喜利）、めぐみ・ひかる、隼ジュン&ダン&西川美里、木川かえる&マブ（ポケット・ミュージカルス）、若井小づえ・みどり、東洋朝日丸・日出丸、明石家さんま、オール阪神・巨人、吉本新喜劇

■なんば花月3月下席（21日〜30日、31日は特別興行）
出演：ザ・パンチャーズ、大木こだま・ひびき、二葉由紀子・羽田たか志、堀ジョージとフラワーマジック&南本知子&西垣ゆかり（ポケット・ミュージカルス）、明石家さんま、桂朝丸、チャンバラトリオ、西川のりお・上方よしお、今いくよ・くるよ、吉本新喜劇

■うめだ花月4月上席（1日〜10日）
出演：ハイヒール、トミーズ、ザ・パンチャーズ、マジック中島・ひろみ、宮川大助・花子、河内家菊水丸&木川かえる（ポケット・ミュージカルス）、Wヤング（平川幸男・佐藤武志）、太平サブロー・シロー、明石家さんま、西川のりお・上方よしお、今いくよ・くるよ、吉本新喜劇

■なんば花月5月上席（1日〜10日）
出演：ダウンタウン、やすえ・やすよ、大木こだま・ひびき、二葉由紀子・羽田たか志、堀ジョージ&丘光二（ポケット・ミュージカルス）、中田カウス・ボタン、西川のりお・上方よしお、明石家さんま（5日〜7日）、オール阪神・巨人、横山やすし・西川きよし（5日〜7日）、吉本新喜劇

――1984年（28〜29歳）の主な舞台・イベント出演

□3月9日（金）『しんぱちさん劇団』（なんば花月19：00開演）
出演：木村進、月亭八方、明石家さんま、笑福亭松之助、林家染二、ザ・パンチャーズ、美里英二、里見要次郎、岡千秋、板東英二、上岡龍太郎ほか
※吉本興業の芸人たちが大衆演劇に挑戦した舞台。さんまは、第一部『帰って来た渡り鳥』と題された劇で、旅から旅へと渡り歩

く流れ者「横っとびの三五郎」を演じ、「稲妻の新太郎」を演じる木村進、「海鳴りの月太朗」を演じる月亭八方と共に主役を張った。第二部の歌謡舞踏ショーでは、「アミダばばあの唄」を熱唱。木村・八方・さんまによる相舞踊『兄弟仁義』で幕を閉じた。

□3月31日（土）「着物の特別販売会」（近鉄百貨店・阿倍野店）

※営業。15分の漫談を披露。

□7月16日（月）「第4回宵山寄席 ゆかたDE漫才」（京都花月）

出演：太平サブロー・シロー、明石家さんま、オール阪神・巨人、ザ・ぼんち、西川のりお・上方よしお、今いくよ・くるよ

※出演メンバーは全員ゆかたで登場。さんまは夏をテーマにした漫談を披露し、観客参加型のゲーム大会の司会を担当した。この模様は7月28日（土）、『納涼！ゆかたDE漫才』（読売テレビ15：00〜16：25）にて放送された。

□8月『SAMMA SPECIAL SHOW ビッグに燃えようぜ！』（うめだ花月4日・5日・6日・12日・13日・18日・19日・20日）

※うめだ花月の特別プログラム。ワンステージ約40分。1日2回公演。歌にトーク、村上ショージ、ハイヒールら吉本興業の若手芸人とのミニコントで構成されたステージ。夏休みということもあり多くの若者が詰めかけ、8月26日には急遽、追加公演が行われるなど、大きな反響を呼んだ。

――1984年（28〜29歳）の主な出演番組

●1月1日（日）『おめでとう日本列島』（毎日放送8：00〜10：00）

出演：横山やすし・西川きよし、明石家さんま、レオナルド熊、せんだみつお、斉藤ゆう子、武田鉄矢、高見知佳

●1月1日（日）『初詣！爆笑ヒットパレード』（フジテレビ8：30〜13：00）

出演：西川きよし、ビートたけし、明石家さんま、島田紳助・松本竜助、オール阪神・巨人、西川のりお・上方よしお、桂文珍、山田邦子、コント赤信号、内海桂子・好江、片岡鶴太郎、コント・レオナルド、春日三球・照代、牧伸二ほか

※さんまはビートたけしとふたりで、テレビショッピングのパロディコントを披露。

●1月1日（日）『'84新春スターかくし芸大会・一部』（フジテレビ20：00〜22：25）

●1月2日（月）『'84新春スターかくし芸大会・二部』（フジテレビ21：00〜22：54）

出演：ザ・ドリフターズ、堺正章、井上順、沢田研二、五木ひろし、西城秀樹、郷ひろみ、野口五郎、研ナオコ、ビートたけし、明石家さんま、美保純、松田聖子、田原俊彦、近藤真彦、野村義男、中森明菜、小泉今日子、シブがき隊、河合奈保子、柏原芳恵、早見優、石川秀美、松本伊代、高田みづえ、ラッツ&スター、斉藤慶子、中原理恵、細川たかし、ハナ肇とクレージーキャッツほか

●1月2日（月）『初笑いうるとら寄席』（TBS12：00〜13：54）

「新春吉例当代名人芸豪華に総登場」「出演者がそれぞれの得意芸を披露するほか、本芸以外のジャンルの演芸に挑む」

司会：伊東四朗、山田邦子、斉藤ゆう子、出演：横山やすし・西

川きよし、ビートたけし、明石家さんま、コント・レオナルド、引田天功、チャンバラトリオ、今いくよ・くるよ、コント赤信号、コロッケ、三遊亭小遊三、東八郎ほか

●1月2日（月）『東西爆笑大競演　勢揃い!!新春喜劇祭り』（日本テレビ16：00〜18：00）
出演：西川きよし、泉ピン子、小松政夫、前田五郎、ザ・ぼんち、オール阪神・巨人、明石家さんま、轟二郎、コント赤信号ほか

●1月2日（月）『初笑い浪花の陣　生放送だ！まかせなさい』（朝日放送16：00〜17：25）
出演：横山やすし・西川きよし、桂三枝、明石家さんま、島田紳助・松本竜助、オール阪神・巨人、海原さおり・しおり、今いくよ・くるよ、コント・レオナルド、笑福亭仁鶴ほか

●1月3日（火）『'84オールスター東西対抗爆笑激突ゲーム』（フジテレビ15：00〜17：00）
司会：山城新伍、出演：和田アキ子、山田邦子、明石家さんま、コント・レオナルド、島田紳助・松本竜助、山本譲二ほか

●1月4日（水）『やすしきよしの御用だ！まかせなさい』（朝日放送16：00〜17：25）
出演：横山やすし・西川きよし、岡八郎、明石家さんま、島田紳助・松本竜助、今いくよ・くるよほか

●1月7日（土）『ヤングプラザ』（朝日放送17：00〜18：00）
出演：島田紳助・松本竜助、明石家さんま、沖田浩之、伊藤麻衣子、森尾由美

●1月8日（日）『エキスタ・サンデー』（ABCラジオ12：05〜13：00）
出演：明石家さんま

●1月9日（月）『らくごーN六本木』（フジテレビ24：00〜24：30）
「明石家さんま&五街道雲助」

●1月14日（土）『松田聖子・愛にくちづけ』（ニッポン放送21：00〜21：30）
※松田聖子がパーソナリティを務めるラジオ番組。さんまは事前に収録した音声のみの出演。聖子への思いを語り、「性感帯はどこですか？」という質問を投げかけ、聖子を困らせた。

●1月16日（月）『'84ABC漫才・落語新人コンクール〜発表・表彰式〜』（朝日放送）
「漫才6組、落語4人による決勝」
司会：乾浩明、出演：横山やすし・西川きよし、桂三枝、島田紳助・松本竜助、オール阪神・巨人、西川のりお・上方よしお、今いくよ・くるよ、太平サブロー・シロー、ザ・ぼんち、桂朝丸、月亭八方、明石家さんま、横山ノック、研ナオコ、藤本義一、夢路いとし・喜味こいし

●1月18日（水）『霊感ヤマカン第六感』（朝日放送19：00〜19：30）
司会：フランキー堺、出演：明石家さんま、長江健次、目黒祐樹、柏木由紀子ほか

●1月21日（土）『ヤングプラザ』（朝日放送17：00〜18：00）
出演：島田紳助・松本竜助、明石家さんま、武川行秀、令多映子、高木淳也
●1月21日（土）『明石家さんまのラジオが来たゾ！東京めぐりブンブン大放送』（ニッポン放送23：00〜25：00）
司会：明石家さんま、ゲスト：岡本かおり、大倉利晴、アルフィーほか
※レギュラー番組
●1月22日（日）『料理バンザイ！』（テレビ朝日18：00〜18：30）
出演：滝田栄、小林幸子、明石家さんま、斉藤慶子
●1月28日（土）『おもしろCMランド（第13回広告大賞）』（フジテレビ15：00〜15：55）
出演：愛川欽也、ビートたけし、明石家さんま、山田邦子ほか
●1月28日（土）『ヤングプラザ』（朝日放送17：00〜18：00）
出演：島田紳助・松本竜助、明石家さんま、ザ・グッバイ、シュガー、鈴木賢司
●2月5日（日）『やっさんのはちゃめちゃ捕物帖』（朝日放送12：00〜12：45）
出演：横山やすし、明石家さんまほか
●2月11日（土）『ヤングプラザ』（朝日放送17：00〜18：00）
出演：島田紳助・松本竜助、明石家さんま、ラウドネス、ラブ・ポーション、松尾久美子
●2月16日（木）『ひょうきん族ファミリー芸能合戦』（フジテレビ19：30〜20：54）
「タケちゃんマンチームvs.アミダばばあチーム」
出演：ビートたけし、明石家さんま、コント赤信号、片岡鶴太郎、山田邦子、島田紳助・松本竜助、天地真理ほか
●2月18日（土）『あなたが出番！面白Q』（TBS12：00〜13：00）
出演：宇津井健、明石家さんま、赤木春恵、小林繁
●2月25日（土）『ヤングプラザ』（朝日放送17：00〜18：00）
出演：島田紳助・松本竜助、明石家さんま、長江健次、原田真二、大塚ガリバー、浜田朱里
●2月28日（火）『歌謡曲ぶっつけ本番』（ABCラジオ14：00〜16：30）
「お笑い劇場」
ゲスト：明石家さんま
●3月7日（水）『気分はパラダイス』（テレビ東京22：30〜23：00）
「楽屋の帝王さんまの悲恋物語にたけし大笑い」
出演：ビートたけし、高田文夫、美保純、ゲスト：明石家さんま
●3月11日（日）『爆笑うめだ花月25周年〜豪華！演芸180分〜』（毎日放送14：30〜17：30）

出演：横山やすし・西川きよし、桂三枝、明石家さんま、桂文珍、島田紳助・松本竜助、今いくよ・くるよ、オール阪神・巨人、西川のりお・上方よしお、藤田まこと、花紀京、木村進、間寛平ほか

●3月17日（土）『ヤングプラザ』（朝日放送17：00〜18：00）
出演：島田紳助・松本竜助、明石家さんま、チェッカーズ、研ナオコ、荻野目慶子

●3月21日（水）『霊感ヤマカン第六感』（朝日放送19：00〜19：30）
司会：フランキー堺、出演：新田純一、太川陽介、川田あつ子、明石家さんまほか

●3月24日（土）『ヤングプラザ』（朝日放送17：00〜18：00）
出演：島田紳助・松本竜助、明石家さんま、杉山清貴&オメガトライブ、伊藤つかさ、松谷祐子

●3月31日（土）『春のひょうきんスペシャル』（フジテレビ19：00〜20：54）
「投書でチクチク恐怖の公開ざんげ！」「タケちゃんマンの何ですかミュージカル」「マッチの青春回想記」

●4月2日（月）『春の祭典！なるほど！ザ・ワールドスペシャル』（フジテレビ19：00〜21：00）
「笑っていいとも！」「夜のヒットスタジオ」「オレたちひょうきん族」
司会：愛川欽也、楠田枝里子

●4月2日（月）『スーパーバラエティ 和田アキ子だ文句あっか！』（テレビ朝日19：30〜20：54）
「タモリ・文句あっか歌謡史」「たけし・文句あっか女優史」「山城新伍・文句あっかゼミナール」「ルミ子もみづえもさんまも絶句！」
出演：和田アキ子、山城新伍、タモリ、ビートたけし、小柳ルミ子、高田みづえ、明石家さんま、横山やすし、桂文珍、せんだみつお、加藤登紀子ほか

●4月21日（土）『おとこの台所』（日本テレビ10：30〜11：00）
「さんまの爆笑カレー」
出演：藤村俊二、マリアン、ゲスト：明石家さんま
※藤村俊二が司会を務める料理番組にゲスト出演。食に関するトークの中で、少年時代に経験した「納豆家出騒動」、弟子修業時代に経験した「米研ぎの失敗談」、東京・小岩に住んでいた頃に経験した「カップ麺胸やけ話」や、バナナ、パイナップル、缶コーヒーの美味しさについて熱弁。大好物であるカレーライスを作った。

●4月28日（土）『ミエと良子のおしゃべり泥棒』（テレビ東京22：00〜22：30）
「明石家さんま大ハプニングで大爆笑」「洗濯女」
司会：中尾ミエ、森山良子、ゲスト：明石家さんま

●4月30日（月）『なんば花月は花ざかり』（朝日放送9：30〜12：00）
出演：横山やすし・西川きよし、桂三枝、桂文珍、オール阪神・巨人、明石家さんまほか

●5月7日（月）『やす・きよのスター爆笑Q&A』（読売テレビ22：00〜22：54）
出演：横山やすし・西川きよし、アントニオ猪木、明石家さんま、金沢明子、高橋洋子、赤塚不二夫

●5月12日（土）『明石家さんまのラジオが来たゾ！東京めぐりブンブン大放送』（ニッポン放送23：00〜25：00）
ゲスト：小林麻美、桑田靖子
※レギュラー番組

●5月16日（水）『歌謡曲ぶっつけ本番』（ABCラジオ14：00〜16：30）
「お笑い劇場」
ゲスト：明石家さんま

●5月19日（土）『ヤングプラザ』（朝日放送17：00〜18：00）
出演：島田紳助・松本竜助、明石家さんま、アクション、レベッカ、矢追幸宏

●5月19日（土）『明石家さんまのラジオが来たゾ！東京めぐりブンブン大放送』（ニッポン放送23：00〜25：00）
ゲスト：可愛かずみ、川上麻衣子、早見優、渡辺千秋
※レギュラー番組

●5月27日（日）『花咲く女の特急便』（関西テレビ13：00〜14：00）
出演：山田スミ子、明石家さんま、太平サブロー・シローほか

●6月10日（日）『花の駐在さん』（朝日放送13：45〜14：30）
出演：明石家さんま、月亭八方、島田紳助・松本竜助ほか

●6月11日（月）『中島みゆきのオールナイトニッポン』（ニッポン放送25：00〜27：00）
出演：中島みゆき、ゲスト：明石家さんま
※何の接点もなかった中島みゆきとさんまの共演を実現させたのは、両者の番組の構成を担当していた寺崎要。中島が知るさんまの情報は、スタッフから聞かされていた最小限の情報のみ。さんまは約30分間、全く先の読めない中島との会話のセッションを楽しんだ。

●6月12日（火）『笑っていいとも！特大号』（フジテレビ19：30〜20：54）
「夜も生放送」「1−7人の友達の輪ッ！一挙公開」

●6月16日（土）『ヤングプラザ』（朝日放送17：00〜18：00）
出演：島田紳助・松本竜助、明石家さんま、チェッカーズ、竹中直人

●6月16日（土）『明石家さんまのラジオが来たゾ！東京めぐりブンブン大放送』（ニッポン放送23：00〜25：00）
ゲスト：薬師丸ひろ子
※レギュラー番組

●6月26日（火）『ぴったしカン・カン』（TBS19：30〜20：00）

司会：小島一慶、ゲスト：明石家さんま
※人気クイズ番組『ぴったしカン・カン』に約4年ぶりに出演。さんまは、司会を務める小島一慶から「最近、困っていること」について聞かれ、毎朝、「アミダばばあ！　出てこい！」と、大声で叫びながら自宅のドアを叩いてくる子供たちの相手をさせられていることや、寝ているときに見知らぬ誰かにベランダから猫を放り込まれた話、彼女の家に遊びに行くときに近所の子供たちにしつこくつきまとわれ、困り果てた逸話などを披露した。

●7月7日（土）『明石家さんまのラジオが来たゾ！東京めぐりブンブン大放送』（ニッポン放送23：00〜25：00）
ゲスト：岡田有希子
※レギュラー番組

●7月11日（水）『ザ・わかるっチャー』（フジテレビ20：00〜20：54）
「爆笑!!スーパーガールvs.さんま」
司会：西川きよし、山村美智子、出演：明石家さんまほか

●7月22日（日）『歌謡ドッキリ大放送!!』（テレビ朝日13：45〜14：55）
出演：シブがき隊、中原理恵、五木ひろし、高田みづえ、内山田洋とクールファイブ、石川ひとみ、オレンジシスターズ、明石家さんま

●8月4日（土）『モーニングサラダ』（日本テレビ7：00〜7：45）
司会：西城秀樹、出演：明石家さんま、石川秀美、財前直見

●8月4日（土）『ヤングプラザ』（朝日放送17：00〜18：00）
出演：島田紳助・松本竜助、明石家さんま、早見優、菊池桃子、大沢逸美、オレンジシスターズ

●8月11日（土）『ノックは無用！』（関西テレビ12：00〜13：00）
「さんまも驚愕！魅惑の水中ヌード写真」
司会：上岡龍太郎、横山ノック、ゲスト：明石家さんま

●8月12日（日）『Do‐Up歌謡テレビ』（テレビ朝日11：00〜11：45）
「さんま・高田みづえ真相」
司会：明石家さんま、木原光知子
※レギュラー番組

●8月18日（土）〜19日（日）『24時間テレビ 愛は地球を救う』（日本テレビ18日19：00〜19日19：30）
総合司会：徳光和夫、沢田亜矢子、出演：渡辺徹、明石家さんま、松本伊代ほか
※さんまは大阪城野外音楽堂にて開催された「渡辺徹チャリティーコンサート・ひろがれ愛の輪'84」（19日15：30〜16：55）に友情出演。

●8月30日（木）『おもしろプレヌーン』（テレビ東京11：00〜11：55）
「感涙お別れさんま」

●9月7日（金）『金曜ファミリーワイド・オールザッツ・タカラヅカ』（関西テレビ20：02〜21：48）
司会：桂三枝、鳳蘭、出演：明石家さんま、クロード・チアリ、松本伊代、堤大二郎、大地真央、榛名由梨ほか
※宝塚音楽学校の特訓の模様や、宝塚大劇場の舞台裏を紹介しながらクイズを出題するコーナー、宝塚トップスターによる海外レポート、OG大同窓会など、様々な企画から宝塚歌劇の70年の歴史と、その魅力を探るクイズバラエティ。さんまはクイズの解答者として出演した。

●9月15日（土）『秋一番！上方爆笑祭り』（毎日放送12：00〜16：30）
「漫才大行進」「特選！爆笑コント」「タレント家族（秘）ウラ話」「本邦初演！創作落語芝居」
出演：横山やすし・西川きよし、桂三枝、桂文珍、笑福亭仁鶴、月亭八方、西川のりお・上方よしお、島田紳助・松本竜助、今いくよ・くるよ、明石家さんま、コメディNo.1、太平サブロー・シロー、室谷信雄、木村進、間寛平、ザ・ぼんち、原哲男

●9月15日（土）『ヤングプラザ』（朝日放送17：00〜18：00）
出演：島田紳助・松本竜助、明石家さんま、二名敦子、嘉門達夫、憂歌団

●9月29日（土）『ヤングプラザ』（朝日放送17：00〜18：00）
出演：島田紳助・松本竜助、明石家さんま、佐藤隆、三原じゅん子

●9月30日（日）『イマジニアっぽい人、好き。』（フジテレビ13：00〜14：00）
出演：ノブオ・イケダ、ビートたけし、明石家さんま

●9月30日（日）『さんま・直美のアイドル歌謡史』（ニッポン放送18：10〜21：10）
出演：明石家さんま、松居直美

●10月1日（月）『なるほど！ザ・秋の祭典スペシャル』（フジテレビ19：00〜21：48）
「秋の面白番組総登場　なるほど！ザ・ワールドに全力挑戦！」
司会：愛川欽也、楠田枝里子、出演：京塚昌子、古谷一行、風間杜夫、俵孝太郎、タモリ、明石家さんま、芳村真理、井上順、星野知子、宮崎美子、桂三枝、うつみ宮土理、島田紳助、片岡鶴太郎、山口良一、石川秀美、小川宏、早見優ほか

●10月6日（土）『秋のひょうきんスペシャル』（フジテレビ19：00〜20：54）
「視聴者密告ハガキ公開ザンゲ大会！」「女優の前で帰ってよ」

●10月6日（土）『明石家さんまのラジオが来たゾ！東京めぐりブンブン大放送』（ニッポン放送23：00〜25：00）
「サヨナラ岡本かおり涙の卒業」
※レギュラー番組

●10月7日（日）『花の駐在さん』（朝日放送13：45〜14：30）
出演：明石家さんま、月亭八方、島田紳助ほか
※桂三枝に代わり、3年半、主役を務めてきたコメディドラマ『花の駐在さん』が最終回を迎える。

●10月8日（月）『月曜ドラマランド のんき君3』（フジテレビ19：30〜20：54）
「突然！謎のお屋敷ヤクザ登場‼帰ってヨ！アタタタ‼お前はもう死んでいる‼」
出演：明石家さんま、森マリア、入川保則、川上麻衣子、東八郎、小松政夫、芦川よしみ、江藤博利、萩原流行、春川ますみ、山田スミ子、清水章吾、岡本かおり、若原瞳、松尾伴内、堀江しのぶ、野沢直子、梅宮辰夫ほか
※植田まさしの人気4コマ漫画を原作としたコメディドラマの第3弾。『のんき君』シリーズは今作を最後に終了する。

●10月14日（日）『Do-Up歌謡テレビ』（テレビ朝日11：00〜11：45）
司会：明石家さんま、木原光知子、出演：松平健、近藤真彦、岡田有希子、西城秀樹ほか
※レギュラー番組

●10月31日（水）『ABOBAゲーム』（朝日放送19：00〜19：30）
「スター追跡クイズ・B型さんまの一日」
司会：みのもんた、出演：竹本孝之、大和田伸也、明石家さんまほか

●10月31日（水）『エッ！うそーホント？』（日本テレビ19：00〜19：30）
「住宅ローンらくらく返済法」
司会：土居まさる、出演：明石家さんま、イルカほか
※レギュラー番組

●11月17日（土）『ヤングプラザ』（朝日放送17：00〜18：00）
出演：島田紳助・松本竜助、明石家さんま、チャゲ&飛鳥ほか

●11月17日（土）『明石家さんまのラジオが来たゾ！東京めぐりブンブン大放送』（ニッポン放送23：00〜25：00）
ゲスト：柴田恭兵、ジョニー大倉ほか
※レギュラー番組

●12月1日（土）『明石家さんまのラジオが来たゾ！東京めぐりブンブン大放送』（ニッポン放送23：00〜25：00）
ゲスト：一世風靡セピアほか
※レギュラー番組

●12月2日（日）『Do-Up歌謡テレビ』（テレビ朝日11：00〜11：45）
「舘ひろしvs.明石家さんま」
※レギュラー番組

●12月9日（日）『田原俊彦 SHE！SAYS！DO！ いつだってアイ・ラブ・ユー』（ニッポン放送11：00〜11：30）
ゲスト：明石家さんま

●12月9日（日）『ヤンヤン歌うスタジオ』（テレビ東京19：00〜19：54）
「堀・優・伊代が直訴 さんまが日本一最低男」

●12月9日（日）『ザ・音楽』（ニッポン放送21：00〜21：30）
「桑田佳祐 明石家さんま」
※さんまは12月9日〜12月30日まで、毎週日曜日に出演。

●12月20日（木）『オールスター年忘れ お笑いたちの忠臣蔵』（日本テレビ19：30〜21：00）
進行役：タモリ、中村メイコ、出演：東八郎、明石家さんま、所ジョージ、坂上二郎、萩本欽一、堀ちえみ、由利徹、小松政夫、谷啓、ケーシー高峰、コント赤信号ほか
※渋谷公会堂から生中継。

●12月29日（土）『年忘れひょうきんスペシャル』（フジテレビ19：00〜20：54）

●12月30日（日）『さんまとナオコの'84芸能界総ザンゲ』（ニッポン放送13：00〜16：00）
「激白トシ！恋の真相」「タケシ六本木事件」

●12月30日（日）『年忘れ笑っていいとも！特大号』（フジテレビ19：00〜20：54）
「レギュラー総出演の生放送」
出演：タモリ、明石家さんま、所ジョージ、西川のりおほか

●12月31日（月）『さよなら'84笑って笑って大みそか 大爆笑スター仮装大会』（フジテレビ12：00〜14：55）
「'84珍重大ニュース」
司会：桂三枝、桂文珍、出演：オール阪神・巨人、西川のりお、明石家さんま、今いくよ・くるよ、三遊亭楽太郎、片岡鶴太郎、堀ちえみ、野村義男ほか

●12月31日（月）『お笑いベスト10ツ・総出で紅白ぶっとばせ！』（テレビ朝日21：02〜22：18）
司会：横山やすし・西川きよし、出演：明石家さんま、オール阪神・巨人、コント・レオナルド、とんねるず、コント赤信号、コント山口君と竹田君

——1984年（28〜29歳）の主なCM出演

○菓子「ミスタードーナツ」（ダスキン）
※CF制作陣は当初、さんまが主演するコメディドラマ『心はロンリー気持ちは「…」』をモチーフとした作品にしたいと提案したが、さんまは、『心はロンリー』は皆で作った作品やから」と、それを拒んだ。
そして完成したのが、舞台を中心に活躍する女優、片桐はいりとのCF。さんまのキャラクターに負けないインパクトのある面がまえをしていた片桐とのCFは話題となり、シリーズ化されることになる。

CFの多くは神奈川県横浜市金沢区にあるミスタードーナツの店舗で撮影。一度だけ、大阪府吹田市にある江坂店で撮影したこともあった。

○多回線型応答専用の留守番電話「アンサホンリモコールAF-M21」（パイオニアアンサホン）

Ⅳ. 運命——1985年の明石家さんま

妖怪人間・知っとるケ

1985年1月3日、フジテレビが主催する『第13回日本放送演芸大賞』の授賞式が行われ、さんまは所ジョージと共に優秀賞を獲得。さんまは大阪の会場にて、藤本義一から、賞状、トロフィー、賞金を授与される。

毛利八郎アナ「去年も、ナンデスカマンからサラリーマン、さらには〝帰ってよ！〟なんて、いろんなフレーズも生み出してきましたけども」
さんま「1月5日からは、また新しいキャラクター、〝妖怪人間・知っとるケ〟ちゅうのが登場しますので、是非見ていただきたいと思います（笑）。最低です、ほんとに」
毛利「（笑）まあ、それにしましても、ドラマでも随分活躍されてますけども、今後はどうなんですか？　役者さんとしての道を歩んで行こうというのは」
さんま「あ、それはないです。大阪弁でねぇ、やる役はものすご限られてるんです（笑）。二枚目は大阪弁じゃできまへんやろ？〝お前のこと好っきゃねん〟とか言うてる場合やないのでね。ですから、そんなに。流れに任せて」
毛利「流れに任せてって言いますと、今年は一体、誰についていくんでしょうか？」

さんま「これが難しいんです。ちょっと4月まで様子見ます。一応、たけしさんとタモリさんと三枝さんに焦点を絞ってるんですけども、それがどうなるかわかりません。ひょっとしたら小堺が伸びるかわかりませんのでね」
毛利「(笑)」
さんま「小堺のとこに行くかわかりません」
毛利「おめでとうございました」
さんま「どうもありがとうございます」
毛利「小川さ～ん！」

大阪の会場と東京の会場を中継でつなぐ。

小川宏「はい、さんまさん、どうもおめでとうございます」
さんま「どうもありがとうございます」
小川「さんまさん、脂が乗ってきましたなぁ」
さんま「あー、ありがとうございます」
小川「食べごろですな、今」
さんま「はい、見事な表現ありがとうございます」
小川「(笑) さんまさんねぇ、この番組のプロデューサーの横澤(彪)さんとこないだお話してたら、さんまさんっていうのは、雑談師だって言うんだね」
さんま「雑談師(笑)。雑談は好きなんですよ」

小川「それが生きてるって言うんですよ。これからもどうぞ生きてください」
さんま「生きます〜。そんな殺さんといてください」
山村美智子「さんまさん！　今年、ご結婚はないんですか？」
さんま「おそらくないと思います〜」
山村「あー、そうですか、はい、おめでとうございます」
さんま「なんやそれは！　結婚せえへんで何がめでたいねん！　山村〜！」
山村「はい（笑）」
さんま「寿司屋ばっかり行くな！」
山村「（笑）」
小川「まーまーまーまー」
さんま「山村〜！」
小川「もう帰れ〜！」
さんま「小川〜！」
小川「さんまさん、どうも失礼しました！」

●1985年1月3日（木）『第13回日本放送演芸大賞』（フジテレビ・関西テレビ8：30〜11：24）
司会：小川宏、山村美智子、毛利八郎
大賞：該当者なし
特別功労賞：桂三枝
特別賞：タモリ、ビートたけし
奨励賞：片岡鶴太郎、月亭八方
話題賞：笑福亭鶴瓶、立川談志一門
優秀賞：明石家さんま、所ジョージ

敢闘賞：西川のりお、山田邦子、古舘伊知郎
最優秀ホープ賞：小堺一機
ホープ賞：コント赤信号、桂小枝、嘉門達夫、たけし軍団、竹中直人、ハイヒール

1985年1月5日、『オレたちひょうきん族』の「タケちゃんマン7」のコーナーに、サラリーマンに代わる新キャラクターとして、妖怪人間・知っとるケが登場する。

その昔、青森県片田郡知取毛村に、巡礼の旅をする父子が現れた。病に侵されていた父はそこで力尽き、残された子は農家の手伝いをしながら暮らすことになる。ある日、その子が村の分教場へ立ち寄ったときのことだった。村の子供たちから、立て続けに質問を浴びせられる。

「お前、この字、知っとるケ？」

「この問題の答え、知っとるケ？」

その子は勉強などしたことがなかったため、ひとつも答えることができないまま、その場を立ち去り、悔しさのあまり三日三晩泣き続け、天に向かってこう叫んだ。

「神様！　僕に誰にも負けない知識を与えてください！　そのためならどんなことでもいたします！」

その瞬間、一筋の稲光が子の体を貫き、全知全能の知識を得るのと同時に、見るもおぞましい妖怪の姿となっていた。そして、その子は自分の身に起きたすべての出来事を受け入れ、唄い始める。

♪知っとるケのケ、知っとるケのケ、俺の名前を知っとるケのケ、最低の男って知っとるケのケ、今年で30、知っとるケのケ、知っとるケのケ

さんまは、あるテレビ番組で、インタビューを受けていた東北地方に住む村人が「知っとるケ?」と連呼している姿を見て、このキャラクターの着想を得た。

毎回、登場時に唄う「知っとるケ音頭」は、大正時代の流行歌「まっくろけ節」の替え歌で、「♪軽く書いてもまっくろけーのけ　これでも30円　まっくろけーのけ」と北島三郎が唄う三菱の純黒ボールペンのCMソングを模したもの。

白いざんばら髪、しわくちゃ顔で赤っ鼻。衣装はモンペにちゃんちゃんこ。肩にはバッキーという名のカラスを乗せ、「ヒャーッホ!」と引き笑いをして、「知っとるケー?」と決め台詞を吐く。そんな妖怪人間・知っとるケを全力で演じるさんまの姿を見たビートたけしは、「頭が下がります」と笑い、感心した。

タケちゃんマン「お前、10年先のこと考えた方がいいぞ」
知っとるケ「(笑)」
タケちゃんマン「刹那主義で生きちゃいけない。希望を持て! 今だけに生きるんじゃない。2年後、3年後もあるんだぞ」
知っとるケ「10年後もまだ、一緒にこんなことやっていようぜ」
タケちゃんマン「10年後のキャラクター、見てみたいわ(笑)」
知っとるケ「40になってもまだ、ヒャーッホ! ヒャハハ!」
タケちゃんマン「ショパン猪狩《いがり》だって、そんなことしてないんだから」(『オレたちひょうきん族』1985年1月5日)

さんま「芸人として30にもなってんのに、まだこんなことやんのかっていう時代だったんですよ。あの頃は30歳で、そろそろ落ち着かなアカンっていう時代だったんですよ」（『ＭＢＳヤングタウン』２０１０年３月27日）

さんま「知っとるケの肩の上に乗ってたカラスは、『ピンク・パンサー』という映画でね、ピーター・セラーズが乗せてたんですよ。それに空気入れたり、爆発さしたりする遊びがあって、それを知っとるケの肩につけようっていうことで。途中で邪魔になって取ったんですけどね。

たけしさんに〝そのカラスはなんなんだ？〟って言われたときに、〝バッキーや！〟って言うて、たけしさんがボテンとこけるシーンは、世の中、誰も気ぃついてないと思うんですけども、その当時、たけしさんの、ちょっと付き合いがあった女の子のニックネームがバッキーなんですよ。それで、アドリブで、〝これバッキーやがな〟って言うて。

そのときに、僕が知ってた女の子の友達やったんですよ、偶然。ほんで俺は、知り合いの女の子から、たけしさんとの関係も全部入ってて、黙っとこう黙っとこうと思っててんけど、たけしさんをこかしたろうと思って、〝なんなんだ？　そのカラスは〟〝これバッキーちゃん〟って言うたら、ドテ〜ンこけたんですよ。そういう思い出のキャラクターなんですよ、この知っとるケは。（『知っとるケ音頭』の）歌詞はいっつも変えてたの。〝♪たけしの噂を知っとるケ〜のケ〜〟とか、〝♪フジテレビの人事異動を知っとるケ〜のケ〜〟とか。そこはいっつも変えてたんですけども」（『ＭＢＳヤングタウン』１９９６年１月13日）

なぜそんなに元気なのか？

さんまは、ここからまたさらに、『オレたちひょうきん族』に心血を注いでいくことになる。
収録は決して休むことなく、たけしやスタッフを笑わせることに全力を尽くし、昼から深夜まで行われる収録を終えると、毎回、体重が2キロ減少していた。

岡村隆史「たけしさんとの打ち合わせっていうか、ネタ合わせっていうのはあったんですか？」
さんま「打ち合わせをやって、〝こうしましょう、ああしましょう〟って、アイデアが無いときは2時間ぐらいセットの前でじーっとふたりで考え込んで。2時間ぐらいじーっとしたら、絶対新しいアイデアは出てこないから、〝出てこない！　終わりましょうか〟とか言うて、セットほったらかして帰ったことは何回もある。景気のええときなんで」（『なるみ・岡村の過ぎるTV』2015年1月18日）

さんま「『オレたちひょうきん族』は、毎回プレッシャーの連続でしたからね。コントのシーン撮り終わったら、ポンとカメラが俺を抜くんですよ。さんまが何か言うだろうと。構えてスイッチングされて、何か言わなきゃいけない、笑わさなアカンという、毎回がプレッシャーやったね、あの番組は」
ラサール石井「最後のたけしさんとの対決シーンでは、さんまさんがいつも必ず、水びたしになったり、粉だらけになって、最後、さんまさんがひとこと言わないと終わらないんですよね

（笑）」

さんま「終わらないの（笑）」（『踊る！さんま御殿!!』1998年11月24日）

さんま「俺はたけしさんに〝お前、うしろに水子がいるぞ〟って言われたときに、水子なんかいないのに、〝よしお君あっち行きなさい！〟言うたら、四国の神社の水子供養の神社から、3センチぐらいある封書が来たんや。〝水子に名前をつけるもんやない〟言うて。わかってるっちゅうねん、俺も。本番上のやり取りや。

〝こいつは水子地蔵をピンにしてボウリングしてやがるんだぞ〟って言われたときは、〝こないだ太郎ちゃんが倒れなくって〟って言うて乗ったら、また封書や。水子地蔵でボウリングなんかするわけないやないか。

悪い人間だと思われても、笑いが起こる方をチョイスせなアカンねん。〝やってません〟って言うたら、それで終わってまうねん。流れがあるから、そんなとこで自分のイメージを大事にするよりも、リズムを大事にする方がええねん。本当のファンはわかるから。シャレで言ってるのか、本気で言ってるのか。〝あっ、これはリズム崩さんように言うとんねんな〟とか、全部見抜かはる」（『MBSヤングタウン』2005年7月9日）

島田紳助「漫才ブームが去って、みなどこかしら体悪うしてんのに、さんまだけはピンピンしとる。ストレス、なんにも貯まらんかったのかナ、アイツ」（「MORE」1985年9月号）

糸井重里「さんまさんのすごさを支えるのって、やっぱり、体力じゃないですか。あの体力って、なんなんでしょうか?」(『ほぼ日刊イトイ新聞』「おもしろ魂。」)

さんま「ぜんぜん寝てない。なのに、自分自身、こんなに元気なはずがないってくらい元気がある。こりゃ、きっと寝てるあいだに、吉本(興業)の社員に覚醒剤でも打たれてるんじゃないかと……」(「JJ」1985年4月号)

桂三枝「学ぶのと遊ぶのとを同時に一生懸命やって、それを仕事に取り込んでいかないと、芸人というのは長続きしないんです。

学びながら遊ぶことで、引き出しが増える。経験が増える。それが芸人の芸の〝体力〟となるんです。そういう〝貯め〟がないと放電過多になってしまって、芸がかすかになり、飽きられてしまう。

私は、売れるまでは面白いのに、売れてしまうとあんまり面白くなってしまう人を嫌というほど見てきました」(桂三枝『桂三枝という生き方』ぴあ、2005年)

北野武「『ひょうきん族』作ったときにはっきり、さんまを使いだしたときに、演者としてのさんま、企画・ネタの俺、ディレクターの三宅(恵介)っていうのを分割したね。(中略)

俺は自分で偉いなあと思ったのは、徹底的にさんまを持ち上げたからね、『やれやれ』って。さんまのギャグで持たしたとこあるからね。ぬいぐるみやなんかは全部俺のネタだしね。でもその演出は三宅さんだし。それまでのテレビっていうのは、ディレクター対演者の関係であって、一方的に演者がディレクターに言われたとおりやってた時代があるんだけど、『ひょうきん族』

はそうじゃなくて、演者がもう演出のほうにかんでいっちゃったり、ディレクターがタレントのとこに下がってきちゃったりなんかして、グループになったよね。それで当たった最初の番組だったよね。（中略）
さんまを見てると、（中略）創造性はほとんどないと思うんだけど、昔ながらの演者としては最高じゃねえかなあ。与えられたものをどうやってこなすかっていうのは、ほんとうまい。職人さんだよね。俺は設計図描くほうは得意だったけど、職人にはなれなかったなあ。さんまとおんなじ土俵で勝負はできないなあって。もともとその素質もねえし。
もし俺にその気があったら、さんまツブしにかかってるだろうね。『さんまじゃねえ、俺のほうが面白いんだ』って、絶対おんなじ画面の中で張り合ったと思うね。だけど、俺は早々と引いちゃったんだよ。認めちゃったっていうか。でも結果的に考えりゃ、ツブし合いをやっちゃってたら『ひょうきん族』ってのは当たんなかったよね」（北野武『余生』ロッキングオン、２００１年）

１９８５年１月７日から11日までの５日間、さんまは正月休暇をとるタモリの代理で、『笑っていいとも！』の司会を務めることになった。

その４日目、１月10日の放送終了間際に、突然の訪問者がスタジオアルタに現れる。

「『ひょうきん族』名物、『出張懺悔室』がやってまいりました！」

さんまは、〝出張懺悔室〟と書かれたのぼり旗を持った〝神様〟と〝神父〟の姿を見て、すぐに察知した。

１月９日放送のエンディングで、さんまが観客に向かい、「また、明日も見てくれるかな？」と言うところを、「また、来週も見てくれるかな？」と言い間違えたことが懺悔の理由だった。

「〝来週〟ちゃうわ、〝明日〟や」と、すぐに間違いに気づき、訂正したものの、時すでに遅し。観客からは盛大な懺悔コールが巻き起こり、翌日、それを受ける形で、出張懺悔室のコーナーが執り行われることになったのだ。

「あのねぇ、僕は金曜日のレギュラーでしょ？　金曜日はいつも、〝来週も見てくれるかな？〟って言うてるんですよ」

この日、私服で出演していたさんまは、懸命に言い訳をして許しを請うも、結果はバツ。頭上から水をかけられ、ずぶ濡れとなった。

「俺、着替え持ってきてないねん。帰り、裸やがな！」

その翌日、1月11日の放送では、ビートたけしがテレフォンショッキングのコーナーに乱入するハプニングもあり、大きな反響を呼んだ。

週刊誌に〝写真〟を売られる

1985年1月、写真週刊誌「FRIDAY」（1985年2月1日号）に、かつて、さんまが交際していた女性、Kとのツーショット写真が掲載される。

写真は1981年頃、さんまとKが交際していた時期に撮影されたもので、「FRIDAY」に持ち込んだのは、Kだった。

「1千万円はもらっていない。私が彼からもらった現金は50万円だけ。病弱な私を心配して、魔除けの蛇をかたどったカルティエの30万円ほどの指輪を買ってもらったことはあるが、それ以外のモノはもらっていない」

交際がこじれ、世間にスキャンダル記事が流れてから約4年。さんまがいまだに当時のエピソードを、「慰謝料1千万円」というキーワードを出し、テレビで笑い話にする行為が許せないと、Kは「FRIDAY」の誌面で主張する。

「慰謝料を1千万円請求された銀座のクラブの女、あれも初めは弱い女に見えたんです。それにだまされた」

女性誌「コスモポリタン」の誌面に、さんまのこの発言が掲載されたことが、Kを動かす決定打となっていた。

1月17日の夜、さんまはニッポン放送で記者会見を開くことになり、50名を超える取材陣が集まった。

「すごい数やなぁ。このニッポン放送のボールペンあげるから帰ってくれません?」

さんまはそう切り出し、会見は始まった。記者たちはクスリとも笑わず、威圧的にさんまに質問を浴びせた。

「見てのとおり、ひどい男です。ほんまに芸能界のサイテー男です。でも、もう終わったことですし、なんでこんなことになったのかようわかりませんわ。恨まれとんのかなぁ。

写真は見たとおり、抱き合ってるところです。〝愛人〟と書かれていますが、まだ結婚してないんです。すいませんけど、これ、〝恋人〟と直しといてくれません? 恋人と別れて金請求されたらたまりませんしね。

指輪をプレゼントしたことは認めます。でも、50万円のことは覚えてません。どういう流れで払ったか知りませんけど。恋人同士がどうしてお金を払わなくちゃいけないかと思います。個人名を出したことはないんですけど、僕にも悪いところがあったと思います。ただ、芸人ですし、話題になると触れんわけにはいかんので……」

この会見の模様は、後日、『酒井広のうわさのスタジオ』（日本テレビ）など、各局のワイドショー番組で放送された。

さんま「風呂入るときに写真撮られて、〝キャー、パンツ姿撮っちゃった〜！〟言うて。〝アホか、お前〜〟言うてたのが、何年後かに週刊誌に載ったんですよ」
道重さゆみ「どんな顔してたんですか？」
さんま「俺、すごい笑ろてた。パンツいっちょで、すっごい。〝なにすんね〜ん〟いう感じで。〝よかったぁ、パンツ脱いでなくって〟とか言うて。キャッキャキャッキャ、〝アホなことすんなよ〜〟って。〝ほんまにかわいらしい子やなぁ〟とか思いながらな。〝よほど俺のこと愛しとんねんでぇ〟とか。〝あれ、財布に入れるんちゃうん？〟とか（笑）」（『ＭＢＳヤングタウン』２０１３年７月６日）

さんま「俺は彼女とツーショットの写真とか撮らへんからね。ツーショットの写真は異常に少ないなぁ。やっぱり、大昔、『ＦＲＩＤＡＹ』に写真売られたことがトラウマになってるんでしょうねぇ」（『ＭＢＳヤングタウン』２００３年９月27日）

さんま「スキャンダルなんて、ふたりにしかわからないんですよ。当人同士しか。世間はどうあれこうあれ、勝手に解釈するわけですよ。解釈したいほうに解釈するわけですよ」（『ＭＢＳヤングタウン』２００３年２月15日）

さんま「芸能人は、誤解の中で生きていかなアカンからね」（『ＭＢＳヤングタウン』２００９年11月14日）

ギャグの周波数の近い３人

１９８５年２月３日、さんまは吉本興業の同期である島田紳助、オール巨人と共に、トーク番組『すばらしき仲間』（ＣＢＣテレビ）に出演する。

紳助「いや、でもなぁ、さんまが結婚するときは、祝いをいっぱいすんねん。こないだふたりでテレビで言うとったんや」

巨人「それはねぇ、こないだも話しとったんや、紳助と。さんまが結婚するとき、どないしょうて。こら、思いっきりやらなしゃあないなと。普段からいっぱいもうてるやん。うちの子供なんかにも」

さんま「俺は好きやからな、巨人の子供と紳助の子供が。俺に一番なついてくれたやん、ほんまに」

巨人「お前はやっぱりなぁ、子供に人気がある。すべての子供に」

さんま「俺ら、ギャグの周波数ってものすご近いやんか、３人ともな。（同期で）ようこんだけ良い人間ばっかり揃《そ》ろたっちゅうのは、これは不思議やな」

紳助「すごいなぁ、褒め合うて俺ら」
さんま「いや、ほんまやで。褒め合いでもなんでもない。3人とも、日本の一線級になったやんけ、一応。まあ、クリーンナップ打たしてもうてないけどもやなぁ、一応、オールスターゲームには出してもうてるやろ」
紳助「……ロッテやけどなぁ」
巨人「(笑)」
さんま「ロッテやけどもやなぁ、一応なぁ、プロとしてやなぁ、認めてくれたやん。俺、それだけでも、もうええわ思てやなぁ」
紳助「いやいや、まだいかなアカンて」
さんま「いや、いかなアカンて、俺はもう……お前らとこはな、ガンガンガンガン」
巨人「例えば、巨人・阪神は、やすきよさんの次やとかよう言われるやんか。俺、そんなこと全然思てへんねん、もう。やすきよさんは、やすきよさん。別のもんで。巨人・阪神は巨人・阪神。別に、やすきよさんがどうのこうの、まったく最近思てへんしな。ほんで、サブロー・シローと巨人・阪神とな、要するに、右大臣、左大臣みたな形でな、残っていこうと思う」
紳助「ええな。お前はどうなんねん?」
さんま「俺はもう、あと1年ぐらいで終わりやろう」
紳助「またそんなこと言うて、長いことおんねん、こいつぅ」
さんま「(笑)」
紳助「ホンマのこと言えや、今日は」
さんま「いや、マジでな、俺はそんなに息の長い芸人やないと思うから」

紳助「いやぁ〜、そんなことあるかいなぁ、お前〜」
さんま「いやぁ〜、そないなぁ、やっぱりなぁ、東京へ来るやろう、俺、言葉のハンデがあるやんか、大阪弁やから」
巨人「ウソばっかり（笑）」
さんま「いや、マジでマジで」
巨人「ほんまかいな、俺たまにしかけえへんからわかれへん。週に一回ぐらいやからなぁ」
さんま「やっぱりなぁ、言葉のハンデっちゅうのは大きいなぁ」
紳助「いやいや、大丈夫やて。絶対大丈夫、賭けてもええわ」
さんま「いやいや、俺、これからお前が来ると思うよ」
紳助「アホ言え！　俺はお前、目指すのは太田博之（俳優。1976年に芸能界を引退、『小銭すし』を創業して、成功を収めていた）やがな」
さんま「（笑）お前なぁ、しょうもないギャグ言うなアホ〜（笑）。この番組、ギャグありかい！　悔しいわぁ、俺」
巨人「いや、お前、いっぺんギャグなしでしゃべってみい、ずっと（笑）」

紳助「やっぱりねぇ、地の利もあるで」
さんま「そやねん」
紳助「東京は得やて、大阪アカン」
さんま「あのねぇ、この吉本の体制を変えて、タレントのスケジュールとか、好きな仕事を選んだり、やっぱり、そういうことをしていかんことには、これからはアカンねんから」

巨人「そうやと思うけどなぁ」
紳助「いや、初めはなぁ、あぁ、やっぱり地の利やな。しゃあないって。大阪っちゅうのはやっぱり田舎やで」
さんま「ほんで、俺はそんな焦らんでもええと思う。俺は若い」
紳助「まだ若い。たけしさんはもう40前やで、もう死ぬがな」
さんま「タモリさんでもそうやしやなぁ」
巨人「死ねへん死ねへん（笑）」
さんま「お前、勢いあったら殺してまうやろうなぁ、ほんまに」
巨人「漫才年齢ってあると思うねん。やっぱり漫才はなぁ、45超えたらアカン。やっぱり見てる人間がなぁ、なんや年いってはんのにがんばってはる、そうなったらもう絶対ダメ」
紳助「笑わへんやろ」
巨人「笑わへん」
紳助「悲惨やろ。せやから45なったら、みんなで〝小銭すしチェーン〟やろう」
巨人「またこいつギャグやった（笑）」
さんま「悔しい、ズルイぞお前〜……〝ど〜も〜〜〟（芳村真理のものまね）」
紳助「……お前、なんの関係あんねん、それ」
さんま「お前がギャグやるさかい、俺もやらな損や思たんやんか」
紳助「それ単なる飛び道具やないか」
さんま「（笑）」

さんま「だから、とりあえず、将来、出世するとか、金儲けするとか抜きにしてやなぁ、俺は仲良うやっていけたらそれでええし」
紳助「楽屋に遊びに行くわ」
さんま「(笑)」
紳助「会うてや」
さんま「このままで俺はほんまに、幸せやし、とりあえずほんだらもう、時間もないらしいので。そら時間ないわい、テープ2本も変えて(笑)。ほんま、来週からなぁ、あんまりしゃべれへんゲスト呼ぶって(笑)」
巨人「(笑)」
さんま「とりあえず最後に乾杯して、あのぉ」
紳助「お前、一気に飲めや」
さんま「アカン」
巨人「たまには飲めぇ」
さんま「アカン」
紳助「一回も飲んでへんやないか。こいつはホンマは飲めんねん。こいつ、昔、飲みに行ってもな、全然飲まんと、俺らを酔わして、俺らの本音をしゃべらそうとして、作戦練ったやろ」
さんま「(笑)」
紳助「飲めや」
さんま「せやから、俺、飲むから。ほんだらお前らも飲めよ。俺が酔うた瞬間、ボワーあげたら、テレビ局、責任とれよ」

紳助「飲めるまで飲め。残ったら注射器で打ったる」
さんま「（笑）」
巨人「お前、放送始まって、1杯目やで。俺はもう5杯ぐらいいっとるで（笑）」
紳助「俺も3杯目ぐらいやで。飲めよ、はよ」
巨人「さんまが酔うたとこいっぺん見てみたいなぁ」
紳助「どうなるんやろなぁ」
さんま「……」
巨人「飲みよった、こいつ」
紳助「アホや」

●1985年2月3日（日）『すばらしき仲間』（CBCテレビ22：00〜22：30）
出演：明石家さんま、島田紳助、オール巨人

紳助とのバースデー・ドライブ

1985年2月13日、『爆笑！パーティー野郎・明石家さんま突然婚約発表？』（朝日放送）と題された特番が放送された。さんまの〝婚約者〟を公募し、番組内で模擬披露宴を行うメイン企画と、コントコーナー、トークコーナーで構成されたバラエティ番組で、1000人を超える応募者の中から、20歳の女子大生がさんまの〝結婚相手〟に選ばれ、模擬披露宴はリハーサル無しのぶっつけ本番で行われた。司会進行は桂文珍と桑田靖子。小学校時代の恩師役に島田紳助、仲人役を笑福亭松之助が務め、それぞれユーモアに溢れた祝辞を述べ、新郎新婦を祝福した。

さんまは、トイレでバッタリ会ったという設定で松之助とミニコントを披露するなど、師匠との共演を大いに楽しみ、最後は、松山千春が作詞・作曲した持ち歌、「ビックリ箱のうた」を、新婦役の女性に向けて唄い、番組を締めくくった。

●1985年2月13日（水）『爆笑！パーティー野郎・明石家さんま突然婚約発表？』（朝日放送23：25〜24：25）
司会：桂文珍、桑田靖子、出演：西川のりお、島田紳助、太平サブロー、ダウンタウン、笑福亭松之助ほか

1985年3月3日、さんまがレギュラー出演していた音楽バラエティ番組『Do‐Up歌謡テレビ』（テレビ朝日）の後継番組として、『生だ！さんまのヒットマッチ』が始まった。毎週日曜日、東京・六本木の特設サテライトスタジオより公開生放送され、毎回、旬な歌手をゲストに招き、ライブステージや、趣向を凝らした様々なコーナーを設け、さんまは司会者として番組を盛り立てた。

●1985年3月3日〜12月29日『生だ！さんまのヒットマッチ』（テレビ朝日毎週日曜11：00〜11：45）
司会：明石家さんま
※テレビ朝日のスタジオから録画放送となってからは、『さんまのヒットマッチ』と改題される。

1985年3月8日、テレビ業界の内幕を視聴者に公開する特番『さんまのテレビの裏側全部見せます!!』（フジテレビ）に、ナビゲーターとして出演。

さんまは、フジテレビ局内を駆け回り、テレビマンにインタビュー取材を敢行。華やかなテレビ業界の裏事情に迫るこの番組は大好評を得て、シリーズ化されることになる。

●1985年3月8日（金）『さんまのテレビの裏側全部見せます!!』（フジテレビ19：30〜20：54）
「だれも知らないテレビマンの素顔」「TV界ウソとホント」「潜入！横澤怪物番組」「タモリ・たけし・さんま・小堺のテレビ局をしかる!!」
出演：明石家さんま、島田紳助、コント赤信号ほか

1985年3月24日、フジテレビの第6スタジオにて、『なるほど！ザ・春の祭典スペシャル』の収録が行われた。

この日、さんまは『オレたちひょうきん族』の出演メンバーを自宅に招き、紳助の誕生日を祝う予定を組んでいた。しかし、その予定をすっかり忘れていたさんまは、収録後、友人の杉井が運転する車で大阪へ向かう準備を整え、紳助に声をかけた。

「紳助！　今から徹夜で大阪帰んねん、お前も車に乗れや！」

「……さんま、お前、なんか忘れてへんか？」

「なにをや？」

「……俺、今日、誕生日やねん」

するとさんまは、悪びれる様子もなく、ポケットに手を突っ込み、「おー、コレやるわ！　服でも買えや」と、『なるほど！ザ・春の祭典スペシャル』で獲得した賞金の3万円を無造作に差し出した。

紳助はあきれ果て、「アホ〜、金なんかいらんやんけー」と言うと、さんまは「ほうけー」と、差し出した3万円をポケットに戻した。

車で大阪へ向かう道中、東名高速道路の浜名湖サービスエリアへ到着すると、さんまは眠って

いる紳助に声をかけた。

「おい、紳助、起きいよ」

「……もう着いたんか？」

「まだや。今から、お前の誕生日したるわ」

さんまは紳助を引き連れ、サービスエリア内にあるレストランへ入ると、小さなチョコレートケーキを注文し、爪楊枝を3本突き刺し、火をつけた。

「はよ、歌唄え」

「アホ～、こんなとこで唄えるかー！」

紳助「150円のパンみたいなケーキや」
さんま「俺は照れてやなぁ……それでもちゃんとしてあげたやないかい。お前、涙ぐんどったやないか、サバ定食食べながら。嬉しかったんやろ？」
紳助「情けなかったんや！」
さんま「あー、そうか（笑）。あれ、嬉しかったんちゃうんかい？」
紳助「なんでメシ食ったばっかりやのに、サバ定食食わなアカンねん思いながら」
さんま「お前なぁ、こんな誕生日、一生ないぞ？」
紳助「ないわ！」
さんま「（笑）」
紳助「あんなもん、2回も3回もしたないわ！」（『さんまのまんま』1986年6月16日）

NHK連続テレビ小説『澪つくし』出演

1985年4月1日、NHKの連続テレビ小説『澪つくし』が始まった。『澪つくし』は、大正末期から昭和初期の千葉県銚子を舞台に、老舗醬油醸造元「入兆《いりちょう》」の娘・かをる（沢口靖子）と、網元の長男・惣吉（川野太郎）の運命にあらがう純愛を描いた連続ドラマ。

さんまはこのドラマで醬油醸造元を渡り歩く職人・弥太郎を演じた。兵庫県播磨育ちの弥太郎は、根は優しくて憎めない男であるが、お調子者で気性が荒く、口を開けばハッタリをかまし、相手構わず悪態をつく。その上、隙さえあらば女中に夜這いをかけるという最低男。人からは〝ラッパの弥太郎〟と呼ばれていた。

運と勝負強さだけは一級品で、車の故障で困っていた入兆の当主・坂東久兵衛（津川雅彦）に手を貸した弥太郎は、一度は門前払いされた入兆で働くことになる。

さんま「ホラばっかり吹くから〝ラッパの弥太郎〟っていう。まあ、ハマリ役やったわね」（『さんまのまんま』2011年4月30日）

さんまは、NHKドラマのギャラの低さ、拘束時間の長さに不満を漏らしながらも、撮影の合間に共演者と雑談を交わし、本番でも台詞にオチを加えるなどして、懸命に現場を盛り立てた。苦手な納豆を食べるシーンでは、「関西ではこんなゲテモン食べまへんねや！」とわめき散らし、仲間たちに無理やり食べさせられそうになると、「納豆こわーい！」と泣きわめき、NHKのスタジオを笑いで包み込んだ。

さんま「『澪つくし』の結婚式のシーンで、俺、一日座ったままやねん。一応、台詞はあってんけど行かへんかったね、じゃまくさいから」（『ＭＢＳヤングタウン』１９９９年7月24日）

さんま「脚本がジェームス三木さんやったの。ほいでもう、あまりにもギャラは安い、あまりにも拘束時間が長い。〝トイレに行きまっせ〟って言うだけのシーンでリハーサルに呼び出される。俺もう腹立って、アドリブで醤油樽に落ちたんですよ。もうなぁ、死にたかったの（笑）。死のうと思って。ラッパの弥太郎はスベって醤油樽に落ちて死んだことにしてもらおうと思って。ラッパの弥太郎って、ドラマの内容とあんまり関係なかったの。いなくてもなんの支障もなかったのよ」（ＮＨＫ『ＴＶ60　ＮＨＫ×日テレ60番勝負』２０１３年2月2日）

さんま「ジェームス三木さんに、〝弥太郎を殺してくれ〟言うて。あまりにも行くのがじゃまくさかったから、〝ジェームスさん、すんません、来週で殺してくれまへんか～？〟言うて。〝どういうことなの？〟って言うから、〝いや、じゃまくさいんですわ～〟って言うたら、喫茶店に呼び出されて、5時間。ジェームスさん、自分の人生まで語ってました。〝この役は僕をイメージした役なんですよ〟とか言うて」（『ＭＢＳヤングタウン』２００４年7月3日）

川野太郎「『入兆』で働くお調子者、ラッパの弥太郎を、お笑いタレントとして大ブレイクしていた明石家さんまさんが演じていました。すでに人気ものだったのに、いつもふらりと1人で現れてはスタジオにラフな感じで座って、『太郎ちゃん、元気ぃ？』なんて気さくに声を掛けてくださって。さんまさんが沢口さんに『靖子ちゃん、ほんまきれいやなぁ』なんて声を掛けては、僕がさんまさんから沢口さんをガードする、という流れがお約束（笑）。周囲を笑いで盛り上げてくださる、そんな存在でした」（NHKウェブサイト「NHKアーカイブス 人×物×録」）

中村克史（『澪つくし』チーフプロデューサー）「さんまさんって、ほんとうに納豆が嫌いなんですねえ。食事のシーンで、納豆とみそ汁と漬けものが出てきたんですが、〝エーッ、ほんまに食べるんですか？〟って、さんまさん、絶句してるんですよ。

でも、このシーンは、さんまさん演じるところの関西出身の〝ラッパの弥太郎〟が生まれて初めて納豆を食べ、あまりのまずさに吐き出してしまうという話ですから、どうしても食べてもらわなければいけないんです。

そこはプロですから、さんまさん、いやな顔をせず、ちゃんと納豆を口にふくんで、そして吐き出してくれたんですが、そのときの顔が真に迫ってまずそうなんですよ。ほんとうに納豆が嫌いのようですね。

共演者もついつい笑ってしまいまして、桜田淳子さんなんか、笑いがとまらないんですよ。そのたびにNGで、さんまさん、毎回うがいをしながら、〝あんたら、わざとやってんのと違う？〟。

その言葉にまた、大笑いで、普通、NGが5～6回も続くと、スタジオの雰囲気はだれてくるんですが、さんまさんの存在でほんとうに楽しいシーンになりました」（「女性セブン」1985年5月2日）

さんま『澪つくし』に出てるとき、待ち時間に、〝こういうとき、緑山とかＮＨＫのスタジオにファッションヘルスがあったら儲かりまっしゃろねぇ〜〟って言うたのよ。ほんだら加賀まりこさんがメイク室から、〝さんま！〟とか言うて。〝うわっ、いてはったんですか⁉〟って言うたら、〝私だったらいくら？〟とか言うわけですよ。〝いや、天下の加賀まりこでっせ……２万は出す〟って言うたのよ（笑）。

あのときに俺、加賀さんを好きになったの。〔冗談で、〝私やってあげるわよ〟って言ってくれたの。この人はホントに素敵な人だと思いましたよね」（『コケッコ⁉』1994年1月9日）

さんま「ＮＨＫの朝の連ドラに出たときに、田舎の親父とかは、〝やっと一人前になったなぁ〟とか言うわけよ。腹立ってね。ほんだら民放のバラエティはなんやねんという。こっちは民放で冠番組をやることがすごいことやと思ってんのに、ＮＨＫの連ドラのちょっとした役で出て、そんなことを言われると、なんて笑いってレベルが低く扱われてるんだとか思うよね」（『ＭＢＳヤングタウン』2002年2月9日）

●１９８５年４月１日（月）〜10月５日（土）『澪つくし』（ＮＨＫ月曜〜土曜８：15〜８：30、全１６２回）出演：沢口靖子、川野太郎、柴田恭兵、桜田淳子、鷲生功、根岸季衣、高品格、牟田悌三、明石家さんま、村田雄浩、織本順吉、斎藤洋介、石丸謙二郎、寺田農、鷲尾真知子、なべおさみ、安藤一夫、生田智子、山下規介、三ツ矢歌子、岩本多代、草笛光子、加賀まりこ、津川雅彦ほか

１９８５年２月13日に朝日放送で放送された特番『爆笑！パーティー野郎・明石家さんま突然婚約発表？』が好評を博し、４月２日よりタイトルを『パーティー野郎ぜ！』と変えて、レギュ

ラー放送されることになった。さんまは、レギュラー放送第一回目のゲストとして、郷ひろみと共に出演した。

さんま「昔、ミポリン（中山美穂）がまだデビュー当時、〝私、ラジオでしゃべるのが苦手なんです〟って言いよったんですけども、そのとき、〝ほんだら出てくんな！　アホ〜！〟言うて泣かしてしまったことがあるんですよ。それから、朝日放送の『パーティー野郎ぜ！』いう番組で、ミポリンが全然リアクションせえへんかったからね、〝青春止めたろか！〟言うたら、えらい泣いてしもて、そのときも。

そのあと、ミポリンも悪かったと思たんでしょうね。〝今好きな芸能人は？〟って聞かれて、〝さんまさんです〟って他のラジオで言うてくれてから大好きになってん。〝声が好きなんです〟ってえらい褒めてくれたらしくて。もう、それからはミポリンミポリン。〝ミポリンええよ〜！〟って言うてましたからね」（『MBSヤングタウン』2007年10月6日）

●1985年4月2日（火）『パーティー野郎ぜ！』（朝日放送22：00〜22：54）
「さんま、郷、噂のふたりが女性問題を告白！」
司会：桂文珍、出演：明石家さんま、郷ひろみ、中山美穂ほか

『さんまの駐在さん』スタート

1985年4月7日、コメディドラマ『花の駐在さん』の後継番組『さんまの駐在さん』が始まった。

月亭八方、中田ボタン、今いくよ・くるよらが脇を固め、さらに、師匠の笑福亭松之助がレギュラーメンバーとして加わり、さんまは番組の座長として一段と奮闘する。
毎週、売り出し中のアイドル歌手や旬なタレントがゲスト出演し、オープニングで繰り広げられるさんまと八方の雑談コーナーもパワーアップ。『花の駐在さん』時代よりも厚みを増した『さんまの駐在さん』は大人気となり、公開収録の日には多くの観客がなんば花月に詰め掛けた。

さんま「俺が駐在さん役でね。いつも四角いタイヤの自転車で登場するんですよ。〝危ない！危ない！〟言うてる人の股間に突っ込んで止まるんですよ。これはもうお決まりギャグですから。ほんで、新喜劇の女優さんがヤクザとかに脅されて、逆にヤクザをボコボコにしばいた後に、僕がスッと入っていくとね、〝あ〜ん！　駐在さん、怖〜い〟〝お前の方が怖いわ！〟言うて暗転になるというね。これはもう、不滅のパターンです」（『明石家さんまのG1グループー』1997年5月5日）

さんま「デビュー当時は『さんまの〜』という冠番組を持つのがひとつの夢でしたけども、それが叶ってしまうと、今度はもう責任感だけになってしまいますからねぇ。座長ですし、なんかいろいろ気をつかいますよね」（『さんまの天国と地獄』2001年7月7日［関西テレビでの放送日］）

さんま「いつも八方兄さんとボタン兄さんと俺とで、みんな（『さんまの駐在さん』の出演者）の昼食代をかけてジャンケンするんですよ」
ボタン「わかんねん。八方ちゃんも君もな、ワシが負けたらどないしょういうな、その目がまた辛いがなぁ」
さんま「ほんのね、4000円、5000円ですよ。僕ら、〝グー出すよ〟って合図してんのに、ボタン兄さんはチョキを出すんですよ、ひとりだけ」
ボタン「そんなんわかれへんがなぁ。明日の支払いのこと考えてるから」
さんま「（笑）」
ボタン「ものすご冷や汗かいてたのよ。負けたらどないしょう思て。あんな朝早《は》ように金融屋開いてへんがな」
さんま「（笑）」（『さんまのまんま』1996年11月19日）

さんま「八方兄さんとはずっと一緒に仕事さしてもうたから、盗むものは盗ましていただいた。お前（八方の息子で落語家の月亭八光《はちみつ》）より、八方兄さんの話芸は盗んでると思うわ」
八方「さんま君がこの世界で売れていく、上昇カーブを描くところを僕は見たね。目の前でね。売れてる人を見たり、売れ損のうた人を見たり、いろいろしてきたけれども。さんま君がグワーッと上昇していく様は、そら凄かったで」（『さんまのまんま』2009年7月4日）

さんま「このあいだ八方さんが、野球選手と芸人を例えに出していろいろ分析してはったんです。僕のとき、江川言うてくれはったんで、ものすごうれしかった。

『おまえ、江川やな。その日の気分でやって、汗水たらさんと仕事する』言うて。（中略）やるときはね、去年のオールスターのように8連続三振取れる男なんですからね。（中略）なんで江川が投げると味方打線が打つかというたら、ピッチングのテンポがあるから、打線が打てるんですよね。全部あいつは計算してやっとるわけなんです。あいつこそプロなんです。そやから、ああいうふうな生き方は好きですし、あこがれますし、めざすところなんですよね、うん」(「PLAYBOY」1985年9月号)

●1985年4月7日〜1986年10月5日『さんまの駐在さん』(朝日放送毎週日曜12：00〜12：45)
出演：明石家さんま、月亭八方、中田ボタン、今いくよ・くるよ、笑福亭松之助ほか

「ザ・ミイラ」に参加

1985年4月7日、東京・国立競技場にて、日本サッカー協会が主催する「サッカーフェスティバル」のデモンストレーションマッチが行われた。さんまは、俳優の柴田恭兵、ヒップアップの島崎俊郎ら、芸能人が多く所属するサッカーチーム「ザ・ミイラ」の一員として出場する。ザ・ミイラは、「人気低迷にあえぐ日本のサッカー界を盛り上げたい」との一心から、漫画家の望月三起也、ビートたけし、さんまの3人が発起人となり誕生したサッカーチーム。創設当初はメンバーが思うように集まらず、たけしが率いるサッカーチーム、「足立ユナイテッド」との混成チームで活動を開始。この「サッカーフェスティバル」で本格始動することになった。

対戦チームは、日本サッカー協会や国立競技場の職員らで構成された「ウエスト」。試合は前後半50分で行われた。さんまはザ・ミイラのキャプテンとして出場し、小雨が降りしきる中、約4000人の観客を前に1ゴール1アシストの活躍をみせ、2対1でチームを勝利に導いた。

さんまは、この後も過密スケジュールの合間を縫い、ひとりでも多くの人々に競技場まで足を運んでもらえるよう、サッカーの魅力を伝えるべく、ザ・ミイラの広報活動に積極的に参加する

ことになる。

さんま「僕は国立競技場で初めてサッカーしたとき、もう、ほんとに地に足がつかなかった。お葬式でお焼香するときに長いこと待たされて、足がしびれて、お坊さんの頭をワシ掴みしてしまう時のような足になった」(『踊る!さんま御殿!!』1998年2月17日)

「目の前のお客さんを笑わせたい」

1985年4月7日、『花王名人劇場 第五回あなたが選ぶ花王名人大賞』(関西テレビ)に出演。さんまは、名人大賞にノミネートされることが決まっていたが、事前にこれを辞退。大衆賞を受賞し、「演芸なんてほとんどやってないのに、このような賞をもらうのは申しわけないので、カッコよく辞退させていただこうと思ったんですけど……明日からは芸のほうにも力を入れて、息の長〜い〝潜水夫〟になりたいと思います」とコメントを残した。

澤田隆治(『花王名人劇場』プロデューサー)「〝名人大賞〟のノミネートを告げたとき、彼は〝とんでもない、名人芸なんて言われる芸なんてボクにはありません。ノミネートせんといてください〟って強く断わってきたんです。どうにか説得して〝大衆賞〟をもらってもらったんです。人気もさることながらボクはさんまのその控えめな賢明さに感心しました」(「女性自身」1986年4月22日号)

西川のりお「花王名人大賞の大衆賞、おめでとう（さんまの首を絞める）ございます！」
さんま「（笑）」
のりお「テレビで見とったわ！　家の茶の間で！　大阪でなぁ、9時から見てもうたわ。ほんでなぁ、毎日放送の『ヤングタウン』いうラジオ、とちりかけたわ！」
さんま「知らんわ（笑）」
のりお「見やんとこう見やんとこう思て、最後まで見てしもたわ。よかったね！　おめでとう！　よかったね！　心から祝福するわ！　楽しそうにしとったねぇ、皆」
さんま「楽しいことおまへん。兄さんはなんで花王名人大賞の賞に入りまへんねんな？」
のりお「出られへんねや」
さんま「（笑）なんで出られまへんの？」
のりお「澤田さんいう人に嫌われてんねん」
さんま「（笑）」
のりお「『花王名人劇場』見ながら悪口言うの好きやねん。〝こんな企画おもろいことあるかい！〟とか言いながら、最後まで見てまうねん……俺ひょっとしたら視聴率上げてんのちゃうか？」
さんま「上げてます」
のりお「ほんまかおい」（『臨時発売！さんまのまんま』１９８５年6月1日）

さんま「何が、どれを基準にして、名人だの、やれ芸人だの。いちばん大事なのは、目の前に来てるお客さんを笑わすことだと思うしね。じゃあ、いちばん笑わしたやつが名人かって、そういうとり方もおかしいと思うし。そやから、どれが名人で、どれが素晴らしいか、なんて……。

（中略）

歌舞伎なんかとは違うんですから。オレらは、ただおもしろいと言われたいんで、うまさとか枠とかで勝負してる人たちと僕たちを比べたらあかんですよね」（「ＪＪ」１９８５年４月号）

●１９８５年４月７日（日）『花王名人劇場 第五回あなたが選ぶ花王名人大賞 今宵栄冠に輝くテレビ名人芸！』（関西テレビ21：00〜21：54）
総合司会：桂三枝、出演：ビートたけし、明石家さんま、横山やすし・西川きよし、片岡鶴太郎、オール阪神・巨人、太平サブロー・シローほか

『さんまのまんま』スタート

日々、雑談芸に磨きをかけていたさんまの次なる一手は、台本無し、リハーサルも行わない対談形式のトーク番組を、〝ゴールデンタイム〟と呼ばれる時間帯（午後7時から10時）で始めることだった。

さんまは、『誰がカバやねんロックンロールショー』『紳竜・さんまのスクープ一直線』などで仕事を共にした関西テレビのディレクターや、放送作家らと番組の構想を練るが、計画はすんなりとは進まなかった。関西テレビの上層部が、「ゴールデンタイムに台本無しのトーク番組を放送することは前例にないこと。さんまにそのような企画を成功させる力はない」と、二の足を踏んだのだ。しかし、さんまを信頼していたスタッフ陣は、「なんとしてもやりたい」と、しぶとく交渉を重ね、放送枠を獲得する。

こうして1985年4月8日、トークバラエティ番組『さんまのまんま』は始まった。

さんま「あの頃は、関西テレビの偉い様方が、夜7時からトーク番組をやるなんてバカじゃないかというような判断をしていた時代ですよね。無謀なことはわかっていながら、〝やりたい！〟と言った番組が『さんまのまんま』です」(関西テレビ『関西テレビ放送開局50周年記念番組 感謝!感激!カンテーレ!50年だよおかげさまスペシャル』2008年11月22日)

『さんまのまんま』の収録は、関西テレビではなくフジテレビのスタジオで行われた。スタッフは、ホストであるさんまとゲストがくつろげる空間を作ろうと、さんまが東京で暮らす代々木のマンションの部屋をイメージしたセットを用意した。30畳の1LDK。無いのは天井と壁のみ。風呂もトイレも使用でき、洗濯機や、食糧がびっしりと詰まった冷蔵庫まで設置した。

さんまはインタビュー形式のトークをするつもりはなく、ゲストの話をじっくりと聞いたり、ためになる言葉を引き出そうという気も全くなかった。スタッフが一応用意するゲストのデータや資料には目もくれず、楽屋からスタジオへ向かうほんの2、3分の間に、スタッフからゲストの名前、最小限の情報を耳で聞き、本番に臨む。

さんま「普通のトーク番組じゃ面白くないだろうと、部屋の設定にしただけですけど、そしたら、見てるほうがなんや新鮮だったみたいで。僕ら、もう、トークの原点を『いいとも』でやってますからね、なんにもないところで立ってやるというトークの原点をやってるし、司会的なトーク番組もやってるし、あと残されたものはこの部分しかないと。まあ、インタビュー形式やないも

のをやりたかったですしね」（「広告批評」１９８６年3月号）

さんまは収録中、ありのままにゲストと向き合い、雑談を繰り広げ、一瞬の駆け引きを楽しみながら、一瞬の笑いを数多く引き出していく。

エンディングでは、「ファンタジーっぽいコーナーを作りたい」というさんまの要望で、マスコットキャラクター〝まんま〟（犬に似た風貌の宇宙怪獣）が登場するコーナーが設けられ、おしゃべりなさんまと、しゃべれないまんまのコミカルなやり取りは、視聴者から大きな支持を得た。

話がどのように展開していくのか誰にも予想できない自由気ままなトークバラエティ番組『さんまのまんま』は瞬く間に話題を呼び、20パーセントを超える高視聴率をキープ。１９８６年10月13日の放送では30・7パーセントを記録し、関西テレビを代表する大人気番組となる。

さんま「基本的に週刊誌は読まない主義なんですよ。まあ、〝どうしても読んでくれ〟とか言われたり、ネタのために読まなきゃいけないものは読みますけども、週刊誌でいろんな知識が入るとトーク番組では困るんですよ。トークの幅が狭まるからね。〝これは言ったらダメなんだ〟とか思ってしまいますからね。だから、なるべくトーク番組はゲストの予備知識がないまま話す方が僕は絶対いいと思いますよ。

〝恋人いてるの？〟って質問して、知ってて聞くのと知らないで聞くのでは、相手の反応がちがいますからね。受け取る方は、ちゃんと察知しますから。知らないで聞く方が素直に答えてくれはるんですよ」（『ＭＢＳヤングタウン』２００４年10月16日）

さんま「トーク番組をやる人間は先入観もったらアカンねん。〝これを言ったらアカンのちゃうか?〟とか思ったら、もうアカンねん。知ってると、そこは突かないじゃない。これは俺だけの技やねんけども、先入観は入れないこと」（TBS『EXH～EXILE HOUSE～』2009年4月18日）

――「笑っていいとも!」にしろ「さんまのまんま」にしろ、だれか他の人とかけあいしたときのさんまさんの面白さは抜群ですね。

さんま「そりゃ、一人より二人のほうが面白いですもんね。だれでもそうですよ、一人より二人のほうが絶対面白い。二人より三人のほうが絶対面白い。それは自然とそうなりますよ。（中略）一人でしゃべって面白い人はなおさらそうです。それはもうどう考えたってそうですよ。落語より漫才のほうが〝笑い〟ということに関しては面白いし。それに、そのほうがラクでしょう。一人がボケで、一人が突っこみやれるというのは、描写せんでもそのままわかるんですから。（中略）

まあ、いまでも基本的には一人でやらせてもらってますし、僕は一人のほうが好きなんです。一人は一人の面白さもあるし。ただ、いまの笑い、テレビにはテレビの状況があるし、一人芸なんて現に数字が取れないですからね、いま。それにやっぱり、一人より二人のほうが、目の前のお客さん笑わすときはラクです。一人でネタふるのを二人で割れば、そこにもう一人の才能がつくんですから。（中略）

好きなものといま求められているものは違いますからね。一人というのは、ホント、ものすごく消耗するし、ネタもなにもかもがたいへんなんですよ」（「広告批評」1986年3月号）

さんま「僕、台本は20年ぐらい見てないですねぇ。ええかげんに過ごしてきましたねぇ」
小倉智昭「リハやったらつまんないでしょ？」
さんま「私は特にリハーサルがダメな人間ですから。特にトークの場合はね。新鮮味が失われたり、なんか、〝これを聞いてください〟って言われると聞く気がしない。それと、僕は生放送はダメですねぇ。収録のほうがありがたいです」
小倉「でも、収録だと倍ぐらいやらなきゃダメじゃないですか」
さんま「でも、倍しゃべったほうが充実感があるんですよ。生でやると、〝あぁ、あそこはこうしときゃよかった〟〝ああ言えばよかった〟とか思ってしまうんですよ」（『さんまのまんま』2008年12月12日）

ジェームズ・リプトン（アメリカの人気トーク番組『アクターズ・スタジオ・インタビュー』のホスト）「同じトークショーのホストとして聞きますが、あなたがトークショーのホストとして最も重要だと考えることは何ですか？」

さんま「その日の流れ、空気を早くキャッチして、撒くエサにどれだけゲストが敏感に反応すんのか、それをいつも考えてます」（日本テレビ『明石家さんまに聞きたかったのはそういうコトだったのねスペシャル』2008年11月28日）

●1985年4月8日〜2016年9月24日『さんまのまんま』（関西テレビ毎週月曜19：00〜19：30）
企画：杉本高文、出演：明石家さんま
※放送時間・曜日は、約31年半の放送期間中、4度変更された。

『パンツの穴』、ビヨン・ボルグ、ヤンタンオールスターズ

1985年4月13日、ちょっとエッチな学園映画『パンツの穴』の続篇、『パンツの穴　花柄畑でインプット』が公開された。

さんまは主人公の男子生徒に包茎手術を施す整形外科医の役で、ワンシーンのみ出演。金縁の眼鏡をかけ、「見事に、立派な真性包茎だ」「お前、なに興奮しとるんだ……ボッキすると、プチンといくぞ」と横柄に振る舞う、おしゃべりな医師を演じた。撮影は、東京都港区新橋にある十仁病院の手術室で行われた。

さんま「昔、吉本興業から頼まれて、包茎手術の医者の役をやったことがあるんですけど、〝真性包茎だ〟って言うだけの役なんですけどね」（『MBSヤングタウン』2008年5月3日）

さんま「この映画はねぇ、色々といわくがあって、ワンシーンの出演やねんけど。吉本興業とつるんで作ったみたいで、現場に記者がいっぱい来てて、俺のワンシーンの撮影が終わったら記者会見が始まって、色々聞かれてんけども。俺は映画のことをまったく聞いてないから、うまく答えられずに、ものすごいつまらない記者会見をしてしまったことがあんねん。それで俺はカチンときて、いろいろ物議を醸した映画なんですよ」（WOWOW『明石家さんまの映画大事典Ⅲ』2008年12月6日）

▽1985年4月13日（土）『パンツの穴 花柄畑でインプット』（東映）
監督：小平裕、出演：志村香、山本陽一、奥田圭子、津川俊之、宮本信樹、中山秀征、三ツ木清隆、清水由貴子、間下このみ、桂文珍、小野ヤスシ、藤巻潤、浦辺粂子、梅宮辰夫、明石家さんまほか

1985年5月2日、フジサンケイグループが主催するスポーツイベント「国際スポーツフェア'85春」が国立代々木競技場で行われ、さんまはビヨン・ボルグとテニスのエキシビションマッチを行った。

ボルグは、テニスの四大国際大会のひとつ、ウィンブルドン選手権・男子シングルスにおいて、1976年から1980年にかけて大会5連覇の偉業を達成し、1983年、26歳の若さで現役を引退したスウェーデン出身の元プロテニスプレイヤー。

試合は1ゲームマッチで行われ、現役時代〝アイスマン〟と呼ばれるほど冷静沈着なプレーを見せていたボルグは、終始笑顔でプレー。さんまは手加減するボルグに翻弄されながら、なんとか2ポイント獲得したものの敗れた。

イベント中、ボルグから直接テニスの指導を受けるという喜びも味わい、さんまは偉大なテニスプレイヤーとの時間を満喫した。この模様は5月14日、フジテレビにて放送された。

●1985年5月14日（火）『火曜ワイドスペシャル 第23回オールスター紅白大運動会』（フジテレビ19：30〜20：54）
「ボルグ対さんま」

1985年5月13日、『MBSヤングタウン』のパーソナリティで構成された野球チーム、ヤンタンオールスターズの第4戦が、大阪球場にて行われた。対戦チームは、チャゲ&飛鳥、世良

公則、クリスタルキングの田中昌之ら、ミュージシャンで構成された「ヤマハオールスターズ」。悪天候の中、2万5千人の観客が集まり、午後6時に試合が開始された。

さんまは、ヤンタンオールスターズの主将として、3番サードで出場。序盤に5点を許す苦しい展開となったが、5回から島田紳助が登板した直後、さんまの超ファインプレーが飛び出し、試合の流れはヤンタンオールスターズへ。7回裏に、紳助の2点タイムリー、さんまのタイムリー二塁打で3対5とすると、さんまはすかさず三塁へ盗塁。相手のエラーを誘い、4対5と1点差に迫る。

その後、ヤマハオールスターズの猛攻で4点を奪われたヤンタンオールスターズは9回裏、ワイルドピッチで1点返すと、元プロ野球選手で野球解説者の太田幸司が2点タイムリーを放ち、7対9。2アウトランナー二塁、三塁とチャンスは続き、9番バッターの長江健次が慎重にフォアボールを選んだその瞬間、三塁ランナーの長井展光《のぶみつ》（毎日放送アナウンサー）が何を勘違いしたのか、塁を飛び出しタッチアウト。試合はあっけなく幕を閉じた。

この試合の模様は後日、『あどりぶランド』（毎日放送）で放送された。

東京国際映画祭でタモリと司会

1985年5月31日、「第一回東京国際映画祭」（5月31日から6月9日まで開催）の開幕記念パーティーの模様を中継する特番『第一回東京国際映画祭』（フジテレビ）が放送された。

司会を務めるのは、タモリとさんま、そして女優の沢口靖子。パーティー会場の東京プリンスホテルには、ジェームズ・スチュワート、ジャンヌ・モロー、ハリソン・フォード、ソフィー・

マルソー、仲代達矢、根津甚八、原田美枝子、吉永小百合、松坂慶子、石坂浩二、中井貴一など、各国の映画スターが集まり、ステージでは、田原俊彦、近藤真彦、中森明菜が歌とダンスを披露。首相の中曾根康弘も姿を見せるなど、盛大で華やかなパーティーとなった。

さんま「あの頃はねぇ、俺が動けば叩かれる時代だったんですよ。東京国際映画祭っていう映画祭があったんですけども。これからは日本の映画賞の司会を、お笑いとか役者さんがやって、楽しくしていこうということで、俺とタモリさんと沢口靖子さんが呼ばれたんですよ。

ほんで、ソフィー・マルソーに日本のギャグを教えるという企画で、片岡鶴太郎さんがそのコーナーに登場して、〝マ〜イ、マ〜イ〟っていう、『オレたちひょうきん族』でやってたギャグを教えたんですよ。ほんで俺は、〝知っとるケ〜〟っていうギャグを教えたら、ソフィー・マルソーが、〝知っとるケ〜〟ってやってくれて。〝おもしろかったな〜〟言うて終わったんですよ。

そしたら新聞に、〝あの国際映画祭はなんだ！〟とか書かれて。お笑い芸人が調子に乗りどうのこうの、〝挙句の果てにはソフィー・マルソーにギャグを教える始末〟とか書かれて（笑）。

ほんで、そのあと、『笑っていいとも！』でタモリさんと、〝新聞にこんなん書かれてましたんや〜。『始末』やて！〟とか言うて、その映画祭のことをネタにしたんですよ。その日は俺が何をしても、タモリさんに、〝こいつはこんなことをやる始末〟とか、からかわれて、『始末』がパターンギャグになって、ウケたんですよ。そしたら、〝何事ぞ〟と、またそれが新聞に書かれて。やることなすこと怒られて。

俺は一生懸命ね、楽しませようと思って、〝さあ、今年の東京国際映画祭グランプリは……『社長漫遊記』です〟って言うたら、タモリさんに、〝何言ってんの、お前は〟とか言われて（笑）。

リハーサルでは大爆笑だったんで、ウケると思うがな。スコーンとスベってしまいまして。これっぽっちもウケなかったね。だからそれ以来、お笑いを司会にすることはなくなったんですよ。

ほいで、こないだ日本アカデミー賞の授賞式を、偶然、前の奥さん（大竹しのぶ）の家でごはん食べながら観てたんですよ。前の奥さんが授賞式に出席してたんでね。あれは夕方に収録して、その夜にオンエアされますから、一緒に観てたんですよ。

ほんだら、〝ダメよねぇ、アメリカみたいにいかないのかなぁ〟とかいう話になったわけですよ。〝せやよなぁ、日本のアカデミー賞はコメントがオシャレじゃないよなぁ。だからこれ、俺とか、コメディアンの人が司会をやったらええねん〟って言うたらねぇ、うちの前の奥さん、〝東京国際映画祭で失敗したじゃん〟とか言うて。そのとき、結婚前だったんですけど、その現場にいてらっしゃったんですって。

〝え～!?〟とか言うて。考えたらそうやわなぁ。出席しててもおかしくないんですよね。そんな話は一切出なかったんですよ。俺と結婚する前やし、俺とはまだ出会ってない時代でしたからね。客席にいてはったんですよ。〝あのとき失敗したじゃん〟とか言われて、〝見とったんか？　あれ〟言うて。〝うん、見てた。違う意味でおもしろかったけどさ～〟とかいう会話でしたけどね」

（『MBSヤングタウン』2004年3月13日）

●1985年5月31日（金）『第一回東京国際映画祭』（フジテレビ19：30～21：00）「生中継！タモリ・さんまが結ぶ国際スターの輪!!」「仲代達矢、吉永小百合、中井貴一、石坂浩二ら豪華スター勢ぞろい」「歌うトシにマッチに明菜」

1985年6月22日、『オレたちひょうきん族』にて、元大相撲関脇、荒勢《あらせ》に挑戦する企画

「ひょうきんチャレンジ大相撲・荒勢をつぶせ!」が行われた。15人のレギュラーメンバーが、ひとりずつ次々と荒勢に挑んでいき、メンバーが荒勢に勝利するまで取組は延々と続く。出場メンバーは、さんまの他に、稲川淳二、ブッチー武者、コント赤信号、ヒップアップ、松尾伴内、ラッシャー板前、片岡鶴太郎、太平シロー、西川のりお、ぼんちおさむ。司会進行は島田紳助と太平サブロー。行司は山田邦子が務めた。

初戦、9番目に登場したさんまは、〝猫だまし〟で意表を突き、突進するも、あっさりと敗れる。二度目の対戦は24番目。そこでも簡単に投げ飛ばされてしまう。そして迎えた三度目の挑戦。他のメンバーが全く歯が立たずに敗れ去る中、32番目として登場したさんまは、荒勢のすくい投げを懸命にこらえ、すかさずまわしを取り、荒勢が出てきたところを土俵際で体を入れ替え勝利。中学時代、奈良市の相撲大会で2位となった実力を発揮した。

荒勢はさんまの粘りを称え、メンバーはさんまの勝利を祝い、胴上げした。最後にさんまは、「人間ひとりの力は小さい。しかし団結した人々の力は岩をも倒す。この勝利、この喜びを愛する人に伝えたい。私は勝った」と、コメントを残した。

▽1985年6月29日(土)『必殺!ブラウン館の怪物たち』(松竹)

1985年6月29日、前年に公開された、人気テレビ時代劇「必殺シリーズ」の映画版『必殺!』の第2作『必殺!ブラウン館の怪物たち』が公開された。

さんまは新選組の沖田総司役で出演。撮影は神奈川県鎌倉市にある松竹大船撮影所で行われ、土方歳三役の西川のりおらと共に、深夜3時までかけて、出演シーンを1日で撮り終えた。

監督：広瀬襄、出演：藤田まこと、村上弘明、京本政樹、鮎川いずみ、ひかる一平、山田五十鈴、山内としお、金田龍之介、大前均、藤岡重慶、笑福亭鶴瓶、森田健作、柏原芳恵、中井貴恵、沖田浩之、塩沢とき、兵藤ゆき、高田純次、竜小太郎、西川のりお、明石家さんま、ケント・ギルバート、平幹二朗、白木万理、菅井きんほか

さんま、30歳になる

1985年7月1日、さんまは30歳の誕生日を迎えた。

冠番組をいくつも抱えるようになり、『オレたちひょうきん族』『笑っていいとも！』でも重責を担う存在となったさんまにとって、30歳という年齢はただの通過点に過ぎなかった。

ただひたすら、〝笑わせ屋〟としての誇りを胸に、日々全力で、自分がおもしろいと信じる笑いで勝負し、一日でも長くテレビの世界で大勢の人を笑わせていたいと願っていた。

さんま「30歳のときは、『オレたちひょうきん族』という番組で〝知っとるケ〟っていうキャラクターをやってたの。そのキャラクターソングの歌詞に、〝今年で30知っとるケのケ〟っていうのがあって。30でこんなことしてる人って珍しいでしょっていう。それがウケてたの。〝30にもなってまだあんなことやっとるで〟っていう時代やってん」（TBS『ひみつの嵐ちゃん！嵐シェアハウスSP』2012年10月11日）

さんま「三十歳になったからって何かしようとか、ないですよ。その場その場で生きて行きます。いつ不幸に見舞われるかわかりませんから。人生設計なんてありません。（中略）

ただ、なるべく長くこの世界に残っていたいしね。一日でも長く、第一線で。……まだ一軍やないからわからないけど、オールスターがあれば、何位かに入ると思うんでね。(中略)

やりたいことといっぱいあるし、寝れずに済んだらその方がいいと思います。(一日が)三十時間あったらね。あと六時間欲しいですね」(「Check mate」1985年1月号)

――たとえば志ん朝さんなんかは、若いときには、バラエティ、司会、DJ、ドラマと何でもやって、ある年齢になると落語一筋に戻りましたよね。さんまさんはどうですか。

さんま「私は戻らないですよ。戻らないし、口調も戻れないし。これだけテレビで勝負かけてきて、今さら逃げるわけにもいかんです。(中略)

僕は今は、テレビで遊びたいというだけのものです。一日でも長くテレビに映っていたいと思うだけだし、そんで、その番組がいかにしたらおもしろくなるかっていうことだけ考えてますよね。おれが引いたときがおもしろいのか、おれが出た方がおもしろいのか。だから、パワーがなくなってきたら引くだろうし、そうする方がベストだろうし、パワーがないときに前へ出ていったために上滑りして、番組はめちゃめちゃにしてしまって、自分だけをアピールしてしまうようにはなりたくないですよね。それだけの計算がずっと立つような人間でいたいと思いますよね」(「PLAYBOY」1985年9月号)

写真週刊誌の〝レギュラー〟

1984年11月に創刊した写真週刊誌「FRIDAY」。

無遠慮に対象者のプライバシーを侵害するような過激な取材、読者の好奇心を誘う見出し、衝撃的な写真、憶測を交えた短い記事などが受け、１９８５年4月19日号は１００万部を発行。飛ぶ鳥を落とす勢いの「ＦＲＩＤＡＹ」にとって、お笑い界一の人気者で独身のさんまは、格好の標的となっていた。

「ＦＲＩＤＡＹ」１９８５年2月1日号にて、かつて交際していたKとのツーショット写真を公開されたさんまが、それをテレビやラジオでトークのネタにするようになってからというもの、さんまに関する記事が頻繁に掲載されるようになっていた。

さんまは、どこにいても常に誰かに尾行されている気配を感じるようになり、自宅の向かいのマンションで大きな段ボールの中からカメラを構える記者の存在に気づいたこともあった。

飲食店ですれ違い、一度挨拶を交わしただけの女性タレントと〝結婚か!?〟と記事にされたこともあり、売名に利用されることもしばしば。出演するラジオ番組のスタッフの送別会を開いているときにも店の外から監視され、草野球を楽しんでいるときにも執拗にカメラを向けられる。交際相手に会うときには、フジテレビのスタッフから髭やサングラス、かつら、ヘルメットなどを借りて変装することもあった。

過密スケジュールが続く中、さんまの心の休まる時間は、さらに削られていく。

さんま「最近いちばん気になるのは、フォーカス・フライデーの人らが尾《つ》けてきてないかってことやね。人からみたらこっけいな話かもしれんけど、すごい神経が過敏になってるね。あれはやってはいけない商売ですよ、人のアラ探して勝手に写真とって、というのは。

僕らはテレビという枠のなかで過ごして、夢を売ってる商売や。紳助やタモリさんらと女のハナシをバラしたりしてるけど、アレもどこまでがマジかわからんなァ、と一般の人に思ってもらうからおもしろいんで、アラを探したらもうつまらんよね。そんなことするから、往年のような大スターが生まれんようになったんや、と僕は思うね。精神的な打撃っていうのはものスゴ、こたえるんや。

マ、こうして女のことでいろいろ言われるのは、僕が30という年齢になってきたからかもしれへん」（『ヤングタウンNo.11』1985年12月）

さんま「芸能人でキャーキャー言われてる中で、独身の男が俺と郷ひろみさんだけになったわけ。週刊誌によく狙われてたのはあの頃、俺と郷さんと松田聖子だったの。写真週刊誌が出たばっかりの頃で、写真週刊誌は競争する、それに負けないでおこうと思う女性誌もがんばるわけよ。

だから、うちのマンションの前には毎朝5台ぐらいハイヤーが止まってたの。草むらに隠れてる奴がいたりするわけやから。あの頃、草むらから音がすると、〝いるのはわかってんねんぞ！〟って叫びながら歩いて、猫やったっていうこともたくさんあった。向かいのマンションに置いてある段ボールが動くんですから。もう驚くのよ。あの頃は今よりも激しいときやったからね」（フジテレビ『さんま・中居の今夜も眠れない』2003年6月28日）

――しかし、『フライデー』のレギュラーというのがすごいね。（笑）

さんま「いやいや、僕らがまた、テレビの中でそのマスコミを遊び過ぎたのもいかんのかわからんのですけどね、とりあえずフリートークの番組が僕は非常に多いでしょう。だからね、ああいう事件がパッと出て、次の日に『いいとも』があると、客は絶対あの話しよるぞというて来てて、そこをすかしてあげるとかわいそうだと思うし、また、知らん顔して違う話題にするいうのも照れるんですよね。で、触れたら触れたでまた、ああいうテレビで15分というのは、ものすごい宣伝効果ですよね。そやから、部数が伸びたとかいうてね、『ありがとう、さんまちゃん』とか書きやがってね、殴ったろかと思たんですけど。(笑)そんな八百長みたいになってもおもろないから、もう言うのやめようということで、最近、『フライデー』に関しては一切言うてないんですよね」(「PLAYBOY」1985年9月号)

さんま「一番マスコミに狙われてる時代は、女の子のマンションに行くにも変装したりしなきゃ動けなかったんですよ。ほんで、床山さんに言うて、髭を用意してもらって」
村上ショージ「仙人みたいな髭やで。チャールズ・ブロンソンみたいな髭ちゃうねんで。仙人やで、仙人」
さんま「(笑)ほいで、ヅラをかぶってね。その格好で新幹線に乗ってたんですよ」
ショージ「あの頃は鞄の中に、よう髭を入れてはったわ」
さんま「まぁ、いろんなことをやってまいりました。人生を振り返るとね」(『MBSヤングタウン』2007年1月13日)

さんま「俺は一度、腹立ったのは、記者が僕の写真を撮ってて、ゴミ箱につまずいて、後ろにひっくり返りそうになったんですよ。ほんで俺が〝大丈夫か?〟言うて、手を差し伸べて助けてあげたんですよ。その〝大丈夫か?〟っていう顔を載せよったんですよ。

撮ってるカメラマンを助けてあげたのに、『慌てるさんま』とか書かれて。そのときに、どういう心理でこれを載せようとするのか。他に何枚も撮ってんのに。そんなの記事にしないよね、普通。人間としてな。

そういうのも、プロとしてどっちが正解か、あの人らも悩まはんねやろうけどな。人間としてはこれは載せないけど、プロとして載せようとか。あれは一度、腹立ちましたけど。あれはちょっとイヤでしたね。助けてやろうとした顔を載せるやつが世の中にいるんだと思って」（『MBSヤングタウン』2012年1月7日）

さんま「我々はしゃべる商売で出てきてますからね。ウソもつけないし。本当のことを言えば伝わるもんだとわかってるからね。我々は黙ることができないじゃないですか、何が起こったって。スキャンダル起こして、うわっと思って、人前に出さしていただいて、しゃべってお客さんに笑っていただくと、すごい助かる。〝そうか、一般の人はそんな大層に思ってないんだ。笑ってくれるんだ〟と思うと楽になりますよね。誠意とか、本意は伝わるもんですからね、テレビ画面から」（『さんまのまんま』2012年11月10日）

祖父・音一の死

1985年7月5日、さんまの祖父、音一が老衰のため、85歳で死去した。さんまはこの日、『なるほど!ザ・ワールド』（フジテレビ）の収録があり、通夜には出席せず、6日の午後2時から行われた告別式に参列する。

晩年、認知症が進行し、家族のことも忘れることが多くなっていた音一であったが、さんまのことは決して忘れることなく、テレビ番組に出演するさんまや、部屋に飾られているさんまのポスターに向かって、いつもにこやかに語りかけていた。

音一を見送った後、さんまはマスコミに向けてコメントを寄せた。

「安らかな死に方でしたし、最後はテレビを見ても、どれが僕かようわからん状態やったと聞いてましたし、覚悟はしてましたんで。やり残したことはないやろし、おじいは思い残すことなく逝ったと思います」

さんま「子供の頃、おじいちゃんが寝てたときに、兄貴とふたりで白いふきんを、おじいちゃんの顔にかけて、念仏唱えて遊んでたんですよ。途中で、〝このままもし、起きてけーへんかったらどうしょう〟思て、すぐ取ったけどね」（『ＭＢＳヤングタウン』１９９４年７月２日）

さんま「うちのおじいちゃん、〝頭痛い〟言うて、真顔で頭に絆創膏貼った時は、俺、笑ろてしもてんけどね。あれがシャレなのかマジで貼ってたのか、聞いてないまま死んでしもてん」（『ＭＢＳヤングタウン』１９９４年２月19日）

さんま「おじいちゃんがボケたとき、親は大変やったよ。もう、泣いてたもん。母親も父親も。〝高文、聞いてくれ〟って言うて。俺はそういうの好きやから〝おもろいやんか～〟って片付けるから、また怒られんねんけどね。

だって、家にいて、うちの母親の前で、〝あんたは、よう出来てるけど、うちの嫁はなぁ〟言うて、悪口始まんねんから。〝あんたは、ほんまによう出来てるわ。この2、3日面倒みてもうてるけど〞言うて。もう何年も面倒みてもうてんねんけどね。
〝あんたは、よう気がついて、料理もうまいし、ほんまによう出来た嫁やな〜。それにくらべて、うちの恒の嫁は。なんでも、ええ加減にしよるし、ワシのこと心配してくれへん〞とか。ほいで、うちの親父には、〝おまはん誰な？〞って。自分の息子が帰ってきてんのに、息子に〝誰な？〞て。息子だということを忘れられるほど辛いことはない言うてたで。毎日、何十年と一緒に暮らしてきてたのに。
夏休みとか、親父の妹家族とかが遊びにくるわけよ。ほんだらもう、親父がそこでボヤくわけよ。ほんだら叔母ちゃんは、おじいちゃんを説教するわけだ。〝お父さん！　お兄ちゃんが一生懸命やってくれてるのに、なんで言うこと聞かへんの！〞とか言うて。ほんだらおじいは、〝……でぇ〜、おまはん、誰な？〞言うて（笑）。もう、コントのオチの連発やねん。これ、ほんまやねんで」（『MBSヤングタウン』1995年10月7日）
さんま「うちのおじいが、僕がテレビに出るのを楽しみに生きてはったんですけど、途中から、『遠山の金さん』頑張ってるなぁ〞って、俺は出てへんのにね。でも出てるフリしてました。晩年は」（『さんまのまんま』2007年8月3日）
村上ショージ「窓際に貼っとったさんまさんのポスターに向かって、〝入って来い、高文〞言うて、それを俺、さんまさんの実家で見てん。〝恒、はよ高文に入って来るように言ってやれ〞って言うてはったからね」
さんま「（笑）」（『MBSヤングタウン』2004年11月6日）

さんま「うちのおじい、笑いながら死んでいきよったんですよ。ゲラゲラ笑ってるから、寝てるんやなぁ思たら、そのまま息途絶えてしもて。これ、ほんまなんですよ。死んでるって、親が3時間気がつかなかったんですから。寝てると思てたんですからね」（『MBSヤングタウン』2000年4月22日）

さんま「生きてるというのは悲しいかな、死に向かって生きてるんですからね。これがねぇ、ものすごい悲しいことなんですよ。誕生したその日から死に向かって歩き出すんですから。

ただねぇ、思い出話をしてる間は、その人が生きてるということなんですよね。まあ、これ、人のセリフからパクったんですけどね（笑）。色々やっとくと、人が思い出を語ってくれるから、長生きできるということですよね。だから、思い出が多い方がいいわけですね。ほんで、やっぱり生きてる者は、話をしてあげるというね。自分が忙しいからといって、その人のことを忘れてしまうんじゃなくて、思い出話をずっとしつづけてあげるというね。そういうもんですよ。だから、最近、うちのおじいちゃんの思い出話してないからねぇ、うちのおじいちゃん死にかけてるの。

　あれ、だいぶテレビでやったからね、おじいちゃんネタね。そっから、おじいは生きてませんから、おもろ話を作っとれへんねん、あいつ（笑）。あいつが長生きすりゃあ、もっとおもろい話があったんですけど、亡くなりよったから。もうちょっと作っといてくれたらね（笑）」

（『MBSヤングタウン』2004年11月13日）

さんま「〃たけし・さんまが日本で一番おもしろい〃とか言う人多いけどねぇ、俺は〃さんま・音一〃の方がおもしろいと思う」（『MBSヤングタウン』1993年12月25日）

『心はロンリー気持ちは「…」II』と日本サッカーリーグ

1985年7月15日、さんま主演のコメディドラマ『心はロンリー気持ちは「…」II』が放送された。

北海道・つくし野村で暮らす白井順平（さんま）は、妻を亡くし、かつて所属していた小さなイベント会社「光進プロダクション」で再び働くため、東京へと戻る。その道中、桐島薫（萬田久子）の長男・大介（中島大介）が崖から転落しそうになるところを助けたことから、順平と薫のラブストーリーが始まる。

このドラマは前作に引き続き、さんま、三宅恵介を中心とする「雑談法人・参宮橋金曜サークル」のメンバーが集い、ストーリー、ギャグを練り上げ、5か月かけて完成させた。

さんまは脚本に加え、劇中、遊園地やショッピングセンターなどで開かれる「宇宙戦士ハートロンショー」で流れる曲『ハハハハ ハートロン』『宇宙戦士ハートロン』の作詞も担当した。

さんま「三宅さんていうのは今、日本一のディレクターやね。これはもう全然ヨイショでもないし、すばらしい。お笑い界にとっては絶対に必要なディレクターですね」（『宝島』1985年7月号）

さんま「正直な話、大阪のスタッフで認めるヤツはいてないんです。大阪ではいっつも〝あー、もうこいつらにゆうても、どうせわからへんわ〟いう流れでやってたんです。それが三宅さんは……芸人の立場になって、物事をとらえてくれるんですね。『ひょうきん……』のスタッフは、ほんとにそうなんです。ほいでね、またヨイショがうまいんですよ。のせかたが……」

三宅恵介「けど、さんまさんも、うまいですからねェ」

さんま「お互いにほめられてのるタイプなんです。だからふだんはもっと……今の会話の3倍ほめてますよ。〝三宅さんの編集最高でんな!〟〝いや、さんまちゃんがいてるから!〟〝何ゆうてまんねんな、三宅さんが……〟ってゆう流れでやってるんですわ（笑い）。そしたらベストの状態にもっていけるんです。このふたりは……（笑い）」

（「ＣａｎＣａｍ」１９８５年８月号）

●１９８５年７月15日（月）『月曜ドラマランド 心はロンリー気持ちは「…」Ⅱ』（フジテレビ19：30～20：54）出演：明石家さんま、萬田久子、中島大介（子役）、ラサール石井、熊谷真実、八名信夫、伊藤克信、宮田恭男、小堺一機、島崎俊郎、荻野繁ほか

１９８５年８月、ザ・ミイラの一員として、日本サッカーの広報活動に参加していたさんまが、同年９月６日から１９８６年３月26日まで行われる日本サッカーリーグのＰＲポスターのモデルに起用されることになった。

前年のモデルには、メキシコオリンピックでサッカー日本代表の銅メダル獲得に貢献した元サッカー選手、釜本邦茂が起用され、鍛え抜かれた裸体を披露し大きな反響を呼んだことから、話

題性があり芸能界で躍進を続けるさんまに声が掛かった。

キャッチフレーズは、〝見せてくれ、蹴闘。〟。

上半身裸でサッカーボールを掴み、真剣な面持ちで未来を見据えるさんまのポスターは話題を呼び、日本サッカーリーグのPRに大きく貢献した。


さんま「前年に釜本さんが全裸でやられて。あの頃はサッカーの試合にお客さんがそんなに入らない時代で、なんとか協力してもらえないかっていうことでヌードを撮ったんですよ。ほいで、このヌードのおかげで、また客が入らなかったんですよ（笑）。

私たち（ザ・ミイラ）がオールスター戦の前座試合をやったりしてる時代ですからね。今はJリーグになってね、ワールドカップに日本が出てくれるだけでものすご嬉しいですよ。母親の気持ちなんですよね、実は。

釜本さんが凄い体でね。お尻の筋肉が。僕もおんなじような写真を撮ったんですけど、あまりにも貧相なお尻で。ああいう上半身裸のポスターになったんですよ」（フジテレビ『2006FIFAドイツワールドカップウィークリー』2006年6月28日）

1985年8月3日から始まった渡辺徹・榊原郁恵主演の連続ドラマ『風の中のあいつ』の続篇、『気になるあいつ』に出演。さんまは、主人公・津村一平（渡辺徹）が勤務する生島病院に出入りする薬品会社の営業マン、沢木を演じた。

●1985年8月3日～12月28日『気になるあいつ』（日本テレビ毎週土曜21：00～21：54）

出演：渡辺徹、榊原郁恵、明石家さんま、片岡弘貴、矢崎滋、甲斐智枝美、有森也実、山口果林、田島令子、山口いづみ、阿藤海、坂上二郎、松村達雄、長門裕之ほか

運命を分けた日航機の墜落

１９８５年8月12日、月曜日の午後6時、羽田空港から大阪空港に向かい出発した日本航空１２３便が、離陸から12分後、異常事態に見舞われ、午後6時56分、群馬県多野郡上野村御巣鷹《おすたか》の尾根に墜落した。

乗員乗客５２４人のうち、生存者は４人。日本国内の航空機事故としては最悪の惨事となった。

さんまは事故のひと月前まで、毎週月曜日に『ＭＢＳヤングタウン』に出演するため、同便をよく利用していたが、同年7月から『さんまの駐在さん』の収録日が火曜日から月曜日に変更になったことから日曜日に移動するようになり、事故の前日、8月11日に飛行機で大阪入りし、難を逃れた。

事故当日、『さんまの駐在さん』の収録を終えたさんまは、午後10時から『ヤングタウン』に出演する。共演者の長江健次は、事故に遭った１２３便の一便前の飛行機に搭乗して大阪入りしていた。出演者、スタッフは皆、動揺を隠せず、普段、トーク主体のこの番組で音楽をかけることは稀なことであったが、「とてもしゃべる気にはなれない」と、この日の放送ではずっと曲を流し続けた。

さんま「123便の事故の日に、僕は『ヤングタウン』でしゃべらなかったんですよ。その日が

唯一、『ヤングタウン』でしゃべらなかった日。123便が墜落した日のヤンタンは、僕はずーっとレコードをかけたんですよ」（『MBSヤングタウン』2000年2月5日）

長江健次「まあ、あの、さんまさんとのラジオが、（普段の放送では）3時間、曲が1曲しかかからないんですけど、唯一ですよね、ずっと曲をかけてたんです。

さんまさんは、前日の6時に乗ってはってん。僕は一便前に、たまたま偶然乗ってて。

僕ら10時から生放送やったから、飛行機がレーダーから消えたということやったんで、なんか、アホなことも言えないっていう状況で、曲を3時間ずーっと流してた」（エフエム世田谷『金パラ長江健次のDARADAラジオ』2020年8月14日）

さんま「虫の知らせやと思うねんけど、『さんまの駐在さん』という番組の収録日を変えてくれと。草野球のスケジュールのために変えてくれって言ったのが。1年ぐらい前に言うたんかな。それが、遅れて遅れて、数か月前、いや、1か月ぐらい前かなぁ、やっとスケジュールが変わって。ほんだら、あの、飛行機事故になってしまって。命を救われてるんですよ」（ニッポン放送『明石家さんま オールニッポン お願い！リクエストこれが私のミラクル体験！』2019年6月10日）

さんま「僕はだいたい、飛行機はね、国内はほとんど乗らないんですよ。特に、東京・大阪間は、たぶん、一生のうち、もう数える程度しか乗らないと思うんです。僕は、あの123便に乗る予定だったからなんですけどもね。

あれから、もう怖くなって。それまではずっと乗ってたんですよ。それが、ああいうことになってしまったから怖くなってしまって。ほいで、もう、ずっと新幹線なんですよ。あの事故があって、2、3年は、ほとんど海外に行ってない。CMを断ったんですから。飛行機乗るのが嫌だから」（『明石家さんまのG1グルーパー』1997年1月20日）

元町ブラザーズ

1985年8月20日、歌と笑いがミックスされたバラエティ・コンサート『明石家さんまスペシャル』が、大阪厚生年金会館大ホールにて開催された。

このコンサートには、さんまの仲間で、「難民トリオ」と呼ばれる、村上ショージ、Mr.オクレ、杉井利之の3人、そして、さんまの草野球チーム「スティング」で活躍する前田政二、大西秀明が参加した。

この5人は、ショージが暮らす大阪市浪速区元町界隈によく出没することから、仲間内から「元町ブラザーズ」と呼ばれていた。元町ブラザーズの面々は、貧しく、いつも暇をもてあましていたが、仲間の誕生日には、「カルビ」「上ロース」「タン」などと、牛肉の部位が書かれた段ボール紙を鉄板の上に並べ、グラスに「ビール」と書いた紙を貼りつけた水で乾杯し、ごはんと漬物だけで祝って楽しむなど、いつも逞しく生きていた。

さんまはそんな元町ブラザーズと過ごす時間を、何よりも大切にしていた。

さんまは週に一度、日曜日の夕方に新幹線で大阪へ向かう。新大阪駅の改札口には必ず、腹を空かせた元町ブラザーズの5人がさんまを出迎えた。6人で食事を済ませると、午後7時からスティングのメンバーと合流し、草野球で汗を流す。

翌月曜日の午前中に、芸人ではない杉井利之を除く、4人がレギュラー出演する『さんまの駐在さん』の収録に参加。22時からは『ヤングタウン』月曜日の生放送が始まる。さんまの推薦により、杉井はリスナーからの依頼を受けてお手伝いをする企画「レンタルとっさん」に出演。ショージ、オクレ、政二、大西は、ギャグや面白いフレーズで、レギュラー出演者を笑わせることができればその場に居残り、その後の出演権を獲得。できなければ即退場を強いられるサバイバル企画「さんまにチャレンジ!!退場ゲームだよーん！」に出演。どちらも『ヤングタウン』の人気コーナーとなっていた。

生放送終了後、さんまと元町ブラザーズは、レギュラーメンバーの長江健次、大津びわ子、伊東正治を加え、吹田市江坂にある「ハローズ」というレストランで好物のメキシカンピラフを食べながら軽い打ち上げ。そこからさんまのマンション「メガロコープ福島」に移動し、朝まで麻雀、トランプゲームに興じる。30分ほど仮眠をとった後、早朝野球で汗を流し、新幹線で東京へと帰る。これが、さんまの大阪での基本的なスケジュールであった。

さんま「大阪へ帰っても、ゆっくり女とデートができなかったことを覚えてるんですよ。大阪にいるときは、男（元町ブラザーズ）との時間ばっかりだったんですよ。それで別れたこともあるんですよ」

村上ショージ「ほんま、ずーっと一緒やったもん。俺らは暇やし、さんまさんのスケジュールに全部合わせせられるわけ」

さんま「仕事ないからね。合わせせられんねん。ほんまに仕事なかったからな、あのとき。誰かが仕事で来れなかったっていうのもなかった。いっつも揃ってた」（『MBSヤングタウン』2015年

2月28日）

さんま「退場ゲームって、『電車の中で痴漢と間違われました。そこで一言』とかいうお題が出て、そこでギャグを言わなきゃいけないわけ。それがダメだったら、〝退場！〟って言うて、それ以降出れないわけよ。村上さんは毎回早々と退場してました。『痴漢に間違われた状況でその女の子を笑わしたいときにどう言うか』っていうお題で、〝ドゥーン！〟とか、いろいろギャグが生まれてきたわけよ」

ショージ「そうそうそう。だから歴史はあんのよ、僕も。この『ヤングタウン』と共にね、大きくなってきたの」

さんま「こないだ、トミーズの雅とバッタリ会うてんけども、雅もヤンタンの退場ゲームによく来てたみたいで。俺も記憶にうっすらあって」

ショージ「はい、来てましたね」

さんま「俺と接点持つにはヤンタンだというので、退場ゲームには吉本の若手がいっぱい来てくれてたわけ」（『ＭＢＳヤングタウン』１９９６年12月21日）

さんま「退場ゲームに、ダウンタウンまで挑戦してるとは夢にも思わなかったですねぇ。俺は本人たちに聞くまで全然。ダウンタウンがあのコーナーに出てきたっていうイメージがないんですよ」

ショージ「〝出してください〟言うて、今田（耕司）も来てるはずですよ」

さんま「そうらしいねん。全くないねん。あのコーナーに出とったあいつらのイメージが」

（『MBSヤングタウン』2007年3月17日）

「さんまファミリー」の結成

後に、元町ブラザーズの5人、『MBSヤングタウン』のメンバーである長江健次、大津びわ子、伊東正治ら、さんまの仲間たちは、「さんまファミリー」と名付けられる。

ビートたけしの弟子たちの呼び名が「たけし軍団」、たけしが弟子たちから〝殿〟と呼ばれていることに対し、さんまが、「俺らも名前をつけよう」と提案したところ、政二の「さんまファミリー」案が採用され、さんま自らの発案で、そのリーダーであるさんまの呼び名は、〝若〟に決まった。

さんま「前、テレビ番組でね、ショージがいうてくれたんです。『もし、さんまさんがお金が一銭もなくなって、食べられへんようになったら、そのときは、僕らも同じように貧乏しますから』って（笑）」

三宅恵介「アハハ。フツウはそういうときは、がんばって助けるんだけどね」

ショージ「それを僕、『一緒にひもじい思いします』いうて」

さんま「あれは引っくりこけましたけども、うれしかったですよ」（「JUNON」1987年3月号）

『明石家さんまスペシャル』は、さんまファミリーが集結した、賑やかなコンサートとなった。

「ノッてるかー!?」

「ノッてへん、ノッてへん！」

「いくぞー！」

「ご勝手に〜！」

観客の大多数を占めるヤンタンリスナーとの〝お約束の掛け合い〟でコンサートは始まった。

オープニングでは一世風靡セピアのデビュー曲「前略、道の上より」に合わせ、力強いダンスを披露。１曲目にサザンオールスターズの「ミス・ブランニュー・デイ」を唄ったさんまは、「Mr.アンダースロー」「いくつもの夜を越えて」などのオリジナル曲に加え、グループサウンズの曲や上田正樹の「TAKAKO」など、カバー曲を交えながら、計22曲を熱唱。

早見優のサプライズ出演、高校野球を題材にしたコント、華麗なタップダンスで盛り上げた。

目玉企画は、マイケル・ジャクソン、ライオネル・リッチーをはじめとする、アフリカの飢餓を救うためのプロジェクト「USA・フォー・アフリカ」に賛同したアーティストによる楽曲「ウィ・アー・ザ・ワールド」のパロディ、「ウィ・アー・ザ・元町」。

貧困にあえぐ、ショージ、オクレ、政二、大西が、次々と貧乏エピソードを語り、大津びわ子、伊東正治と共に「♪ウィ・アー・ザ・ワールド、ウィ・アー・ザ・元町ィ〜」と合唱。２５００人の観客を笑わせた。

この「ウィ・アー・ザ・元町」の企画は、『ヤングタウン』月曜日の全盛期を支えるコーナーへと成長する。

さんま「3時間ぐらいライブやりましたけど、『これを言ったら、これを言え』っていう、俺とのやり取りを、客が3時間やりよんねんから。チケットもヤンタンの客が買い占めよるから、宣伝せんでも完売してたからね。リスナーはそれをやりたいがために、コンサートに来てたんですよ。

驚くよ。ラジオのリスナーに、〝ああしたらこう言え〟って、ワンコーナーで言うだけですからね。2000人以上の客が一斉に応えるんですよ。客席のほぼ全員が言うと、鳥肌立つよ。こういうファンは大事にしとかなアカンよね」（『MBSヤングタウン』2004年8月7日）

笑福亭鶴瓶「あの時の『ヤングタウン』というのは、普通のテレビ番組よりも凄い価値があったんやもん」

さんま「その通りですよ」（『MBS開局60周年記念特別番組31・5時間ラジオ』2011年9月2日）

□1985年8月20日（火）『明石家さんまスペシャル』（大阪厚生年金会館大ホール18：30開演）

サザン『KAMAKURA』のCMに出演

1985年9月14日に発売されるサザンオールスターズの8枚目のアルバム『KAMAKURA』のスポットCMに、さんまが出演することになった。

CM出演の報酬はポータブルオーディオプレイヤー「ウォークマン」1個のみ。お笑い芸人の中ではCMのギャラがトップクラスのさんまであったが、桑田佳祐からのオファーということもあり、快諾する。

ＣＭのキャッチコピーは「国民待望の二枚組 ＫＡＭＡＫＵＲＡ」。撮影は、さんまのスケジュールが詰まっていたことから、深夜遅くに行われた。

『ＫＡＭＡＫＵＲＡ』に収録されているサザンオールスターズ23枚目のシングル「メロディ（Ｍｅｌｏｄｙ）」を口パクで唄うさんまの顔のアップがモノクロ映像で映し出され、普段、決して涙を見せることのないさんまの瞳から、赤く光る涙がこぼれ落ちる。この映像がテレビに流れると、たちまち大きな反響を呼んだ。

同年9月18日、さんまは、『オレたちひょうきん族』の収録を抜け出し、『夜のヒットスタジオＤＥＬＵＸＥ』（フジテレビ）に生出演するサザンオールスターズを応援するため、ビートたけしが収録で扮していた〝ひばり〟の被り物を借り、それを身につけて登場。

9月21日から始まったサザンのツアーライブ『ＫＡＭＡＫＵＲＡ ＴＯ ＳＥＮＥＧＡＬ サザンオールスターズ ＡＶＥＣ トゥレ・クンダ』では、横浜スタジアムの公演を鑑賞。ライブ中盤、「メロディ（Ｍｅｌｏｄｙ）」のイントロが流れだすと、観客が一斉にさんまに目を向け、大きな拍手を送る。さんまはこのサザンファンの行動に深く感動し、忘れ得ぬ思い出となった。

10月26日放送の『オレたちひょうきん族』では、「ひょうきんベストテン」で1位を獲得した「メロディ（Ｍｅｌｏｄｙ）」を、桑田になりきり、熱唱した。

さんま「サザンの横浜スタジアムのコンサート、イントロが鳴ったらねぇ、何万人が僕の方を見たんですよ。もうねぇ、ずっとうつむいてたことを覚えてるんですよ。みんなが俺を見て、合唱してくれるわけですから。それはもう感動もんでしたけどねぇ。

その曲の時だけ俺を見てくれて、どうしてええかわかれへんのよ。何をしてもステージの邪魔になるし、恥ずかしいねん。ただうつむいて、たまに顔上げて、ちょっと会釈して、もうねぇ、とにかく心の中では、〝この曲早く終わってくれ〟という。

そこでちょっと動いたら、〝ワー！〟って言うてくれんのわかんのよね。わかんねんけど、ステージやってはるから、変なことしたら迷惑かかるんじゃないかとか思って」（『MBSヤングタウン』2003年7月26日）

桑田佳祐「ビクターの人とか、メンバーみんなで考えたんだけどね、〝今は『さんま』しかないでしょ〟ってことで決めたの」（TBS『SUPER WEEKEND LIVE 土曜深夜族』1988年6月25日）

『8時だョ！全員集合』終了

1985年9月28日、『オレたちひょうきん族』の裏番組であり、良きライバル関係にあった、ザ・ドリフターズの『8時だョ！全員集合』が終了した。常に比較されていた両者の視聴率。最後の1年間は概ね、『オレたちひょうきん族』が優位を保っていた。

荻野繁（『オレたちひょうきん族』ディレクター）「『ひょうきん』放送開始の一年前から、『笑ってる場合ですよ』という公開番組をやっていたんです。これが当たっていたから、当時40％近い数字を取っていた土曜8時の『全員集合』の裏番組として、『笑ってる場合ですよ』の夜版を作ってくれと言われて、『ひょうきん族』が始まったんです。だから、『全員集合』が終わったときに

『ひょうきん』も終われるとカッコよかったですよね。土曜8時の使命は終わったってことで。もしくは時間移動したかった。今度は『水戸黄門』の裏にいくとかね。提案したんだけど、やっぱり無理だった（笑）」（「TV Bros.」2003年3月28日号）

髙平哲郎（『オレたちひょうきん族』構成作家）「'70年代のバラエティというのは、子供からおばあちゃんまでを笑わせることが主流とされていて『全員集合』もその一つだったけど、『ひょうきん』の場合は、作り手が楽しければ、視聴者も楽しいはずだ!!っていう姿勢だったんですよね」（同右）

さんま「我々はドリフがやめるって聞いたときに、〝えぇー!?〟っていうね。〝なんでやめるんだ〟っていう感じで。横綱の胸を借りにね、いってるのに。やめることになったのが非常に寂しかったですよね。いつまでもやってほしかった、裏番組でドリフの『全員集合』を」（『MBSヤングタウン』2007年3月3日）

所ジョージと初コンビ

1985年10月3日、〝最低男〟の異名を持つお笑い芸人・明石家さんまと、〝軽薄男〟の異名を持つマルチタレント・所ジョージが初めてコンビを組み、女性タレントをゲストに招いて、トークやコントを繰り広げる公開形式のトークバラエティ番組『遊びすぎじゃないの!?』（TBS）が始まった。

テレビ界を席巻するさんまと所は、『さんまのまんま』（1985年4月15日放送）で共演した際、所が持参したおもちゃの銃で時間を忘れて遊び倒し、「ふたりで漫才をやれば必ず売れる」と語り合うほど意気投合。互いに新番組での共演を楽しみにしていた。

初回放送の2日前の10月1日、さんまと所は、TBSの番組出演者が一堂に会する改編期特番『秋のスペシャル決定版テレビまるごと大集合』の司会を務め、『遊びすぎじゃないの⁉』を宣伝。スタッフとの打ち合わせを重ね、〝この番組はいける！〟という確信をもって、初回の収録に臨んだ（ゲストは十朱幸代、副題「さんまと所が遊び続けるテレビ‼」）。

ところが、番組の仕上がりはふたりが思い描いていた番組とは程遠いものだった。2週目も初回と同じく、打ち合わせでの意見が反映されないまま、番組は進行。ふたりのモチベーションは急速に低下し、さんまは3回目の収録（10月17日放送、副題「所WORLDに突入」）をキャンセルし、そのまま降板することになった。

さんま「俺の番組での最短記録は2回。それはTBSのレギュラー番組で、打ち合わせを散々やって、構成も練って、〝これはいける！〟って、俺は所さんと話してたんですよ。なのに全然違うもんが出来上がって、ふたり共、唖然としたんですよ。なんのための打ち合わせやったんやと。2週目、また同じ結果だったんですよ。

〝なんやねん、これは。この番組のディレクターとプロデューサーは俺らが打ち合わせしたこと聞いとんのかい！〟とかいう話になって。あまりにも腹立って、もう辞めるという話になって。ほんだら、所さんも〝辞める〟って言うたわけよ。〝さんちゃん、ふたりで辞めよう〟〝いや、そういうわけにはいきまへんやろう〟と。所・さんまがね、両方辞めるわけにはいかへんから、

〝片一方が残りまひょ〟と。〝ジャンケンで決めよう〟っていうことになって。

これは嘘みたいな話ですけどねぇ。まあ、僕の大昔からのファンは知ってらっしゃると思いますけど。それはもう、僕がそのとき若かったですから、大問題になるなんてことは想像つかなかったんですけど。辞めたいものは辞めたらええやないかっていう考えでいましたから。今でこそ、ちょっと責任を感じながらね、番組もやってますけども。それが大問題になって、そらまあ、そうですよ。プロデューサーは怒りますよね。営業サイドとか、いろいろ謝りにいかなアカンやろうし、なんやらかんやらで。

ほんで、ジャンケンで決めて、俺が勝ったもんで、俺が辞めて。所さんが、そのあとやってらっしゃいましたよ。何か月かは。桜金造さんとか入れて」（『明石家さんまのG1グルーパー』1997年1月27日）

●1985年10月3日〜12月19日『遊びすぎじゃないの!?』（TBS毎週木曜19：20〜19：58）

『テレビくん、どうも！』

1985年10月6日、さんまが司会を務めるトーク番組『テレビくん、どうも！』（フジテレビ）が始まった。

司会がさんまに決定したのは初回放送直前の9月下旬。それまで、フジテレビのプロデューサー、横澤彪からの再三にわたる出演依頼を、さんまは頑なに断り続けていた。

『テレビくん、どうも！』は、日曜日の午前9時半から始まり、続いて10時からは、さんまも出演する『笑っていいとも！増刊号』が放送される。レギュラー番組を多く抱えるさんまは、これ以上テレビでの露出が増えることを避けたかったのだ。

『テレビくん、どうも！』は、様々な分野のゲストを招き、テレビに関することを語り合うトーク番組であるため、その司会者には、テレビが大好きであることと、どのようなゲストが相手でも上手く対応できるトーク技術が求められた。熟慮を重ね、人選した結果、さんまほどの適任者は他にはいないと判断した横澤は、最終手段として、さんまをフジテレビの編成会議室へと誘い出し、ディレクターの佐藤義和と木村基子を同席させ、頼み込みにかかる。

「横澤さん、僕、ホンマに今、忙しいですし、新番組をやるんやったらトーク番組とは別の企画をやりたいんで、勘弁していただけますか」

横澤は返事をせず、ゆっくりとお茶を入れ始めた。そして、湯呑茶碗をさんまの前へ静かに置き、「さんまちゃん、頼むよ」と、笑顔で言った。さんまは苦笑いを浮かべ、「はい、わかりました」と答えるしかなかった。


横澤彪「これからは〝わが社意識〟を捨て、テレビ局の垣根を越えてテレビ界全体を考える時代だと思います。

視聴者と同じように、局を意識しないでテレビ文化を語る必要があると考え、企画したわけですよ。

ホントは僕がテレビに出て話したいが面白くしゃべれないし、言っちゃいけない制約も多い。そこで、さんまちゃんをはじめテレビが好きな人々に代弁者の役割を果たしてもらっているわけです。

ゲストの方のテレビ観が出れば、それでいいと思います」（「週刊明星」1986年2月13日号）

『テレビくん、どうも！』は、さんま、作家の長部日出雄、芸術家の〝クマさん〟こと篠原勝之の3人がゲストを迎え、「腹の立つテレビ」「プロ野球中継」「テレビと政治」「1985年のテレビベスト&ワースト番組」など、テレビをテーマに語り合うトーク番組。番組のコンセプトは、メジャーな番組からマイナーな番組まで、ありとあらゆる番組について、局の垣根を越え、出演者が言いたい放題に語り合うこと。横澤はいつも始末書を持ち歩き、問題が起きたときには責任をとる覚悟を決めていた。

横澤からさんまへの注文は、インテリ風に眼鏡をかけ、本名である「杉本高文」として出演することのみ。あとは自由気ままにトークすることを許された。

横澤「クマさんと長部日出雄さんを配したのは、さんまちゃんに1対1でのしゃべりから複数の人間相手とのしゃべりができるようになってほしかったので、そのための新しい場を与えたということなんですよ」（「週刊平凡」1986年12月26日号）

横澤「そろそろ新しい分野に挑戦すべきだと思うんですよ。このまま突っ走っても40歳までだよって彼にはいってるんですけど、あの番組をそのとっかかりにしてほしいんです。ボケだけじゃなく、ツッコミも勉強してもらう意味で、司会に起用したんです。いまのところ、及第点ってとこじゃないですか」（「ザテレビジョン」1985年12月20日号）

初回のゲストは、ミュージシャンの井上陽水と、漫画家の原としこ。その後も、立川談志、糸井重里、浅井慎平など、これまでさんまとは共演する機会の少なかったゲストが名を連ねた。さんまは、〝お笑い〟の要素を極力抑えつつ、ゲストのテレビにまつわる話を引き出し、軽快で楽しいトークが繰り広げられるよう心掛けた。

視聴率は日曜の朝9時半という時間帯ながら、初回から8パーセントを超え、その後も高視聴率をキープ。翌年4月、「朝起きるとまずテレビをつける」「テレビに向かってうなずいたり話しかけたりする」「テレビに影響して始めた趣味がある」「テレビのことで家族や友人と喧嘩したことがある」など、テレビライフに関する20の質問にゲストがＹＥＳ・ＮＯで答え、ＹＥＳの数に応じてゲストとテレビの関わり度合を診断するコーナー「テレビくん度テスト」が始まると、視聴率はさらに上昇し、最高視聴率17・２パーセントを記録する人気番組へと成長する。

横澤「さんまちゃんは成長しましたね。この6年間ずっと見守っていますが、芸の幅が広がりました」（「週刊平凡」１９８６年12月26日号）

長部日出雄「彼は一種の天才だね。（中略）さんまさんの本当のスゴさというのは、そばにいると余計に感じますね。彼の、ゲストのリアクションをすぐに笑いに変える才能はたいへんなものです。よく、打てば響くというけど、そんな表現では間に合わない。

彼はコトバをボールにして丁々発止の打ち合いを演じてみせるプロ。相手の球が、どの方向にどの地点に飛んできても、受けかえしてしまう。間に合わないとみると、身を挺して引っくり返る起死回生の回転レシーブをやってのける。たいへんな芸ですよ。（中略）

いまのさんまさんは猛スピードで走ってる。普通の人なら一年かかるようなことを、彼は一日でやってのける濃密な時間に生きているんですよ。そばにいると、それが一番、感じられますね」（「週刊現代」１９８６年12月6日号）

１９８５年10月14日、『さんまのまんま』に、サザンオールスターズの桑田佳祐がゲストとして登場。桑田が、さんまとビートたけしのために書き下ろした曲、「アミダばばあの唄」（１９８３年10月21日発売）にまつわる話から始まり、番組後半に差し掛かると、さんまは桑田に、〝『さんまのまんま』のテーマ曲を作って欲しい〟と懇願する。桑田は快く了承し、ギターを手に取り、即興で曲作りを始めた。

さんま「始めに〝見てちょんまげ、さんまのまんま〟という歌詞を入れて欲しいんです」
桑田「見てちょんまげ……曲調は……じゃあ、ボサノバみたいな感じで」

結局、この日は一部分のみ出来上がったところで時間切れ。翌年の1月4日、『明石家さんまのラジオが来たゾ！東京めぐりブンブン大放送』（ニッポン放送）で共演した際に、桑田は曲の続きを作ることをさんまと約束する。

それからちょうど7か月後、１９８６年8月4日、桑田が新たに結成したバンド「ＫＵＷＡＴＡ　ＢＡＮＤ」が『さんまのまんま』に出演。桑田が作った曲に、さんまとＫＵＷＡＴＡ　ＢＡＮＤのメンバーが即興で歌詞をつけ、『さんまのまんま』のテーマ曲、『ＳＡＭＭＡ　ＮＯ　ＭＡＭＭＡのうた』は完成した。

「アホちゃいまんねん、パーでんねん！」

１９８５年11月9日、さんまが『オレたちひょうきん族』の「タケちゃんマン7」のコーナーで演じるキャラクター、妖怪人間・知っとるケの最期を描いた物語「さよなら知っとるケ」が放送される。

日本中を揺るがせた数々の未解決事件を知っとるケの仕業に仕立て上げ、その知っとるケをこの世から抹殺し、国民からの人気を取り戻そうと企む大曽根首相（渡辺正行）。その任務を受けるのが国防省秘密工作部隊の北野大佐（ビートたけし）だった。

知っとるケを殺害するために集められた軍隊が忍び寄る中、北野と知っとるケは、青森県知取毛村にある知取毛神社で対峙する。

タケちゃんマン7に変身した北野は、すぐさま〝自転車〟に変身した。

タケちゃんマン7「♪サイクリング♪サイクリング」

知っとるケ「ヒャッホー！　ヒャッホー！」

〝自転車〟を気に入った知っとるケも〝自転車〟に変身（ひとつしかない自転車のコスチュームをタケちゃんマン7と奪い合う）。

知っとるケは、タケちゃんマン7と一通り変身合戦を楽しんだあと、「タケちゃんマン7、楽しい思い出をありがとう。俺に構わず去れ」と書かれた置手紙を残し、ひとり本殿へと向かう。

「あのやろー、知っとるケ！　お前はアホか！」ひとり佇むタケちゃんマン7がそう呟くと、どこからともなく、「アホちゃいまんねん、パーでんねん！」という声が聞こえてくる。

「……パーでんねん……嫌な予感がするなぁ……」タケちゃんマン7は叫んだ。「おーい！　知っとるケ！　自転車貸してやるぞ、20分なら。知っとるケ！　出てこい！　もうすぐ軍隊がくるぞー！」知っとるケの返事はない。

「俺が死んだら、みんなが助かって、丸く収まんねやろ？　醜い花でも綺麗に散りたいもんだよ……フッ……自転車欲しかった」

知っとるケはそう言い残すと、自ら本殿に火を放った。

翌日、知っとるケが焼死したことを伝えるニュースが流れる。そして、首相官邸から北野のもとへ、「ゆっくりお休みください」という伝言が入る。

「……ゆっくり。そうはいくか。奴らの思い通りにはさせん……」北野は静かに呟いた。

夕焼け空の向こうでは、知っとるケの唯一の友達、カラスのバッキーが寂しげに鳴いていた。

そして同年12月7日、「タケちゃんマン7」のコーナーに、妖怪人間・知っとるケに代わる新キャラクター、パーデンネンが登場する。

考古学者・明石教授は、古代エジプトの女王・クレオパトラが、死の直前に宮殿に隠したとされる宝物〝パーデンネン〟を追っていた。長年の研究の末、明石はパーデンネン伝説の鍵を握る〝自転車〟が青森県知取毛村に在ることを突き止める。その自転車は、タケちゃんマン7の手により、知っとるケの墓の中に納められていた。

明石は、知っとるケの墓を掘り起こし、自転車を入手。そこへ現れた知取毛村の警官・北野に現行犯逮捕される。

「待ってくれ！　俺は、生涯をかけて研究してきたパーデンネン伝説の謎をどうしても解き明かしたい！　頼む！　頼むから、俺をエジプトへ……」

懇願する明石の熱意に打たれ、北野はこれを了承し、ふたりはエジプトへと向かった。


クレオパトラの宮殿へ到着すると、明石は狂ったように叫び始めた。

「太陽が45度の位置にくるとパーデンネンが甦る！　来た！　来たー！　パーデンネンが甦る！」

「なんだあいつは……あいつはアホちゃうか？」あっけにとられた北野が呟いた。

その声に反応した明石が、「アホちゃいまんねん、パーでんねん!!」と大声で叫んだ瞬間、宮殿はガラガラと崩れ始め、黄金の棺の中から白塗りの怪人が現れた。

手のひらの形をした頭をもち、黒いまだら模様のあるピンク色の服に、エナメル素材の赤いベストを羽織り、紫色の蝶ネクタイを締め、光沢のある薄紫色のパンツに黄色いブーツを着用。知性を全く感じさせない風貌のその怪人は、「♪アホッじゃあーりませんよ、パーデンネン！　パァ〜！」と歌いだし、右足を腰のあたりまで上げ、手のひらを開いた状態で、両腕を左右へ広げるポーズをとった。

そこへ、タケちゃんマン7に変身した北野が煙草を吸いながら登場する。

たけし「どーも」

さんま「パァ〜！」
たけし「ほんとにご苦労さんです」
さんま「(笑)」
たけし「もうねぇ、俺とかタモリの時代は終わった」
さんま「(笑)こんな時代がきまっか？」
たけし「俺、もうねぇ、冷静に見てたら、我々はどういう時代を生きてんだろうと思うね」
さんま「そうでしょ？(笑)俺もなんか、このために人生、棒に振ってるような気がして……」
たけし「で、今度の鳴き声は？」
さんま「いろいろ、案があるのよ」
たけし「昨日、寝られなかったらしいじゃねーか。マンションからわめき声が聞こえてきたって、近所の人、大騒ぎしてたって、うるさくて」
さんま「〝アホちゃいまんねん、パーでんねん〟言うた後にね、パパパパパパパパパパパパパパパ……これ、どう？」
たけし「それ、台湾の爆竹だよそれじゃあ」
さんま「……あっさりいきまひょか？　アホちゃいまんねん、パーでんねん！　パァ〜！」
たけし「……」
さんま「(笑)タケちゃん、笑わないから」
たけし「……笑いたいけどね(笑)」
さんま「ひっくり返って笑ってよ。タケちゃ〜ん」
たけし「……しょうがね〜な〜」

知取毛村へ帰ったタケちゃんマン7は、知っとるケが眠る墓の前へ立った。

「知っとるケ、安らかに眠ってくれ。お前がいなくなって、ほっとしたのも束の間。また新しい敵が現れやがった。しかしな、今度の敵は、お前ほど手強そうではない。なにせあいつはアホだから」

「パーデンネン」誕生秘話

こうして新キャラクター、パーデンネンは誕生した。

誕生のきっかけを作ったのは、月亭八方の長男、寺脇星次（現・月亭八光）の一言だった。

１９８５年10月、『さんまの駐在さん』（朝日放送）が収録されるなんば花月の楽屋に、星次が八方に連れられ、遊びに来たときのことだった。子供好きのさんまは、やんちゃな星次の相手を買って出る。

「星次、何歳になったんや？」

「８歳」

「8歳？　お前、8歳の割にはアホやなぁ」

「アホちゃいまんねん、パーでんねーん！」

「……なんやそれ（笑）」

そこへ八方が割って入る。

「こいつ、最近、〝アホ〟言うたら、〝アホちゃいまんねん、パーでんねん〟って、開き直りよんねん」

「(笑)アホちゃいまんねん、パーでんねん……おもろいですやん。おい、星次、それ5千円で売ってくれ」

「ええよ、売ったるわ。5千円くれや」

「アホなこと言うな！」八方が割って入ると、すかさず、「アホちゃいまんねん、パーでんねん！」と星次が返し、楽屋はどっと沸いた。


さんまはすぐさま、『笑っていいとも！』のトークコーナーで、その日のエピソードを語り、観覧客を大笑いさせ、確かな手応えを得た。

さんまはこの3か月ほど前から、『オレたちひょうきん族』の「タケちゃんマン7」のコーナーで、「おや？」と、小首をかしげるフレーズを多用していたことから、妖怪人間・知っとるケに代わる新たなキャラクターとして、〝おやマン〟を誕生させようと考えていた。しかし、いまいちインパクトが足りないと感じていた。そこで思いついたのが、パーデンネンのキャラクター化だった。

さんまは急遽、ディレクターの三宅恵介に相談を持ちかけ、「知っとるケの次のキャラクターは、パーデンネンでいきたい」と提案。パーデンネンのキャラクター化を急ピッチで進めることになった。


月亭八光「僕が小学校のときに、なんば花月で〝アホちゃいまんねんパーでんねん〟のギャグを、さんまさんが〝5千円で売ってくれ〟って言いましてん。それをいまだにもらってませんねん、

僕」（『踊る！さんま御殿!!』２００７年7月17日）

月亭八方「パーデンネンが『オレたちひょうきん族』のキャラクターになって、〝申し訳ないから〟言うて、さんまが僕に1万くれて。〝星次君に渡しといてくれますか〟言うて」（読売テレビ『輝け！笑いのレジェン堂』２０１１年12月21日）

八光「正月なんか特に、花月に行ったらお年玉とかもらえますから、朝、親父が〝年玉もらいにいこう〟言うて、連れて行かれるんですよ。そのお年玉は全部、親父のもんになっていくんですよ」

さんま「（笑）」（『踊る！さんま御殿!!』２０１５年2月17日）

絶頂の『ひょうきん族』

底抜けに明るく、能天気なキャラクターであるパーデンネンを溌剌と演じることで、さんまの人気はさらに上昇。パーデンネンが登場したことにより活気づいた『オレたちひょうきん族』は、いよいよ最盛期を迎えようとしていた。

さんま「今回の〝パーデンネン〟に決まるまでは、〝おやマン〟だったんですよ。〝おや？〟で変身しようと思ってたんですよ。そしたら、〝アホちゃいまんねん、パーでんねん〟がね、引っかかりがあったんで、それでいこうという安易な考えで〝パーデンネン〟になったんですよ」（『年

忘れひょうきんスペシャル』1985年12月28日）

さんま「テレビのなかでネ、遊んでるんですワ。〝ひょうきん族〟は5年目やけど、その気持ちはずっと変わりません。今でもそれはまちごうてないなと思うてます。いろんなギャグこさえたけど、その8割は偶然の産物やしネ、遊びのなかから生まれたもんです。それは、やりたいようにやらしてくれて、ボクの精神を理解してくれてるスタッフのおかげでもありますね。（中略）

学生のころからギャグの質も変わってないし、これからもこのままやろと思います。無理せず、テレビのなかで遊びつづけたい。それだけですワ」（「ザテレビジョン」1985年12月20日号）

横澤彪「テレビ向きのセンスという点では、さんまちゃんは群を抜いている。動きやアドリブが柔軟なんですネ。そして彼のキャラクターを受けとめてくれる人間がいた場合、さらに磨きがかかる。それがビートたけしであり、タモリであるわけです。最近の成長ぶりは、そのあたりを彼自身再認識したからじゃないでしょうか」（同右）

1985年12月28日、『オレたちひょうきん族』のスペシャル版『年忘れひょうきんスペシャル』が公開生放送された。

この番組は12月18日に収録する予定であったが、ビートたけしの体調不良で中止となっていた。たけしはこの日の生放送も本番20分前にスタジオ入り。直前まで行くか行くまいか悩んだ末に参加した。

たけし「『ひょうきん族』だけで俺、3回休んでるしね」
さんま「今年、3回でっせ」

たけしとさんまが『オレたちひょうきん族』で、〝今まで一番辛かったシーン〟について振り返る。

さんま「鵜飼い」
たけし「あっ、あれは辛かったね」
さんま「あのときはふたりとも唇が真っ青になって。水槽に鯉を入れたんですよ。その鯉が水温が高いと死んでしまうと。その鯉に水温を合わせて、人間に合わさなかったんですよ」
たけし「2℃以下にしないと鯉が死んじゃうって。測るんだよ、温度を。〝まだ高い〟って」
さんま「〝これかなり冷たいでっせ〟言うたら、三宅というディレクターが、〝カイロ入れときます？〟って、そんなもん水の中飛び込んだらいっしょやがな」
たけし「こいつはテレビが好きなんだ。こんなに元気な奴も珍しいんだけど。年末にかけて、みんなヘトヘトなのに、ひとりだけ元気なんだ」
さんま「楽しいさんちゃん！　愉快なさんちゃん！」
たけし「これで酒飲まないんだぜ。酒飲まなきゃ鬱憤晴らせないだろ？　ジュースで鬱憤晴らすんだからなぁ」

エンディングは「ひょうきん懺悔室・生放送」のコーナーが行われ、番組収録を休んだ罪で、ビートたけしが懺悔室に。水をかけられまいと神様に許しを請う。

たけし「とにかく、私の場合、『ひょうきん族』のメンバーの中で年がちがうんで、さんまちゃんと８つもちがうんですから。私がやってること自体がおかしいんで、ほんとだったら今頃はですねぇ、萩本欽一さんとか久米宏さんみたいにですねぇ、自分はなんにもしないで、司会だけやってるっていうのが普通なんですけど、私の場合は、老体にムチを打ってですねぇ、やってるわけでございまして」

「はよ、ペケ出せー！」水かけ役のさんまが、神様役のブッチー武者に向かって叫んだ。

神様が下した結果は、バツ。さんまは、たけしの頭上からバケツを傾けるが、バケツの中身は空っぽ。安堵するたけしと笑顔のさんまが観客に挨拶し、放送は終了した。

●１９８５年12月28日（土）『年忘れひょうきんスペシャル』（フジテレビ19：00〜20：54）「今夜は生放送たけし・さんまの電話リクエスト！ブラックデビルからパーデンネンまで」「年忘れ告げグチ懺悔室」「決定！第６回ひょうきん歌謡大賞（松任谷由実が出演）」「タケちゃんマン7：土曜の女シリーズ12月の獅子舞」

【コラム4】命を護った〝虫の知らせ〟

1985年のさんまさんは、『オレたちひょうきん族』でビートたけしさんと、『笑っていいとも！』ではタモリさんという、最高のパートナーと仕事ができる喜びを噛み締めながら、全力疾走していたように思います。

レギュラー番組の中でも特に重視していた『オレたちひょうきん族』では、新キャラクター、知っとるケを誕生させ、タケちゃんマン7を演じることに飽きているたけしさんを必死に笑わせようと悪戦苦闘。『笑っていいとも！』では、正月休暇を取るタモリさんの代わりに5日間司会を務めるなど、番組になくてはならない存在となります。

そのようなプレッシャーのかかる仕事をこなす中、過熱していた写真週刊誌のスクープ合戦に巻き込まれ、恋人と過ごす時も、仲間たちと草野球を楽しむ時ですら、安らぐことができなくなりました。

同期の芸人、島田紳助さん、オール巨人さんと共演された『すばらしき仲間』では、「吉本の体制を変えて、タレントのスケジュールとか、好きな仕事を選んだり、やっぱり、そういうことをしていかんことには、これからはアカン」と語り、どんなに売れていても、芸人に仕事を選ぶ権利を与えず、不眠不休で働かせる会社の考えを否定している様子が窺えます。前年の『おもしろプレヌーン』、所ジョージさんとの番組『遊びすぎじゃないの!?』を、自らの選択で途中降板したのは、ただのわがままではなく、そのような会社の姿勢に対し、抵抗の意志を示すためにとった行動だったのではないかと思えてなりません。

さんまさんが熱望して始めた特番『さんまのテレビの裏側全部見せます!!』や、ドラマ『心はロンリー気持ちは「…」』シリーズは好評を博し、どちらも10年以上続くロングシリーズとなりました。

4月からは『花の駐在さん』が『さんまの駐在さん』へとタイトルを変え、さんまさんを象徴するコメディシリーズとなり、2012年には吉本興業創業100周年特別公演の演目として上演されました。

同じ4月に始まった『さんまのまんま』も、さんまさんが切望して始まった番組です。上岡龍太郎さんから「素人話芸の達人」と評され、自身では「俺は〝全員〟の相方」と語るほど雑談芸を極め、2016年9月にレギュラー放送が終了するまで実に1449回放送され、現在も特番として続く人気番組となり、大成功を収めました。

同じく4月から始まるNHKの連続テレビ小説『澪つくし』では、〝ラッパの弥太郎〟を演じて大きな話題を呼びました。この国民的ドラマに出演したことで、さんまさんのファン層は大きく広がったのだと思います。

7月に祖父の音一さんを亡くされ、その翌月、8月12日には、乗員乗客524人を乗せた日本航空123便が、群馬県多野郡上野村の御巣鷹の尾根に墜落するという痛ましい事故が起こりました。さんまさんはこの123便をよく利用されていたそうですが、事故が起こるひと月前に、『さんまの駐在さん』の収録が火曜日から月曜日に変更され、毎週日曜日に東京から大阪へ移動することになり、事故の前日、8月11日の日曜日に飛行機で大阪入りし、難を逃れました。

7月にスケジュールが変更されたことは、さんまさんの連載記事（「ｎｏｎ－ｎｏ」1987年2月5日号）に書かれており、どのような理由でスケジュールが変更になったかについては、２０１９年6月10日に放送されたニッポン放送のラジオ特番『明石家さんま オールニッポン お願い！リクエストこれが私のミラクル体験！』において、「草野球のスケジュール的に火曜日よりも月曜日に収録するほうが都合がよかった。関係者に変更を願い出ていたが、なかなか叶わず、実際に変更になったのはその1年後、１９８５年の7月だった」と語られています。

さんまさんがこの件についてお話をされるときには、よく、〝虫の知らせ〟という言葉が出てきます。１９８９年5月29日に放送された『ＭＢＳヤングタウン』では、「虫の知らせを感じて（スケジュールを）切り替えたんですよ」と語っていました。そのことを知った僕は、さんまさんの命を護ったのは、7月に亡くなられた音一さんであると思わずにはいられなくなりました。

ネット上では、さんまさんが「一便早めた」あるいは、「一便遅らせた」ため、１２３便に搭乗することなく難を逃れたといった情報が多く見られますが、それは間違いであり、事故が起こるひと月程前に、さんまさんは虫の知らせを感じ、以前から願い出ていた『さんまの駐在さん』のスケジュール変更の話を改めて持ち出し、結果、収録日が火曜日から月曜日に変更となり、難を逃れた、というのが真相であると僕は考えます。

事故に遭った123便の一便前の飛行機に搭乗されていたのは、当時、『ヤングタウン』でさんまさんと共演されていた長江健次さんです。誤った記憶と幾つもの憶測が混ざり合い、それがネット上に拡散されていったのでしょう。

さんまさんは事故が起こってから約3時間後、午後10時から『ヤングタウン』の生放送に出演されました。この日は、「とてもしゃべる気にはならない」と、いつもの放送とはちがい、音楽をたくさん流し続けます。この放送をリアルタイムで聴かれていた方の記憶によると、さんまさんは「事故の一報を聞き、背筋がぞっとして、震えが止まらなかった」と語られたそうです。

この事故以降、さんまさんはしばらくの間、国内線の飛行機を利用しなくなり、海外で撮影されるコマーシャルの仕事も断っていました。さんまさんが次に国内線の飛行機に搭乗するのは、札幌でのコンサートが開催された1986年11月2日。東京―大阪間の飛行機に搭乗したのは、事故から約4年後の1989年5月。このときも新幹線に遅れそうになったため、やむなく飛行機に切り替えたそうで、搭乗中、脂汗をかいたそうです。現在でも、仕事で北海道と沖縄へ行くとき以外は国内線の飛行機は利用されていません。

この事故の2年前、1983年に弟さんを亡くされ、その翌年には、大好きだった先輩芸人、林家小染さんがこの世を去り、その1年後には、子供の頃、誰よりも可愛がってもらっていた祖父、音一さんを見送ることに。そしてその翌月、いつも利用していた飛行機が事故に……さんまさんはこのときに、笑福亭松之助師匠との会話の中で心に浮かんだ「生きてるだけで丸もうけ」という言葉を胸に刻まれたのだと思っています。

僕の知る限り、さんまさんが「生きてるだけで丸もうけ」という言葉を口にされるのは１９８６年以降。この１９８５年に起きた日本航空１２３便墜落事故を契機に、「生きてるだけで丸もうけ」を座右の銘とし、生涯大切にしようと心に決めたのではないかと思うのです。

事故から10年が経過しようとしていた１９９５年3月、「国内線運賃 事前購入大幅割引」という新サービスを実施することになった日本航空は、そのCMキャラクターとして、日本全国の老若男女に親しまれているさんまさんを選出することになります。依頼されたさんまさんは不思議な巡り合わせを感じ、これを快諾しました。


１９８５年9月に『オレたちひょうきん族』の良きライバル、『8時だョ！全員集合』が終了。同年12月に、さんまさんの新キャラクター、パーデンネンが誕生してからまもなく、『オレたちひょうきん族』は絶頂期を迎えます。

さんまさんの１９８５年の活躍ぶりは日本中の人々の心を掴み、翌年1月に発表される「ＮＨＫ好きなタレント調査」において、初めて1位を獲得。フジテレビを担う若きお笑い芸人は、雑談芸をものにし、「日本一の最低男」から「日本一の雑談師」へ。さらには、タモリ、ビートたけしと肩を並べ、〝ＢＩＧ３〟と呼ばれるまでに大きく飛躍します。

それは、次作で紹介できればと思っております。

【１９８５年の明石家さんま活動記録】

——１９８５年（29〜30歳）の花月の出演記録

■なんば花月１月上席（１日〜10日）
出演：桂文福、ハイヒール、トミーズ、隼ジュン&ダン、西川美里、マジックナポレオンズ（４日〜10日）、若井小づえ・みどり、天津竜子舞踊劇団、西川のりお・上方よしお、明石家さんま（２日、３日、５日、６日、７日）、オール阪神・巨人、桂文珍、笑福亭仁鶴、横山やすし・西川きよし（１日〜６日）、吉本新喜劇

■うめだ花月１月中席（11日〜20日）
出演：河内家菊水丸、ハイヒール、トミーズ、桂小枝、堀ジョージ&マブ（ポケット・ミュージカルス）、天津竜子舞踊劇団、二葉由紀子・羽田たか志、翠みち代、明石家さんま（12日〜15日）、オール阪神・巨人、桂文珍、横山やすし・西川きよし（12日、13日、19日、20日）、吉本新喜劇

■なんば花月５月上席（１日〜10日）
出演：晴乃ダイナ、歌メリ・マリ、堀ジョージ、トミーズ、マブ（ポケット・ミュージカルス）、東洋朝日丸・日出丸、明石家さんま（３日〜６日）、西川のりお・上方よしお、月亭八方、今いくよ・くるよ、笑福亭仁鶴、横山やすし・西川きよし（５日、６日）、吉本新喜劇

■京都花月８月上席（１日〜10日）
出演：岡けん太・ゆう太、桂小枝&桂三歩&桂三太&桂楽珍（大喜利）、ダウンタウン、ハイヒール、大木こだま・ひびき、若井小づえ・みどり、木川かえる（４日）、マジック中島・ひろみ（７日、８日）、間寛平&高石太&丘こうじ&マブ（ポケット・ミュージカルス）、明石家さんま（５日のみ、日替りゲストとして出演）、吉本新喜劇

■なんば花月８月中席（11日〜20日）
出演：晴乃ダイナ、ダウンタウン、大木こだま・ひびき（19日、20日）、翠みち代、天津竜子舞踊劇団、ハイヒール、若井小づえ・みどり、マジックナポレオンズ&松旭斎小天正&エミちゃんズ（ポケット・ミュージカルス）、B&B（14日〜18日）、オール阪神・巨人、明石家さんま（15日〜18日）、横山やすし・西川きよし（15日〜18日）、立川談志（11日〜15日）、桂三枝（11日〜13日）、吉本新喜劇

※「お盆興行特別豪華番組」と銘打たれた、演芸ファンにとってはとても魅力的なプログラムであったが、実際にこの公演をご覧になった方の記憶によると、B&Bはうめだ花月の公演に変更、立川談志は18日、19日のみの出演、さんまの特別公演「さんまスペシャル」は休演。さんまの休演を当日知らされた観客は落胆し、その多くが席を立ったとのこと。

■うめだ花月８月下席（21日〜30日、31日は特別興行）
出演：滝あきら、大木こだま・ひびき、翠みち代、笑福亭松之助、天津竜子舞踊劇団、西川美里&松旭斎天正・小天正（ポケット・ミュージカルス）、ハイヒール、チャンバラトリオ、月亭八方、オール阪神・巨人、明石家さんま（25日、26日）、横山やすし・西川きよし（29日、30日）、吉本新喜劇

——１９８５年（29〜30歳）の主な舞台・イベント出演

□４月１日（月）『FUNNY KID'S SQUARE』（なんば花月19：00開演）
出演：明石家さんま、島田紳助・松本竜助、コント赤信号、コント山口君と竹田君、村上ショージ、ダウンタウン、ハイヒール、前田政二、浜根隆ほか
※なんば花月で行われた春休み特別公演。さんま、紳助に加え、東京からコント山口君と竹田君、コント赤信号といった人気芸人が出演するとあり、朝早くから若い女性ファンがなんば花月に列をなし、開演時間の午後７時には劇場の２階通路にまで、ぎっしりと観客が詰め込まれた。公演は三部構成で行われ、さんまは、村上ショージ、Mr.オクレ、ダウンタウン、ハイヒールと共に〝家族〟を題材にした不条理コントを披露した。

□７月14日（日）『オッショイ山笠ミッドナイトコンサート』
※福岡県を代表する祭り「博多祇園山笠」を盛り立てるイベントに出演。さんまは生バンドをバックに、「アミダばばあの唄」など、５曲の持ち歌を披露。興奮に沸く２万５千人の観客の前で、アロハシャツを脱ぎ捨て、歌い、声援に応えた。出番を終えたさんまは、ザ・ぼんちのおさむらと福岡市内の屋台へと繰り出し、長浜ラーメンを食した。

□８月８日（木）『ふりーばる'85』
※フジテレビが主催する夏の恒例イベント「ふりーばる'85」に出演。さんまは山田邦子と共に特設ステージに立ち、トークで笑わせ、自身の曲「いくつもの夜を越えて」を唄い、観客を盛り上げた。

——１９８５年（29〜30歳）の主な出演番組

●１月１日（火）『第18回初詣！爆笑ヒットパレード』（フジテレビ８：30〜12：55）
「お笑い人間総出演！三元生放送」
司会：ビートたけし、明石家さんま、出演：所ジョージ、横山やすし・西川きよし、片岡鶴太郎、島田紳助・松本竜助、オール阪神・巨人、山田邦子、西川のりお・上方よしお、高田文夫、景山民夫、嵐山光三郎、渡辺和博、小堺一機、塩沢とき、高木豊、大石大二郎、山本晋也、桂文珍ほか

●１月１日（火）『やすし・きよしの弥次喜多珍道中』（関西テレビ15：30〜17：00）
出演：横山やすし・西川きよし、明石家さんま、オール阪神・巨人、島田紳助・松本竜助、石野真子、生田悦子ほか

●１月２日（水）『'85世界ひょうきんツアー』（フジテレビ15：30〜17：00）
「全米一！爆笑トリックカー」「パリのスーパー変態男？」
出演：明石家さんまほか

●１月２日（水）『初笑い!!母娘（ペア）ビューティーコンテスト』（朝日放送16：00〜17：55）
「決定！日本一の美人母娘」
司会：桂文珍、斉藤慶子、乾浩明、審査員：フランキー堺、小森和子、児玉清、由紀さおり、明石家さんま、ゲスト：レツゴー三四、西川のりお・上方よしお、桂文福

●1月2日（水）『'85新春スターかくし芸大会　第二部』（フジテレビ18：35〜21：00）
出演：堺正章、中尾ミエ、沢田研二、森進一、小柳ルミ子、西城秀樹、野口五郎、田原俊彦、近藤真彦、河合奈保子、中森明菜、明石家さんま、美保純、野村義男、西川のりお、三原じゅん子、少年隊、吉川晃司、桂文珍、ザ・ドリフターズほか
※さんまは、映画『麻雀放浪記』のパロディ作品『麻雀放浪鬼』の主役を務め、森進一、小柳ルミ子、大信田礼子らを相手に、"ナンデスカー？"や、"帰ってよ！"など、『オレたちひょうきん族』で披露しているギャグを交えながら、ユーモラスに演じ上げた。

●1月2日（水）『空前絶後!!爆笑！オールスター勢ぞろい』（フジテレビ21：03〜22：48）
「やすし・きよし、三枝の新春口上」「桂文珍イングリッシュ落語」「阪神・巨人、いくよ・くるよの爆笑漫才」「片岡鶴太郎の珍落語」「さんま隊は軍団を越えられるか！たけしvs.さんま」
※さんまは、村上ショージ、ハイヒールらと家族コントを披露した。

●1月5日（土）『ヤングプラザ』（朝日放送17：00〜18：00）
出演：島田紳助・松本竜助、明石家さんま、工藤夕貴

●1月9日（水）『エッ！うそーホント？』（日本テレビ19：00〜19：30）
「アッコ・さんまタレント生命かけた対決」
※レギュラー番組

●1月12日（土）『明石家さんまのラジオが来たゾ！東京めぐりブンブン大放送』（ニッポン放送23：00〜25：00）
「さよならジューシィ・フルーツ」
※レギュラー番組

●1月14日（月）『徹子の部屋』（テレビ朝日13：15〜13：55）
「大爆笑の40分!!」
ゲスト：明石家さんま

●1月23日（水）『歌謡曲ぶっつけ本番』（ABCラジオ14：05〜16：20）
「お笑い劇場」
ゲスト：明石家さんま

●1月26日（土）『広告大賞』（フジテレビ15：00〜15：55）
出演：愛川欽也、桂文珍、明石家さんま、手塚理美、工藤夕貴、斉藤由貴、渡辺千秋、ケント・ギルバートほか

●2月2日（土）『明石家さんまのラジオが来たゾ！東京めぐりブンブン大放送』（ニッポン放送23：00〜25：00）
ゲスト：田原俊彦
※レギュラー番組

●2月23日（土）『料理天国』（毎日放送18：00〜18：30）
司会：芳村真理、西川きよし、出演：明石家さんま、岩崎宏美、岩崎良美

●2月24日（日）『Do‐Up歌謡テレビ』（テレビ朝日11：00～11：45）
「さんまの秘話に優、伊代、チャゲ爆笑」
※レギュラー番組の最終回。
●2月26日（火）『桑田佳祐のオールナイトニッポン』（ニッポン放送25：00～27：00）
出演：桑田佳祐、明石家さんま、小林克也、白井貴子ほか
●3月2日（土）『明石家さんまのラジオが来たゾ！東京めぐりブンブン大放送』（ニッポン放送23：00～25：00）
「独占！薬師丸ひろ子」
※レギュラー番組
●3月27日（水）『エッ！うそーホント？』（日本テレビ19：00～19：30）
「100回記念 中国特集」
※レギュラー番組
●4月1日（月）『なるほど！ザ・春の祭典スペシャル』（フジテレビ19：00～21：48）
「イッキに12番組登場 なるほど！ザ・ワールドに全力挑戦！」
司会：愛川欽也、楠田枝里子、出演：タモリ、ビートたけし、森光子、明石家さんま、桂三枝、三田村邦彦、井上順、池上季実子、紺野美沙子、高部知子、佐々木信也、小堺一機、志穂美悦子、塩沢とき、美保純、堀ちえみ、益田由美ほか
●4月2日（火）『決定版テレビ祭り30年だョ！全員集合スペシャル』（TBS19：00～21：48）
「長寿番組懐かしの名場面」「HOWマッチ＋クイズダービー」「動物ランドスペシャル」「挑戦ドミノ倒しは何万個倒れるか？」「危険度満点決死のカースタント！」「うちの子にかぎって ふぞろいの林檎たち ほか人気ドラマ総出演！」「ベストテンスペシャル」「8時だョ！全員集合名場面集ほか完全生放送」
司会：明石家さんま、斉藤慶子
●4月6日（土）『ノックは無用！』（関西テレビ12：00～13：00）
「29歳役所広司の魅力」
司会：横山ノック、上岡龍太郎、ゲスト：明石家さんま、武田久美子ほか
●4月6日（土）『春のひょうきんスペシャル』（フジテレビ19：00～20：54）
「紅白対抗ゲーム合戦」「プロレス新札対旧札」「大川口浩隊長の冒険」
●4月7日（日）『クイズ面白ゼミナール』（NHK19：20～19：59）
「クイズ・姿勢と健康～すわる」「朝のテレビ小説レギュラー大会」
司会：鈴木健二、出演：沢口靖子、川野太郎、桜田淳子、津川雅彦、加賀まりこ、草笛光子、明石家さんま、根岸季衣、柴田恭兵、安藤一夫、鷲尾真知子、鷲生功
●4月10日（水）『春一番満開！花の女子校・聖カトレア学園』

（テレビ東京19：00～20：54）
「(秘)さんまの特別講義」「独占公開チェッカーズの私生活」「羽賀健二ドクターエッチな検査」
出演：松本伊代、三田寛子、早見優、コント赤信号、菅井きん、塩沢とき、荒井注、斉藤ゆう子、西村晃ほか

●4月13日（土）『明石家さんまのラジオが来たゾ！東京めぐりブンブン大放送』（ニッポン放送23：00～25：00）
ゲスト：堀ちえみ、とんねるず、志村香
※レギュラー番組

●4月14日（日）『GOGO！サンデー』（TBS19：30～20：54）
「巨泉の発明ジャパンカップ」「場内ギャル爆笑さんまもん絶」「ぞくぞく登場大発明珍発明」
司会：大橋巨泉、ゲスト：明石家さんま、黒鉄ヒロシ、かとうかずこ、大空真弓ほか

●4月19日（金）『決定!! '85第3回紅白そっくり大賞』（フジテレビ19：30～21：00）
「さんま転倒!!オンチのチェッカーズ」
司会：明石家さんま、榊原郁恵、出演：中村泰士、岡田茉莉子、黒沢年男、高見恭子、角川博、柏原芳恵、野村義男、オール阪神・巨人、チャック・ウィルソンほか

●5月3日（金）『笑っていいとも！』（フジテレビ12：00～13：00）
「つのだ☆ひろvs.さんま歌の競宴」
※レギュラー番組

●5月5日（日）『生だ！さんまのヒットマッチ』（テレビ朝日11：00～11：45）
「田原・明菜の爆笑イタズラ電話」
※レギュラー番組

●5月10日（金）『爆笑!!オールスター決死のいたずら大挑戦!!』（フジテレビ19：30～21：00）
「ヘビの鉛筆で人間キャンバス」「風船2万個で空中大遊泳」
司会：明石家さんま、堀ちえみ

●5月23日（木）『三宅裕司のヤングパラダイス』（ニッポン放送22：00～24：00）
「スゲー！チェッカーズ生乱入し晃司とも激突！」「トシと知世、明菜と慎吾、さんまも激白」

●5月25日（土）『ステーション』（ニッポン放送21：30～22：00）
出演：宇崎竜童、明石家さんま

●5月26日（日）『薬師丸ひろ子 あなたに愛・わいわい！』（ニッポン放送10：30～11：00）
「ひろ子とさんま」
ゲスト：明石家さんま

●5月26日（日）『競馬中継～東京』（ニッポン放送12：10～16：38）

「日本ダービー」
出演：明石家さんま、西村知江子、大橋巨泉ほか

●5月28日（火）『所ジョージの進め！おもしろバホバホ隊』（TBSラジオ21：00～24：00）
「コレがさんまの人気のアカシヤ」
出演：所ジョージ、明石家さんま、斉藤由貴、CCB、シブがき隊、小泉今日子、堀ちえみ、少女隊、菊池桃子

●5月29日（水）『三宅裕司のヤングパラダイス』（ニッポン放送22：00～24：00）
「さんまのヤッちゃん体験」

●5月30日（木）『夕やけニャンニャン』（フジテレビ17：00～18：00）
「タイマンテレフォンに明石家さんまが飛び入り出演」
司会：片岡鶴太郎、出演：とんねるず、明石家さんまほか

●6月1日（土）『わいわいサタデー』（朝日放送12：00～15：50）
「必殺！で鶴瓶・さんま・のりお夢の競演!!」

●6月1日（土）『臨時発売！さんまのまんま』（関西テレビ14：00～14：30）
ゲスト：西川のりお
※『さんまのまんま』の特別編。公式サイトでは「#0」とナンバリングされている。

●6月11日（火）『笑っていいとも！特大号』（フジテレビ19：30～21：00）
「タモリ・さんま・所・晋也・克也・古舘・寛子のハプニング生放送」「友達の輪――4人まとめて紹介」「いいとも劇団&いいともバンド今夜初公開！」

●6月15日（土）『稲川淳二の必殺百面相』（テレビ朝日15：00～15：55）
出演：桂三枝、桂枝雀、板東英二、桂文珍、明石家さんま

●6月30日（日）『生だ！さんまのヒットマッチ』（テレビ朝日11：00～11：45）
「さんま誕生日」「聖子結婚裏話」
※レギュラー番組

●7月6日（土）『明石家さんまのラジオが来たゾ！東京めぐりブンブン大放送』（ニッポン放送23：00～25：00）
ゲスト：桑田佳祐
※レギュラー番組

●7月8日（月）『月曜ドラマランド　おさわがせ剣士　赤胴鈴之助』（フジテレビ19：30～20：54）
出演：木村一八、森尾由美、横山やすし、岡田真澄、西川のりお、塩沢とき、小松政夫、島田紳助、明石家さんま、チャンバラトリオ、八名信夫ほか

●7月9日（火）『第1回オールスターザ・NG大賞！今でも恥ずかしいザンゲ録』（フジテレビ19：30～20：54）

出演：西城秀樹、柏原芳恵、梨元勝、ケント・ギルバート、明石家さんまほか、語り：古舘伊知郎

●7月21日（日）『歌謡ドッキリ大放送』（テレビ朝日13：45〜14：55）
「さんま、伊代、恋発覚」「鶴太郎、芳恵に失恋」「田原パンツ事件（秘）証言!!」
司会：関口宏、鳥越マリ

●8月4日（日）『さんまの駐在さん』（朝日放送12：00〜12：45）
「あの小林繁がさんまに猛コーチ」

●8月5日（月）『さんまのまんま』（関西テレビ19：00〜19：30）
「あなたならすべて許してもいい！」
ゲスト：田原俊彦
※レギュラー番組

●8月20日（火）『ビートたけしのスポーツ大将』（テレビ朝日20：00〜20：54）
「たけし軍団 vs.ザ・ミイラ 激突サッカー！さんま柴田恭兵登場」

●8月24日（土）『明石家さんまのラジオが来たゾ！東京めぐりブンブン大放送』（ニッポン放送23：00〜25：00）
ゲスト：おニャン子クラブ
※レギュラー番組

●8月25日（日）『生だ！さんまのヒットマッチ』（テレビ朝日11：00〜11：45）
「とんねるず、クラッシュギャルズ初登場」
※レギュラー番組

●8月31日（土）『関西芸能人大集合！祭りだ！笑いと歌の大競演 芸能人家族歌合戦』（毎日放送12：00〜16：50）
「関西芸能人家族歌合戦」「タレント百人サバイバルクイズ」「歌と笑いの35年」
出演：横山やすし・西川きよし、桂三枝、桂文珍、明石家さんま、笑福亭鶴瓶、オール阪神・巨人、今いくよ・くるよ、夢路いとし・喜味こいし、太平サブロー・シロー、島倉千代子、森昌子、角川博、小林幸子、荻野目洋子、大村崑ほか
※『番頭はんと丁稚どん』『がっちり買いまショウ』『ヤングおー！おー！』などを再現。

●9月6日（金）『所さんのこれがスキャンダルだ!!』（フジテレビ19：30〜21：00）
「すべて明かしますタレントの恋愛手口」「盗写戦争の裏側にさんま思わず激怒」「タモリ秘話」「闘う芸能記者秘話」「消し忘れビデオ」

●9月13日（金）『さんま・一機のその地方でしか見られない面白そうな番組を全国のみんなで楽しく見ちゃおうとする番組』（フジテレビ19：30〜20：54）
司会：明石家さんま、小堺一機

●9月16日（月）『大きなお世話だ！』（日本テレビ19：30〜20：

00）
「さんまが結婚式のスピーチや司会でうけるコツを披露」
出演：三宅裕司、伊東四朗、明石家さんま、石川秀美ほか
●9月21日（土）『気分はインテリア』（テレビ朝日9：30〜10：00）
ゲスト：明石家さんま

●9月30日（月）『なるほど！ザ・秋の祭典スペシャル』（フジテレビ19：00〜21：48）
「この秋でっかく登場　人気12番組全力挑戦」
司会：愛川欽也、楠田枝里子、出演：タモリ、ビートたけし、桂三枝、明石家さんま、坂口良子、松尾嘉代、長山藍子、柏原芳恵、三田寛子、長門裕之、田原俊彦、芳村真理、布施明、片岡鶴太郎、石田えり、佐々木信也、おニャン子クラブ、全日本男子バレーボールチーム、逸見政孝ほか

●10月1日（火）『秋のスペシャル決定版テレビまるごと大集合』（TBS19：00〜21：48）
「ザ・ベストテンスペシャル」「動物ランドスペシャル」「クイズダービー＆HOWマッチ！」「日曜劇場1500回記念」「生で見せる！驚異の豪華ドミノ倒し！」「水戸黄門vs.大岡越前」「明石家さんまvs.所ジョージの遊びすぎデスマッチ」
司会：明石家さんま、所ジョージ

●10月5日（土）『オール阪神・巨人と愉快な仲間』（読売テレビ8：30〜9：30）
ゲスト：明石家さんま、島田紳助

※再放送（本放送日は不明）

●10月5日（土）『秋のひょうきんスペシャル』（フジテレビ19：00〜20：54）
「恒例！たけしとさんまの公開ざんげ」「タケちゃんマンSF・スペースパパイア！」「第1回なつメロヒットパレード」「激突！そっくりさん漫才」「おさむちゃんコンテスト」「怒り屋源さんの一日」「のりおのにらめっこ」「CMパロディー」

●10月8日（火）『第17回オールスターものまね王座決定戦』（フジテレビ19：00〜20：54）
「爆笑！モックんの全く似てない岩崎宏美」「迫力！とんねるずの染之助・染太郎」「必見！これは笑える村田英雄の口つづみ」
司会：あのねのね、研ナオコ、明石家さんま

●10月8日（火）『ビートたけしのスポーツ大将スペシャル』（テレビ朝日20：00〜21：48）
「打倒さんま！たけし軍サッカー雪辱戦」「夢の対決！たけし×小林繁」
出演：ビートたけし、たけし軍団、明石家さんま、小林繁、白井貴子ほか

●10月10日（木）『遊びすぎじゃないの⁉』（TBS19：20〜19：58）
「さんま・所があの長州軍団と大乱闘！長州力も爆笑！」

●10月11日（金）『さんまのテレビの裏側全部見せます！2』（フジテレビ19：30〜20：54）

「キラ星のごとく輝くタレントの裏を支える人びとの働き」「マネージャーの私生活を暴露」「たけし・タモリ・和田アキ子の爆笑発言」「オフコースとサザンの素顔」「吉本君vs.太田君」「ホリ商法のすべて」
出演：明石家さんま、タモリ、ビートたけし、和田アキ子、オフコース、サザンオールスターズ、榊原郁恵、堀ちえみ、森昌子、アン・ルイス、石川さゆり、工藤夕貴、片平なぎさ、所ジョージほか

●10月13日（日）『テレビくん、どうも！』（フジテレビ9：30〜10：00）
ゲスト：久米宏
※レギュラー番組

●10月20日（日）『テレビくん、どうも！』（フジテレビ9：30〜10：00）
「明石家さんまと深夜テレビ考」
※レギュラー番組

●10月27日（日）『テレビくん、どうも！』（フジテレビ9：30〜10：00）
「明石家さんまと時代劇」
※レギュラー番組

●11月3日（日）『テレビくん、どうも！』（フジテレビ9：30〜10：00）
「所ジョージって何だ？」
ゲスト：所ジョージ
※レギュラー番組

●11月3日（日）『第4回・巨泉の発明ジャパンカップ』（TBS19：30〜20：54）
「大発明珍発明は文化の母!!発想転換は芸術の父　崩壊寸前！巨泉とさんまの過激トーク」
出演：筑紫哲也、秋野暢子、黒鉄ヒロシ、明石家さんまほか

●11月9日（土）『明石家さんまのラジオが来たゾ！東京めぐりブンブン大放送』（ニッポン放送23：00〜25：00）
ゲスト：松任谷由実、少女隊
※レギュラー番組

●11月10日（日）『テレビくん、どうも！』（フジテレビ9：30〜10：00）
「明石家さんまとクイズ番組」
※レギュラー番組

●11月17日（日）『テレビくん、どうも！』（フジテレビ9：30〜10：00）
「タモリと教育テレビ」
ゲスト：タモリ
※レギュラー番組

●11月23日（土）『明石家さんまのラジオが来たゾ！東京めぐりブンブン大放送』（ニッポン放送23：00〜25：00）
ゲスト：中山美穂
※レギュラー番組

●11月24日（日）『テレビくん、どうも！』（フジテレビ9：30〜10：00）
「明石家さんまとプロレス中継」
※レギュラー番組
●12月1日（日）『テレビくん、どうも！』（フジテレビ9：30〜10：00）
「明石家さんまの思い出テレビ」
※レギュラー番組
●12月5日（木）『心斎橋お笑い探検隊』（ラジオ大阪21：00〜21：30）
「明石家さんまインタビュー（別録り）」
出演：大﨑洋、中井秀範
●12月7日（土）『ABブラザーズのオールナイトニッポン』（ニッポン放送25：00〜27：00）
ゲスト：明石家さんま
●12月26日（木）『爆笑!!ライブハウス』（テレビ朝日20：00〜20：54）
「明石家さんま対島田紳助のウソツキは誰だ？」「さんま劇団爆笑コント」
※最終回
●12月28日（土）『アッコが来たぞ!!』（TBS15：00〜16：30）
'85年芸能界笑って大掃除　必見!!ワイドショーの裏側と芸能人の逆襲」「さんまとFF大戦争」
●12月29日（日）『テレビくん、どうも！』（フジテレビ9：30〜10：00）
「さんま小堺ベストTV」
ゲスト：小堺一機
※レギュラー番組
●12月30日（月）『年忘れ笑っていいとも！特大号』（フジテレビ19：00〜20：54）
「タモリ・さんま・所のサイテー雑談？」
●12月31日（火）『大晦日!!やりっぱなしスペシャル!!ビートたけしの元祖マラソン野球生中継』（テレビ朝日21：00〜23：24）
「大晦日の神奈川県川崎球場にアマ、プロ、タレントなど、野球好きが大集合。次々と登場する腕自慢のバッターが、ビートたけしとたけし軍団が繰り出す投手と対決。好プレー、珍プレーの数々を中継でおくる」
出演：ビートたけし、たけし軍団、明石家さんまほか

――1985年（29〜30歳）の主なCM出演

○清涼飲料水「カピーホワイト」（カルピス食品工業）
※乳性ミネラル飲料「カピーホワイト」の主要ターゲットは、高校生から大学生の若者。1984年の秋、カルピス食品工業が、高校生と大学生を対象とした独自のイメージ調査を行った結果、さんまが1位を獲得。オファーを受けたさんまは、憧れていたカルピスのCFに出演できることを喜び、快諾する。

撮影が行われたのは1985年2月。場所は、さんまのCFでは初の海外ロケとなる、グアム島で行われた。

白いタキシード姿のさんまが真っ青な海の中で佇んでいる。静かに帽子をとる。

さんま「女も男も、渇いてるんだよね……（空を見上げ）たすけてよ……（カピーホワイトを一口飲み）カピ〜!!」

ナレーション「渇いたら、カピーホワイト」

○カップ麺「マルちゃん・わかめラーメン」（東洋水産）
※さんまは、わかめラーメンを双眼鏡で覗き込んだり、じっと肉眼で凝視して確かめた後、「やっぱり一番、僕のわかめ！」と発し、わかめラーメンを食べるサラリーマン風の男を演じる。

○「資生堂各商品」（資生堂）※1985年〜1986年
※CMコピー「ハーブで、しっとり、しっとりと」「バラの水で、咲いてください」「卵白で、ヘアケア」「ミニササニシキで、耕してください」

本書は、メールマガジン「水道橋博士のメルマ旬報」連載の「明石家さんまヒストリー」をもとに、1982〜1985年の明石家さんまの活動記録を再構成、大幅な加筆・修正を施し、「コラム」などを書き下ろしたものである。

エムカク

1973年福岡県生まれ、大阪府在住。明石家さんま研究家、ライター。1996年より「明石家さんま研究」を開始。以降、ラジオやテレビ、雑誌などでの明石家さんまの発言をすべて記録し始める。その活動が水道橋博士の目に留まり、2013年9月10日より「水道橋博士のメルマ旬報」で連載「明石家さんまヒストリー」をスタート。莫大な愛情と執念によって記録されたその内容は、すでに業界の内外で話題を呼んでいる。日本テレビ『誰も知らない明石家さんま』など、テレビ特番のリサーチャーも務める。2020年、デビュー作『明石家さんまヒストリー1　1955〜1981「明石家さんま」の誕生』を上梓。
Twitter：@m_kac／YouTubeチャンネル：エムカクノート

明石家《あかしや》さんまヒストリー2　1982 〜 1985
生《い》きてるだけで丸《まる》もうけ

発　行　2021 年 6 月 25 日

著　者　エムカク

発行者　佐藤隆信
発行所　株式会社新潮社
〒 162-8711　東京都新宿区矢来町 71
電話　編集部　03-3266-5550
読者係　03-3266-5111
https://www.shinchosha.co.jp

装幀　新潮社装幀室
組版　新潮社デジタル編集支援室
印刷所　株式会社光邦
製本所　加藤製本株式会社

ISBN 978-4-10-353782-3 C0095